講座
図書館情報学
2

山本順一
［監修］

図書館概論
デジタル・ネットワーク社会に生きる市民の基礎知識

山本順一
［著］

ミネルヴァ書房

「講座・図書館情報学」刊行によせて

　(現生)人類が地球上に登場してからおよそ20万年が経過し、高度な知能を発達させたヒトは70億を数えるまで増加し、地球という惑星を完全に征服したかのような観があります。しかし、その人類社会の成熟は従来想像もできないような利便性と効率性を実現したものの、必ずしも内に含む矛盾を解消し、個々の構成員にとって安らかな生活と納得のいく人生を実現する方向に向かっているとはいえないようです。科学技術の格段の進歩発展の一方で、古代ギリシア、ローマと比較しても、人と社会を対象とする人文社会科学の守備範囲は拡大しこそすれ、狭まっているようには思えません。

　考古学は紀元前4000年代のメソポタミアにすでに図書館が設置されていたことを教えてくれました。図書館の使命は、それまでの人類の歴史社会が生み出したすべての知識と学問を集積するところにありますが、それは広く活用され、幸福な社会の実現に役立ってこそ意味があります。時代の進歩に見合った図書館の制度化と知識情報の利用拡大についての研究は図書館情報学という社会科学に属する学問分野の任務とするところです。

　1990年代以降、インターネットが急速に普及し、人類社会は高度情報通信ネットワーク社会という新しい段階に突入いたしました。4世紀あたりから知識情報を化体してきた書籍というメディアは、デジタルコンテンツに変貌しようとしております。図書館の果たしてきた役割はデジタル・ライブラリーという機能と人的交流と思考の空間に展開しようとしています。本講座では、サイバースペースを編入した情報空間を射程に収め、このような新たに生成しつつある図書館の機能変化と情報の生産・流通・蓄積・利用のライフサイクルについて検討・考察を加えます。そしてその成果をできるだけ明快に整理し、この分野に関心をもつ市民、学生に知識とスキルを提供しようとするものです。本講座を通じて、図書館のあり方とその未来について理解を深めて頂けたらと思います。

　2013年3月

　　　　　　　　　　　　　　　　　　　　　　　　山　本　順　一

　　　　　　　は じ め に

　この書物の原稿のほぼすべては、アリゾナ大学のライブラリー・スクール、情報資源・図書館学科の俗に'ピンクモーテル'と呼ばれている校舎の中庭に面した研究室で書かれたものである。2013年9月から2014年8月まで、勤務先の大学から在外研修で送り出してもらい、ビジティング・スカラー（visiting scholar）として授業も会議も雑用もない環境を満喫した。そこのスタッフ（SIRLS family）のひとりが'神様からの贈り物'（a gift from God）といってくれた1年だった。
　アリゾナ大学のあるトゥーソンには州際ハイウェイ10号線と19号線が通り、そこをトヨタ、ホンダ、日産などの日本車が走りまくり、テレビのコマーシャルでも日本車の宣伝を目にすることが多い。しかし、情報スーパーハイウェイにおいて、1億2,000万人が日常的に用いる日本語で描かれた情報空間は間違いなく'ガラパゴス'である。こちらでの日常生活、英語やスペイン語で書かれたサイバー情報空間にはヨーロッパや中近東のニュースは頻繁にでてきても、日本を感じさせるものはほとんど目にすることはない。アメリカ本土、西南部アリゾナでは、現実のハイウェイにおける日本車の存在感と比較すれば、情報ハイウェイにおける日本社会の存在についてはその影も見出せない状況にある。楽天、ミクシーなど、日本で知られている情報関連産業は日本というガラパゴスのなかだけの大活躍のように感じられ、グーグル、アマゾン、フェイスブックなどアメリカ製の情報企業はリアルでもサイバーでもグローバルな活動を展開している。
　本書は、中国や韓国の人たちは多く見かけることができるが、日本人はほとんどいないアリゾナ大学のキャンパスの一隅にいながら、図書館と図書館情報学について、限定された身近なトゥーソン、アリゾナを中心とするアメリカと

日本を、筆者の分かる範囲で比較検討しようとしたものである。

21世紀の現在、いまなおそれなりに脆弱な部分を持ちながらも、インターネットに接続するデータベース群やデータセンターには多種多様、膨大な情報、知識が格納され、将棋や囲碁、チェスなどのゲームではソフトウェアに勝利することは困難で、SF映画が描くように高性能のコンピュータはみずから考える人工知能を装備し、凡庸な人間は思考をすることをやめてもよさそうに見える。しかし、数珠のようにつながる論理が産み出す改善・向上は高性能コンピュータの超高速の演算で可能だとしても、不連続な創造性や変革・革新はしがらみを捨てられる生身の人間にしかなしえないようにも思える。そうだとすれば、創造的、変革的知識の生産は、再生医療をもってしても死を回避できない生き物としての特異な個としての人間にしか担いきれない。エンタテインメントのフィクションや小説等を提供するだけでなく、この人の死に伴う知識の断絶を継承へと媒介し、新たな知識を創造する社会的な仕組みが'図書館'だと思う。

アメリカ図書館協会のウェブサイトをのぞいていると、'transforming libraries'（図書館を変革する）という言葉が出てくる[1]。図書館は、その取り扱う情報資料を印刷メディアからデジタル情報資源に比重を移しつつあり、'場としての図書館'の重要性は意識しつつも、機能的には1日24時間、1週間7日、常にインターネット上で開館している電子図書館（デジタルライブラリー）の姿（24/7ライブラリー）を併せ持つものへと変わろうとしている。現在は、図書館という制度的存在は歴史的移行期に遭遇している。この変革期の真っただ中にある図書館を研究対象としている図書館情報学もその内容の更新と一個の学問分野としての脱皮が期待されている。カナダの教育学者であるJ.R.キッド（J.R. Kidd）は著書のなかで「実践の裏付けのない理論は空虚であり、理論に支持されない実践は盲目である」[2]と書いている。

本書を通じ、読者とともに図書館と図書館情報学について、試行錯誤の思考

---

1) http://www.ala.org/transforminglibraries/
2) J. R. Kidd, *How Adults Learn.* Association Press, 1973.

　　　　　　　　　　　　　　　　　　　　はじめに

を楽しむことができれば幸いである。

　なお、本書の著作権については、改訂版を執筆する権利を留保したうえで、公刊後すみやかに、1年間の在外研修を愉快で楽しいものとして下さったSIRLSファミリーへの感謝のしるしとして、アリゾナ大学ライブラリースクールに譲渡されることになっている。

2015年3月

　　　　　　　　　　　　　　　　　　　　　　　　　　　　　山本順一

図書館概論
――デジタル・ネットワーク社会に生きる市民の基礎知識――

目　次

はじめに

第 1 章　図書館と図書館情報学……………………………………………… 1
　　1　'図書館' とは何か　1
　　2　図書館情報学という学問領域　5
　　コラム　種子のライブラリー　7

第 2 章　図書館の種類………………………………………………………… 9
　　1　国立図書館　10
　　2　公共図書館　11
　　3　大学図書館と学校図書館　16
　　4　専門図書館とさまざまな図書館　23
　　コラム　トゥーソン・ハイ・マグネット・スクール　37

第 3 章　図書館の歴史……………………………………………………… 39
　　1　図書館の起源　39
　　2　グーテンベルクと活版印刷術　42
　　3　日米の図書館の歴史　45
　　コラム　カーネギー・ライブラリー　56

第 4 章　図書館サービス …………………………………………………… 58
　　1　サービスの分類　58
　　2　アメリカにおける図書館サービスの分類　60
　　3　アメリカの公共図書館における行事・講座　71
　　コラム　犬への読み聞かせ（Read to a Dog）　79

第 5 章　図書館情報資料コレクションと組織化 ………………………… 81
　　1　図書館資料とは何か　81
　　2　情報資料の組織化　84
　　3　情報資源としてのインターネットと電子書籍　91
　　コラム　図書館所蔵図書のラベルの相違　96

目　次

第6章　図書館情報資料の利用と著作権制度……………………………97
　　　1　様々な情報資料とサービス　97
　　　2　図書館におけるデジタル複製　99
　　　3　図書館資料の保存　102
　　　4　図書館資料と著作権制度　104
　　　5　電子書籍、電子ジャーナルの利用・提供　114
　　　6　アメリカのTEACH Actと日本の著作権法35条　116
　　　7　アメリカ連邦著作権法における図書館とフェアユース　119
　　　コラム　大学図書館に設置されるスキャナーが持つ意味　124

第7章　「場としての図書館」と情報空間の拡張 ………………………126
　　　1　期待される「場としての図書館」の役割　126
　　　2　図書館とネットワーク　130
　　　3　書誌ユーティリティ　133
　　　コラム　本を売る図書館　139

第8章　変化する出版産業とその流通………………………………………141
　　　1　日本の出版流通　141
　　　2　アメリカの出版流通　144
　　　3　公共図書館と書店の関係　146
　　　コラム　電子ジャーナルの利用を萎縮させるものはなにか　149

第9章　デジタル環境における情報知識の公開と共有…………………152
　　　1　オープンアクセスへの動き　152
　　　2　善意の電子図書館の普及　155
　　　コラム　政府情報を市民と共有する仕組み　160

第10章　図書館の社会的責任と知的自由の保障 …………………………162
　　　1　図書館の社会的責任　162
　　　2　'知的自由'の成り立ち　167

vii

③ '知的自由'概念の構造　170
　　　④ 情報へのアクセスの自由と未成年者の利用について　177
　　　　　――動画（資料）の提供とSSN利用
　　　コラム　白い紙が巻かれた本　182

第11章　逼迫する財政と図書館経営……………………………………184
　　　① 変革的リーダーシップとは何か　184
　　　② 寄付とアドボカシー　189
　　　③ 制度化された補助金制度　194
　　　④ 図書館のガバナンスとマネジメント　199
　　　コラム　図書館への寄付　205

第12章　ライブラリアン像と図書館ではたらく人たち……………207
　　　① ライブラリアン・司書・図書館員　207
　　　② 期待される'エンベデッド・ライブラリアン'　216
　　　③ ライブラリアンの倫理　224
　　　コラム　アメリカの図書館で働くということ　229

第13章　図書館情報学教育………………………………………………231
　　　① アメリカの図書館情報学教育　232
　　　② ライブラリースクールの分布と現状　235
　　　③ 様々な教育プログラムと就職マーケット　238
　　　コラム　テキストブック販売店　243

第14章　図書館の実務と理論に関わる組織団体………………………245
　　　① 国際的機関　245
　　　② 図書館協会と学術団体　249
　　　コラム　ライブラリースクールの営業活動　253

第15章　図書館の将来展望………………………………………………254
　　　① アメリカの公共図書館の未来　254

2　豊かな近未来を実現するために　258
　　　コラム　変革を目指す図書館と現状適応の図書館の将来　259

資料　アメリカの図書館界の基本的な事実　261
索引

第1章　図書館と図書館情報学

1　'図書館' とは何か

1.1　多様な図書館像

　'図書館' の定義については、一般に図書館法（昭和25年4月30日法律第118号）2条1項を引き、「図書、記録その他必要な資料を収集し、整理し、保存して、一般公衆の利用に供し、その教養、調査研究、レクリエーション等に資することを目的とする施設」とされ、'一般公衆' という語句が公共図書館を想起させるが、それを '利用者コミュニティ' と置き換えれば、あらゆる図書館に該当しそうにみえる。しかし、「英語版ウィキペディア」の '図書館'（library）という項目の冒頭には、「情報知識の提供や貸出サービスのために、特定のコミュニティの構成メンバーが利用できるように、組織されたコレクションである。その図書館は伝統的な紙媒体などのパッケージ型資料とデジタル・コンテンツへのアクセスを提供しており、建物ないし部屋という物理的な構成をもつ場合とインターネット上の仮想的な空間（virtual space）をもつ場合とがあり得るが、ほとんどの図書館はすでにその双方を併有している」[1]と書かれている。日本の図書館法は1950年当時の図書館のイメージを引きずったままであるが、21世紀の図書館は、英語版ウィキペディアのいうとおり、本や雑誌を抱えた従来型のリアルの物理的存在としての図書館に加えてインターネットにシームレスにつながるデジタル・コンテンツに誘導する電子的サイバーライブラリーの側面を併せ持つ 'ハイブリッドライブラリー' の姿をとっている。そして、時間の経過は図書館が利用者に提供する情報資料のデジタルの比率を高め、図書

---

1) http://en.wikipedia.org/wiki/Library

館とそのネットワークの日常的業務の舞台はサイバースペースの比重を高めている。

　図書館の任務が利用者の求める情報知識の提供にとどまるものであれば、その施設建物は不要で、巨大な複合的メモリー空間を占有する電子図書館でよさそうに思える。しかし、現代の図書館は必ずしもそのような方向に向かっているとは言い難い。

　本や雑誌、CDやDVDを借りにやってくるだけでなく、アメリカの公共図書館では黒人の少年たちが放課後館内に設置されたコンピュータに向かい、またその一方でコミュニティ・ルーム（community room）と名付けられた集会室で日常的な課題について話し合う会合が頻繁に開かれている。ホワイトボードが随所に設置された大学図書館ではグループ学習が行われ、館内に数百台設置されたコンピュータ群とその間に配されたプリンタやスキャナーを学生や市民が利用している。利用者たちにとっては、相変わらず、図書館の建物、施設設備なども重要な意味を持っている。現代の図書館にとってもなお利用者コミュニティのかけがえのない'場としての図書館'（library as place）の役割は大きい。

1.2　図書館が生活と人生を変える

　図書館の意義と重要性について説いたひとつの文書がアメリカ図書館協会（American Library Association : ALA）のウェブサイトにあげられている[2]。「図書館を利用する権利に関する宣言」（Declaration for the Right to Libraries）というタイトルをもつこの文書の翻訳を次頁に掲げておきたい。

---

2) http://www.ala.org/advocacy/declaration-right-libraries

図書館を利用する権利に関する宣言

図書館が生活を変える

　アメリカ合衆国独立宣言および世界人権宣言の精神にかんがみ、図書館は民主主義社会にとって必須不可欠のものであるとの信念をわたしたちは抱いている。毎日、わが国および世界中の数えきれないほど多くのコミュニティにおいて、数百万にのぼる子どもたち、児童生徒学生および成人たちが、学習し、成長し、それぞれの夢を達成するために、図書館を利用している。たくさんのずらっと並んだ図書、コンピュータその他の資源に加えて、図書館の利用者は、ライブラリアンや図書館職員の専門的な教育や指導を得て、知識を広げ、新しい世界に目を開くことができる。わたしたちは、公共図書館、学校図書館、大学図書館、および専門図書館を含む優れた図書館を利用するわたしたちの権利を宣言し、確認するとともに、あなたがたに対してこの図書館を利用する権利に関する宣言について賛成の署名をし、図書館への支持を示すようお願いしたい。

図書館は個々人に力を与える

　学校でうまくやっていくスキルを身に着けたり、仕事を探したり、可能性のある職業を調べたり、赤ん坊を育てたり、また引退後の生活を考えたり、あらゆる年齢の人びとがよりよい生活に導く手助けをしてもらえると思い、関係する知識、支援、およびコンピュータやその他の資源へのアクセスを求めて図書館にやってくる。

図書館はリテラシーの向上と生涯学習を支援する

　多くの子どもたちや成人たちは、学校や公共図書館で、お話の時間、研究課題、夏休みの読書、個別指導やその他の機会を通じて、読書をするように

なる。その他の者たちは、図書館にやってきて、彼らの疑問の解決や新しい興味の対象の発見、そしてほかの人たちとの考えの共有に役立つ技術や情報スキルを学び取る。

図書館は家族のつながりを強化する
　（図書館に対して、）家族はともに学習し、成長し、戯れるのに役立つ、快適で居心地がよい空間と豊富な資源を見出す。

図書館は偉大な平衡装置である
　図書館は、あらゆる年齢層や学歴、所得水準、民族、身体的能力を問わず、すべての人びとにサービスを提供する。多くの人たちに対して、図書館がなければ得ることができない、生活し、学び、働き、自律するために人々が必要とする諸資源を図書館は提供している。

図書館はコミュニティを育成する
　図書館は、利用者と直接向き合ったり、オンラインを通じて、お互いに対話し、ともに学び、助け合っている。図書館は、特別なニーズをもつ高齢者、移民やその他の人びとのために、支援を提供している。

図書館は、わたしたちの知る権利を守っている
　読書をし、情報を求め、そして自由に話すことができる、わたしたちの権利は、当然のものとして保障されなければならない。図書館とライブラリアンは、連邦憲法修正第１条によって保障されている、このもっとも基本的な自由を積極的に擁護する。

図書館は、わたしたちのこの国を強化する
　わたしたちの国の経済的な健全さと統治の成功は、リテラシーと十分な情報と知識を備えた国民に依存している。学校図書館、公共図書館、大学図書

館は、この基本的な原理を支えている。

図書館は、研究開発と学術を推進する

　知識は、知識をもとにして育つ。学校の宿題を片付けたり、癌の治療法を探究したり、学位の取得を目指したり、またさらに燃費効率の良いエンジンを開発したりするためにも、あらゆる年齢層に属する学習者や研究者たちは、図書館とライブラリアンが提供する知識と専門的技術に依存している。

図書館は、わたしたちがお互いをよりよく理解するのを助けている

　それぞれ様々な人生行路を歩んできた人びとが図書館にやってきて、共通の関心事をともに議論する。図書館は、わたしたちの様々に異なった経験を共有し、それからいろいろなことを学び取るのを支援するべく、各種のプログラムやコレクション、そして集会室を提供する。

図書館は、わたしたち国民の文化遺産を保存する

　過去を知ることは、わたしたちの未来を開くカギとなる。過去、現在および未来をわたしたちがより良く理解・認識できるのに役立つ、オリジナルのユニークな歴史的文書を、図書館は収集し、デジタル化し、保存する。

2　図書館情報学という学問領域

2.1　日米の講座比較

　「英語版ウィキペディア」の'図書館情報学'（library and information science）という項目[3]をみると、「図書館学（library science）と情報科学（information science）の融合したもの」で「一般的にいって20世紀後半に（学問的な専門分野としてではなく）専門職養成プログラムから大学の部局へと発展した図書館情報

---

[3] http://en.wikipedia.org/wiki/Library_and_information_science

学部(研究科)と結びついている」とある。ライブラリアンから広がる情報専門職に必要な知識とスキルを中核としつつも、広く図書館情報学にかかわるとされる研究者の間においてもその学問的守備範囲は明確なものではないとされる。

　アメリカにおいてだけでなく、同様の事情が日本においてもあてはまる。研究教育に関して、また予算と人事に関してキャンパス内において近接する他の学問分野と競合する'図書館情報学専攻'の大学院や専門学部学科を擁する大学では、図書館情報学という看板を掲げて学問的な理論体系を構想することが必要になり、勢力を維持するためにも現存する人的な、あるいは固有の研究教育資源を反映する形で図書館情報学なる学問領域の範囲を画定することになる。

　ひるがえって、アメリカでは専門職大学院の修士課程がアメリカ図書館協会の認定対象となり、その認定制度が一定程度狭義の図書館情報学の範囲を限定している。日本では、図書館法(昭和25年4月30日法律第118号)4条がいう'図書館に置かれる専門的職員'である'司書'となる資格に必要とされる同法5条が定める'図書館に関する科目'を教育サービスの内容として、2014年現在、日本全国に216大学の学部に資格課程として司書課程が置かれている。そこで講じられる具体的な'図書館に関する科目'は図書館法施行規則(昭和25年9月6日文部省令第27号)1条に、甲群(必修科目)として生涯学習概論、図書館概論、図書館制度・経営論、図書館情報技術論、図書館サービス概論、情報サービス論、児童サービス論、情報サービス演習、図書館情報資源概論、情報資源組織論、情報資源組織演習、そして乙群(選択科目)として図書館基礎特論、図書館サービス特論、図書館情報資源特論、図書・図書館史、図書館施設論、図書館総合演習、図書館実習が掲げられている。司書資格取得に必要な教育内容は関係法令により定まり、それを中心として日本の司書課程にかかわる教育研究に関して体系的に構築されるべき理論と実技の範囲が確定されており、その領域を現在では'図書館情報学'と呼びならわしているといっても現実には大きな異論は出ないと思われる。

2.2　図書館情報学はひとつの応用科学

'図書館情報学' と称される固有の学問分野が '情報' という概念を中核としてなかば先験的に存在すると信奉する研究者にとっては、このように外在的に制度化された内容を '図書館情報学' と見なすことに大いなる抵抗があろう。しかし、経済現象を対象とする経済学、教育作用を考究する教育学、心身の疾病の機序の解明と治療を目的とする医学などとは異なり、図書館情報学の研究者と自称する人たちの間でもその学問領域の定義は必ずしも収斂するものとはなっていないが '図書館情報学' は各種の図書館や類縁機関、アナログ、デジタルの文献情報を離れて固有の対象と研究方法を持つものではない。

アメリカでも、日本でも、異論はあっても、制度によって図書館情報学の一応の範囲が定まっているとの理解に立ち、本書を構成することにしたい。もっとも、統計学や財政学、経営学やコンピュータ、インターネットなど情報通信にかかわる学問分野など、広く図書館の管理・運営と図書館サービスに役立つ学術的成果は利用すべきであるし、研究図書館が提供するサービスがそれらを含む学術活動に貢献すべきことはいうまでもない。

■□コラム□■

種子のライブラリー

日本では、'図書館' といえば多くの人たちは図書や雑誌といった伝統的な紙媒体資料を閲覧・利用させるところと思っているようである。関西のある大学法人は、2010年に附属小・中・高校を開設したが、その学校図書館の新設にあたってのエピソードを紹介したい。創設の前年に準備委員として赴任された司書教諭の先生は、学校図書館のなかに授業ができる学習空間をぜひとも設けたいと思い経営側に話されたところ、「なぜ図書館に学習空間が必要なんですか。教室は図書室の外にたくさんあります」といわれたそうである。えらかった司書教諭の先生は、「'ライブラリー' だから学習空間が必要なんです」と言い返され、それで一件落着、学校図書館のなかに授業ができる施設が設置されたとのことである[1]。

日本語の '図書館' と同義語のはずの 'ライブラリー' のニュアンスが間違いなく

異なっているということを知らされた。たしかに、アメリカの'ライブラリー'の果たしている機能は日本の図書館よりも相当に広いように思われる。本書では、徐々にそのことを明らかにしていくが、ここではアリゾナ滞在中に目にした面白いものをひとつ紹介しよう。

　ピマ・カウンティ・パブリック・ライブラリーの中央館、ジョエル・D・ヴァルデス・メイン・ライブラリーと七つの分館では'種子のライブラリー'（シード・ライブラリー：Seed Library)[2]という事業を実施している。1階の正面玄関を入った右手にいまは使わなくなった木製の目録カードケースに植物の種子が数多く収められている。

　シード・ライブラリー設置の目的は、図書館が無償で植物の種子を提供することによって、地域社会の中に初心者から専門家にいたるまで、多くの園芸愛好家を育てるとともに、植物の種子を蓄積、保存することである。ライブラリーカードを保有する利用者には、自家受粉か他家受粉かなど種子保存の難易度に応じて設定された二つの種子のグループのなかから、希望する植物の種子を無償で'貸出'し、種まきから収穫までの栽培とそこで得た果実を楽しんでもらうことになる。どのような植物を選ぶかについては、オンライン目録が用意されている。栽培の結果得られた新たな世代の種子のなかから優れたものを図書館に'返却'してもらうのが一応の義務であるが、うまく育てられなかったからといって責任を問われることはない。返却されたより多くの種子のストックの拡大が地域社会になかにさらなる園芸愛好家の輪を広げてゆくことになる。この事業は、アリゾナ大学や関係団体、ボランティアの支援を得ながら進められている。

　ちなみに、このシード・ライブラリーという事業に取り組んでいるのは、ピマ・カウンティ・パブリック・ライブラリーだけではなく、アメリカ国内13州の29館にのぼる（そのほか、2州の4館が実施に向けて進められている）。

註
1) 2015年2月22日に行われた日本図書館研究会第56回研究大会のシンポジウム「学びの変化と図書館」の質疑応答の場でうかがった話である。
2) http://www.library.pima.gov/seed-library/

種子が収められた目録カードケース

第2章　図書館の種類

　アナログとデジタルの（文献）情報を（選択的に）収集し、整理・蓄積し、利用者に提供するとともに、利用者コミュニティの発展に貢献するのが'図書館'である。このような図書館は、利用者コミュニティの範囲と属性によって、いくつかの種類に分かたれる。

　日本では、図書館の種類を'館種'と呼びならわしてきた。国家により設置され、究極的には国民全体を利用者とする図書館を'国立図書館'（national library）という。国という空間は一般に人びとが日常生活の基礎的な地域単位とする多数の地縁的な統治団体に細分される。この日常的な地縁的コミュニティを対象としてそこに居住する市民に開かれた図書館が公共図書館（public libraries）である。この公共図書館は市町村やカウンティなどの基礎的地方自治体を単位に設置・管理されるもののほか、州や都道府県のように広域的な地方自治体、地方政府によって管理・運営されるものがある。大学という学術コミュニティの教育研究を支援するために置かれるのが'大学図書館'（academic libraries）であり、初等中等教育機関における児童生徒の発達と学習を支えるのが'学校図書館'（school libraries）である。一方、特定の主題分野に特化し、情報を収集・整理し、そのテーマに関心をもち、深く研究しようとする人たちのコミュニティにサービスを提供する図書館が'専門図書館'（special libraries）である。公共図書館、大学図書館、学校図書館、専門図書館をあわせて'4大館種'と呼ぶことがある。これらの図書館のカテゴリー以外にも、特定の属性を帯びた限定的な組織や施設、テーマを対象とする特殊な図書館が存在する。

　本章では、うえに概略を示した、図書館の種類、つまり館種について、その

ひとつひとつを解説することにしたい。

1　国立図書館

1.1　世界の国立図書館

　国立図書館は、それぞれの国の現在と将来の国民全体に対して知識と情報を提供する役割を担うわけであるから、その抱える図書館情報資料の質だけでなく、その量においてもその国で最大の図書館となるのはある意味で当然であろう。世界最大規模の図書館は1億7,000万点余の資料を擁する英国図書館（British Library）とされるが、それに次ぐ1億5,000万点を優に超える資料を誇るのがアメリカの国立図書館で、ワシントンD.C.にあるアメリカ連邦議会図書館（Library of Congress）である[1]。

　一方、日本の国立図書館である国立国会図書館は世界第6位の約3,650万点の資料を有し、国立図書館としてはイギリス、アメリカ、ロシアに次ぎ、中国の国立図書館である北京国家図書館、フランスの国立図書館より上位に位置する。しかし、来館者数を見ると、英国図書館、アメリカ連邦議会図書館が年間約175万人、サンクトペテルスブルクにあるロシアの国立図書館の約100万人、北京国家図書館の約520万人、パリのフランス国立図書館の約130万人に比較したとき、日本の国立国会図書館の来館者が年間わずかに65万人強というのはさびしい数字である。英国図書館、アメリカ連邦議会図書館、ロシアの国立図書館、フランスの国立図書館などは大きな観光資源でもあり、利用者だけでなく、観光客が訪れ、記念のグッズを買って帰るところなのである。アメリカ連邦議会図書館について敷衍しておくと、平日は日本語の館内ツアーも提供している。

1.2　国立図書館の役割

　国立図書館は、法定納本制度によって、原則として国内の出版物を網羅的に収集し、利用に供するとともに、出版物を文化財として保存し、将来の世代に

---

[1] http://en.wikipedia.org/wiki/list_of_largest_libraries

引き継ぐ機能を持っている。網羅的収集は、「全国書誌」(national bibliography)の作成につながり、国内刊行物の書誌コントロールに資する。従来は収集保存の対象は印刷物であったが、今日ではインターネット上を含むデジタル・コンテンツをも含むものとされるに至っている。その全国的規模のコレクションは、図書館相互協力の最後の要石ともしている。また、国内の図書館のデジタル・ライブラリー化を誘導する役割も帯び、アメリカ連邦議会図書館のアメリカンメモリーのように貴重な所蔵資料を電子化し、国民の教育に貢献することも期待される。分類目録作業や件名付与など国内図書館の業務の標準化・規格化も役割のひとつであり、図書館職員の研修も任務とされる。民間出版物に加え政府情報をも収集しているところから政府刊行物の国際交換のほか、外国の図書館との国際協力の中心機関でもある。

　アメリカ連邦議会図書館、日本の国立国会図書館は、立法府に属する国立図書館で、立法作業を支援する役割を担っているところから、法政資料や国法の審議制定過程の情報をも蓄積し、広くオンラインで提供している。アメリカには連邦議会図書館のほか、国立医学図書館、国立農学図書館もあり、国立医学図書館は医学文献情報をデータベースを通じて全世界に提供し、健康医療分野における貢献には著しいものがある。ちなみに、アメリカ連邦議会図書館では、楽器をも多数収集しており、館内にコンサートホールを擁し、音楽の世界に裨益するところも大きい。

2　公共図書館

2.1　アメリカの公共図書館の役割

　'公共図書館' という言葉は、アメリカでは 'みんなに開かれた図書館' という意味合いが強いように思われる。まだアメリカ国内に公共図書館が普及していない独立100周年の1876年に当時の連邦政府内務省教育局が「アメリカ合衆国におけるパブリック・ライブラリー：その歴史、状況、および管理」[2]と題する特別報告書を出している。メルヴィル・デューイ（Melvil Dewey）の十

進分類もチャールズ・エイミィ・カッター（Charles Amy Cutter）の展開分類法などもこの報告書に掲載されているが、この報告書で'パブリック・ライブラリー'として記述されている対象は会員制貸出図書館（subscription libraries）などのソーシャル・ライブラリーが大半である。

　アメリカで所蔵冊数が最大の図書館は連邦議会の3,450万冊強であるが、第2位につけているのはボストン公共図書館で1,900万冊を超える。そして次の約1,683万冊所蔵しているハーバード大学図書館に次いで第4位には約1,634万冊所蔵のニューヨーク公共図書館があげられている[3]。このように多種多様で充実したコレクションを誇り、たくさんの分館を擁する大都市の公共図書館システムがある一方で、小さな町の公共図書館が存在する。これらの公共図書館は、①コミュニティ建設の主体としての図書館、②多様な人口構成を持つコミュニティのセンターとしての図書館、③文化芸術のセンターとしての図書館、④民衆の大学としての図書館、⑤若者たちのために精一杯サービスを提供する図書館など、多面的な役割を果たしている。公共図書館は、現在の街を再編し、清新なコミュニティをつくる活動を支援し、現在の地域文化の維持に努めるとともに、新たな地域文化を創造する知的拠点施設のひとつとされている。

　うえに述べた通り、一定の地域社会に居住する市民に対して、無償の利用に広く開かれている図書館が'公共図書館'であるが、日本では'公立図書館'という人たちが少なくない。しかし、世界最大の公共図書館であるニューヨーク・パブリック・ライブラリーが地元ニューヨーク市からの多大の公的資金で支援されていても、アスター・レノックス・ティルデン財団（Astor, Lenox and Tilden Foundations）という私法人に経営されている稀有な例に見られるように、市民の無償利用に広く開かれた公共図書館が必ず公立でなければならないということはない。後に取り上げるが、ハンチントン・ライブラリーは当初ロサンゼルス・カウンティに寄贈し、公立とすることが考えられていたが、政治的思

---

2) Department of the Interior, Bureau of Education. *Public libraries in the United States of America ; their history, condition, and management. Special report, Part I*（1876）.
3) http://www.en.wikipedia.org/wiki/list_of_the_largest_libraries_in_the_United_State

惑に左右されることを嫌って民間の独立研究機関とされている。本書では、'public library' という理念は機能概念と認識し '公共図書館' という語を使い、公共図書館で設置形態が公立であることを強調する場合にのみ '公立図書館' の語を使うこととする。また、アメリカの公共図書館はコミュニティを基盤として多様な活動を展開しているが、日本では一般に公設無料貸本屋との認識しかないことから一部の業務の委託が容易で、全面的な民営化の動きにも抵抗感は希薄とならざるを得ない。

2.2 ピマ・カウンティ・パブリック・ライブラリー

　アリゾナ州トゥーソンに滞在中、しばしば訪れた地元の公共図書館はダウンタウンにあるピマ・カウンティ・パブリック・ライブラリー（Pima County Public Library）のジョエル・D・ヴァルデス・メイン・ライブラリー（Joel D. Valdez Main Library）である。以下に、この図書館をアメリカの公共図書館の一例として、レイアウトや空間的に備えられる諸機能について紹介することにしたい。

　3階建の洒落た建物で、右手に警備員が常駐する1階の入口を入ったところにサービスデスクがあり、いつも数名の職員が利用者に対して種々様々な対応をしている。各種の案内を行うほか、ライブラリーカード[4]の発行、貸出・返却、イヤホン、USBメモリの販売、複写料金の収納、延滞過料の徴収などを行っている。その左手奥には予約貸出資料保管コーナー（reserve pickup）があり、利用者から予約されていた図書や音楽CDが並べられている。サービスデスクの背後には、大きな活字のハードカバーを含む大人向けの小説や西部劇、恋愛小説、推理小説、科学小説などが配架されている。サービスデスクから見て右前には児童室があり、児童と児童を連れた大人しか入ることができない。また、児童室の向かい側、つまりサービスデスクの左手には、平日午後に図書館友の会が寄贈を受けた図書等を販売する書店が店開きしている。また、大通

---

4) いわゆる図書館利用者登録証であるが、資料の貸出に利用されるほか、館内の各種サービスを受けたり、電子書籍の利用の際のパスワードなどが記録されている。

りに面するサービスデスクの右手には、ガラス張りの明るいラウンジが配され、利用者が思い思いにくつろいでいる。図書館友の会図書等販売所と児童室の間にある階段か友の会書店の裏のエレベータを利用して2階に上がる。

2階は真ん中にインフォメーションデスクが置かれ、その横に複写機等がある。フロアの北側の大部分をノンフィクションが占め、その奥に伝記のコレクションが配されている。伝記コーナーの左手に20〜25名ほど収容できる集会室がある。南側にはスペイン語の各種文献や新聞、視聴覚資料、参考図書などが置かれている。アリゾナ州だけでなく、アメリカ南西部は日常的にメキシコスペイン語を使う人たちが多いので、スペイン語コレクションは不可欠となる。南側ウィングの端は、日本では'ヤングアダルト'と呼ばれる利用者を対象とした、ティーン・リソース・センターとなっていて、該当する世代の若者しかこの部屋には入れない。ヤングアダルト向けの小説やペーパーバック、音楽CDなどが用意されている。またそこに接続して10名収容の学習・集会室があり、そこにティーンズ用のPCが置かれている。

階段もしくはエレベータで3階に上がれば、上がった左手にレファレンスデスクが置かれ、レファレンス・ライブラリアンが常駐している。真ん中のソファーをはさんで北側がレファレンス・コレクションで、政府刊行物や一般的な参考図書のほか、消費者問題、健康、ビジネス支援、補助金など各分野の参考図書が配架されている。その奥にはマイクロ資料と地図が置かれている。その左手奥は障害者サービスの部屋（Assistive Technology Room）が設置され、視聴覚障害者等を対象としたPCを用いた音声変換サービスや特別な支援ニーズをもつ児童生徒へのサービスを行っている。ソファーをはさんで南側にはPCが32台置かれたコンピュータコモンズがあり、利用者で繁盛している。その奥には雑誌・新聞コーナーがある。一番南端は集密書架の入った閉架書庫となっており、そこにはアリゾナ州の郷土資料や貴重書が収められている。閉架書庫の手前には8名と3名収容の学習・集会室がある。また、この階には階段をあがった左手北側に事務室が設置されている。

2.3 アリゾナ州立図書館

　先ほどピマ・カウンティ・パブリック・ライブラリーを公共図書館の具体例として紹介したが、このようなカウンティやシティ、タウンをバックアップする機能を期待されるとともに、これらの地方単位を包含する州に関する固有の情報を提供する公共図書館が'州立図書館'である。以下に、'アリゾナ州立図書館'について解説を加えたい。

　アリゾナ州立図書館としてここで紹介するものは、公式には Arizona State Library, Archives and Public Records と呼ばれ、直訳すれば'アリゾナ州立図書館・公文書館・記録保管所'とでもいうべき各機能が有機的に連動する複合機能施設であり、ここでは便宜的に'アリゾナ州立図書館'と呼んでおくことにしたい。アリゾナ州の州都フェニックスの中心部で、州議会のあるウェスリー・ボーリン記念広場（Wesley Bolin Plaza）にアリゾナ州都博物館（Arizona Capitol Museum）とともに州立図書館（State Library of Arizona）があり、その南西1マイルのところに公文書館・記録管理所（Archives and Records Management）、東に0.5マイルのところに修復された旧カーネギー・ライブラリー（'カーネギー・センター'と呼ばれている）のなかに図書館振興部（Library Development）が置かれている。また、東に6マイルのところに、一部局としてのアリゾナ・トーキングブック図書館（Arizona Talking Book Library）が設置され、州内の視覚障害や身体的な障害をもつ人たちにサービスを提供している。

　アリゾナ州立図書館は、州政府を構成する州議会と行政、司法の各部門の情報ニーズに対してサービスを提供するとともに、市民に対してもサービスの提供を行っている。主として提供する情報は、州政府の情報と連邦政府の情報、法情報、家系や家族の歴史などとされる。州の住民は、一定の商用データベースも利用できる。インターネットを用いたレファレンスサービスも行っている。また、アリゾナ州内の各種図書館に対する多方面の支援も行っており、図書館サービス・技術法にもとづく連邦補助金の配分機関としての機能も果たしている。

　アリゾナ州立図書館のウェブサイト[5]を見ても理解できるように、同館は積

極的にデジタル化に取り組んでおり、デジタル・アリゾナ・ライブラリー（Digital Arizona Library：DAZL）を構築している。そのなかの'アリゾナ・メモリー・プロジェクト'（Arizona Memory Project）[6]は国家的プロジェクトである'アメリカン・メモリー'[7]のアリゾナ州版ともいえるが、LSTA（図書館サービス技術院）の補助を受け、2006年に開始された。8万5,000件以上のデジタル化が行われ、180以上におよぶそれぞれ特色のあるコレクションに毎年50万以上のアクセスがある。州内の図書館やアーカイブズ、博物館、学校、歴史協会（historical societies）、その他の文化的諸機関の協力を得て、写真、文書、地図、オーラルヒストリー、ビデオなどの1次資料（primary source material）をデジタル化し、オンラインでアリゾナの歴史と文化を広く公開している。'アリゾナ年鑑'（Arizona Almanac）との名称が付されたウェブページ[8]では、アリゾナ州の現在と過去の概要が閲覧できる。

3 大学図書館と学校図書館

3.1 大学図書館の役割

　高等教育機関の教育研究活動を支援するのが大学図書館の役割である。日本では、一般に'大学図書館'と呼ばれ、4年制大学、短期大学、高等専門学校、および大学院大学に付設された図書館がこれに含まれる。これに対して、アメリカでは、その高等教育機関の位置づけや教育研究活動の水準などをふまえて、大学図書館（university library, college library）学術図書館（academic library）、研究図書館（research library）などの語を使い分けることがある。

　アメリカの4年制大学で相当の研究機能を備えた大学図書館の一例として、アリゾナ大学の図書館を紹介しながら、大学図書館について考えることにしたい。また、アリゾナ大学は1862年に制定されたモリル・ランドグラント法

---

5) http://www.azlibrary.gov/
6) http://azmemory.azlibrary.gov/
7) http://memory.loc.gov/ammem/index.html
8) http://www.azlibrary.gov/arizona-almanac

(Morrill Land-Grant Colleges Act) が適用される土地付与大学（land-grant universities）のひとつで、1885年にアリゾナがまだ準州だった時期に創設された公立大学であり、アリゾナ州に貢献することが求められている。アリゾナ大学の図書館[9]としては中央館（Main Library）のほか、科学工学図書館（Science-Engineering Library）、健康科学図書館（Health Sciences Library）、法律図書館（Law Library）等がある。これらの図書館は、アリゾナ大学が州立大学であるところから、学生や教職員以外の一般市民の利用にも一定の範囲で開かれ、図書館の1階にあるインフォメーション・コモンの一角は州の一般市民の専用とされている。

600万冊余の蔵書を擁する全米30位の大規模図書館中央館[10]は5階建てで、入口（2階）を入った左手にインフォメーションデスクがあり、利用者への各種案内を行っている。正面には機械化された貸出・返却コーナーがあり、人手は一切介さずに実施されている。右手はゆったりとした間隔で参考図書が配架された低書架が配置されているが、主として幅広の大きな長方形の机が整然と並び多くの閲覧席が並んでいる。従来紙媒体の参考図書だったもので、データベース化され、契約料金が高価過ぎないものは、書架から消えることになり、その空いたスペースには学生の学習の便宜にとできるだけ多くの閲覧席が設けられた。右手奥には大学院生と教員のための静穏が確保された閲覧室がある。その手前には、著作権担当の職員が常駐し、著作権にかかわる相談業務等に応じている小部屋がある。正面入口の自動貸出機と返却ポストの左手には予約資料の棚があり、奥に雑誌コーナーがあるが、電子化された雑誌はのぞかれているため、広い空間が確保されている。最近のことであるが、入口の左右に学生たちが自由に情報端末を充電することができる設備が設置されている。

4階、5階は 'Quiet Floor'（静粛空間）とされており、利用者たちに読書や学習に必要とされる静けさの維持・確保を要求している。これは大学図書館に

---

9) http://www.arizona.edu/libraries
10) アリゾナ大学中央図書館のフロアマップは、インターネット上でダウンロードできる。
〈http://www.library.arizona.edu/about/floormaps〉

限らず、図書館全体の利用空間を用途に応じた騒音レベルで秩序だてようとする発想からできたもので、日本の図書館でも採用されつつある。また、館内の飲食については、ペットボトルなど容器に入った飲み物は持ち込み可能で、スナックや軽食の類も目にあまるものでないかぎり大目に見ようという運用がなされているように思われる。図書館が研究学習など長時間滞在を前提とする施設であるという認識があるためだと理解できる。

　エレベータでキャンパスの地下、階層表示上は1階におりると、多数のPCが所狭しと並べられており、プリンターや大型・小型のスキャナーが学生の日常的利用に供されている。このフロアは多数のワークステーションが並べられた情報コモンズ（Information Commons）に続いており、平日は学生たちで満席になるほど利用されている。キャンパス内の学生寮に住む学生たちは図書館が閉館の夜間も‛Cat Card’と呼ばれるICチップが施された学生証を使えば24時間利用できる。

　同館は蔵書を600万冊余も擁しているが、レイアウトの変更は比較的頻繁に行われており、整然と並べられた書架と研究個室、グループ演習室のほか、ゆったり感のある空間に多数の閲覧席が配置されている。その理由は、新規受け入れ図書については電子書籍がある場合には極力電子書籍を受け入れ、学術雑誌についてはバックナンバーがバックファイルとして電子化・商品化され、これを受け入れたときには紙のバックナンバーを廃棄するという方針をとっている。稀用資料についてもキャンパス外の保管庫（storage）に収蔵されており、学生の希望から、館内のスペースはできるだけ学生用の閲覧席に振り向けている。

　図書館資料は、アルファベットとアラビア数字の混合記号法をとる議会図書館分類法（Library of Congress Classification：LCC）が採用されている。これはアメリカの大学図書館の常例で、同一記号に多数の資料が集中し、分類性の希薄な十進分類法がとられることはまずない。

　最後に、公立大学であるコミュニティ・カレッジの動きについてふれておきたい。州の下部組織ではあるが、州とは別に課税権をもち、一定の自治を享受

しているカウンティが設置する2年制の高等教育機関がコミュニティ・カレッジである。当然コミュニティ・カレッジにも図書館が設置されているが、多くの学生がキャンパス内の学生寮に住む4年制大学とは異なり、パートタイムで通学する有職の社会人が利用者の多くを占める。図書館に充てられる予算も小さく、カリキュラムにあわせて構築されるコレクションの規模も小さい。カウンティの財政が逼迫するなかで、当局がコミュニティ・カレッジに配分する資金もタイトで、図書館予算は先細りの傾向にある。そのような状況のなかで、一部にはカウンティ・パブリック・ライブラリーと連携・協働する動きが見られる。

3.2 アリゾナ州の学校図書館と学校教育

「国際図書館連盟・ユネスコ　学校図書館宣言」(IFLA/UNESCO School Library Manifesto)[11]には、'学校図書館の使命' として、「学校図書館は、学校というコミュニティのすべての構成員に対して、あらゆる形態とメディアに記された情報に関して、(鵜呑みにせず) 批判的に考え、効果的に利用できる人になれるよう、学習支援サービスを展開し、図書および情報資源を提供する。学校図書館は、ユネスコ公共図書館宣言 (UNESCO Public Library Manifesto (1994))[12]に記された諸原則に従い、(学校図書館を超えた) より広い図書館情報ネットワークに結びつく」とうたわれている。アリゾナ州の学校図書館を紹介するにあたり、その制度的背景から論ずることにしたい。

日本の学校図書館の関係者の間では、アメリカの学校図書館は進んでいるという認識を持つ方が少なくないようである。'インフォメーション・パワー' と呼ばれるアメリカの学校図書館基準について、『インフォメーション・パワー：学習のためのパートナーシップの構築』(アメリカ・スクール・ライブラリアン協会，教育コミュニケーション工学協会共編，同志社大学学校図書館学研究会訳，

---

11) 最終改正は2006年3月28日。〈http://archive.ifla.org/VII/s11/pubs/manifest.htm〉1999年に採択されたものには邦訳があり、本書でも参照している。長倉美恵子・堀川照代訳「ユネスコ学校図書館宣言」『図書館雑誌』Vol.94, No.3, 2000, pp.170-172.
12) 日本語訳にもリンクが張られている。〈http://archive.ifla.org/VII/s8/unesco/manif.htm〉

同志社大学，2000)[13]や『インフォメーション・パワーが教育を変える！：学校図書館の再生から始まる学校改革』(アメリカ公教育ネットワーク，アメリカ・スクール・ライブラリアン協会，足立正治，中村百合子監訳，高陵社書店，2003) など少なくない関係書が出版されている。しかし、現実には必ずしもアメリカにおいては、学校図書館が初等中等教育において大きな役割を果たしているとは言えないように思われるし、アリゾナ州ではそもそも学校図書館を活性化させるための学校教育の仕組みが整っていないように感じられた。

　アリゾナ州の教育予算を見たとき、2008会計年度から2013会計年度の５年間において予算額は、実質ベースで21.8%下落しており、これはアメリカ50州のなかで最大の下落率にあたる。州都フェニックスの近郊のスコッツデール統合学校区委員会のメンバーを８年間務めた州下院議員が「教育予算の削減は一種の災害」と言うほどの減り具合で、連邦センサス局の調査結果によれば、2011会計年度では児童生徒ひとりあたりの教育予算は全国平均が１万560ドルであるのに対して、アリゾナ州は7,666ドルしか支出されていない[14]。

3.3　トゥーソン統合学校区の学校図書館の現状

　日本では、学校図書館法において、初等中等教育にあたる学校には必ず学校図書館が置かれ、その専門的職務を担う司書教諭についての定めがあり、現在では少なくとも12学級以上の学校には司書教諭が置かれることになっている。2003年までは法の定めにおいても司書教諭を置く義務はなかったため、ほとんどの学校で司書教諭が置かれることはなかったが、図書室は必置ということもあり事務系で不十分な待遇の学校司書を配置するところが少なくなかった。その結果、日本の学校図書館の世界では司書教諭と学校司書の２職種並置が問題とされていた。しかし、2014（平成26）年６月、学校図書館法（昭和28年８月８日法律第185号）が改正され、学校図書館の職務に従事する'学校司書'が法制

---

13) American Association of School Librarians, *Information Power : Building Partnerships for Learning*, American Library Association, 1998.
14) *Arizona Capitol Times*, September 16, 2013.〈http://azcapitoltimes.com/news/2013/09/16/think-tank-arizonas-education-funding-cuts-third-deepest-in-nation/〉

化された。この法改正により、日本の初等中等教育においては、12学級以上の学校の図書室には'学校図書館の専門的職務を掌'る司書教諭が必ず置かれるほか、事務系職員の学校司書を置く方向が打ち出された。

　ひるがえって、アリゾナ州では初等中等教育の学校に図書室がないところも少なくない。そもそも学校図書館に予算が充てられていないのである。自分の子どもをアリゾナ州のトゥーソン統合学校区の学校に通わせている保護者の声に耳を傾けよう。「(図書室のない学校が多いのですが、)図書室のある学校でも、フルタイムの司書がおらず、保護者のボランティア活動なしには図書室の運営が成り立たないところもあります。子どもの通ったアリゾナ大学の近くにある小学校はそうでした」。また、「アリゾナ州は生徒1人あたりにかけている費用が全米で最低で、予算不足で図書館のない学校が増えています。子どもの通っているハイスクールだってアメリカで有数の進学校でありながら図書館がないんです。そのため学校では生徒にカウンティ・ライブラリーのライブラリーカードを作るように義務付けています。そういう状況なので、州議会の多数派である共和党の議員が州の税法を改正してカウンティ・ライブラリーなどの公共サービスの資金源を絶つ法案を提出し、保護者や教育関係者が猛反発して署名運動をし(私も署名しました)、先月(2014年3月)法案の内容を変えさせたばかりです。信じられないでしょう？」と書かれたメールを受け取ったことがある。

　トゥーソン統合学校区(Tucson Unified School District)の管内には87校の初等中等教育の学校が存在する。そのうち約70校に学校図書館が設置され、そこに100人以上のスクール・ライブラリアン(フルタイムとは限らない)が配置されている。財源的にも恵まれているとはいえず、資料費だけではなく、スクールライブラリアンの人件費が削減されることもある。一般論として、アメリカではすべての学校に学校図書館が設置されているとは限らない。また、学校図書館の多くは十分な資料費を得ているわけではない。アメリカ図書館協会(American Library Association：ALA)がみずから事業実施をするわけではないが、寄贈図書情報のクリアリングセンターとしての役割を果たしており[15]、その情

報を利用して、積極的に特定の必要な資料を含め、一定の資料を寄贈図書によって賄っている学校図書館が少なくないようである。ここでは、トゥーソン市内の学校図書館を見学する機会に恵まれたので、その現況を紹介しつつ、一緒に考えることにしたい。

　ダウンタウンにあるデイビス・バイリンガル・マグネット・スクール（Davis Bilingual Magnet School）でもトゥーソン・マグネット・ハイスクール（Tucson Magnet High school）でも、それぞれスペイン語の教員資格を持つ女性が偶然スクールライブラリアンにあてられ、高度な図書館サービスを展開していた。トゥーソン・ハイでは2人目のスクールライブラリアンが予算削減で退職に追い込まれそうになったところで、校長の配慮や同窓会の支援でパートタイムのスクールライブラリアンとして職務継続が可能となった。このパートタイムのスクールライブラリアンが日本の学校司書に該当するとの見方はできるかもしれない。

　児童生徒の学力向上を至上命題とする学校教育において、現実にはややもすれば学校図書館がなおざりにされるという状況には、日本でもアメリカでも変わりはないように思える。学校図書館は低調だと関係者の多くが口をそろえるトゥーソン[16]において、活発な動きをしている学校図書館二つを垣間見て感じたところをひとつだけ記しておきたい。デービス校の図書室が売り物としている'アクアポニクス'は、理科の先生との見事な協力の成果だと認識できるし、トゥーソン・ハイでは図書館内の教室とコンピュータ・コーナーでは授業が行われ、カウンターには地域のボランティアが貸出業務に従事し、またそこに教員が資料の相談に来ていたことが思い出される。学校図書館を機能させるには人の配置も大切であるが、学校全体として図書室を有効に利用しようという姿勢と協力体制の整備が求められるように思われる。

---

15) http://www.ala.org/tools/libfactsheets/alalibraryfactsheet12
16) これはトゥーソンに限られたことではないが、アメリカの公立学校の図書室が低調な理由のひとつとして、宿題支援などの児童生徒対応のサービスに取り組んでいる公共図書館の存在が影響しているようにも感じられた。

4 専門図書館とさまざまな図書館

　アメリカにおける'専門図書館'という館種は、具体的には、官民の両セクターに散らばる種々雑多な図書館を包含する。日本においてその語を用いたときには、国立図書館をのぞく政府機関、独立行政法人、特殊法人等が設置する図書館、公立（公共）図書館と公立大学図書館をのぞく地方公共団体の設置する図書館（このなかには地方自治法100条18項に定められた地方議会図書室がある）、および民間の公益法人やその他の組織団体が設置する図書館、民間企業が設置する図書館が含まれる。民間企業が設置する図書館は、一般に利用者が当該企業の従業員等に限定されるが、なかには一般市民に公開しているものがある。特定の主題に限定されたコレクションやデータベースを構築し、利用に供するものである。公共図書館や大学図書館においても、特定の主題に特化したコレクションを擁し、利用に供するなかば独立した部署は専門図書館として位置づけられる余地がある。

　専門図書館という語句はアメリカでも同様の理解がなされているものと思われる。ここでは、その具体例のひとつとして、カリフォルニア州ロサンゼルス郊外にある'ハンチントン・ライブラリー'を紹介してみたい。

4.1　ハンチントン・ライブラリーの成立

　グーテンベルクの『42行聖書』をはじめとするインキュナブラや古典、ワシントンやリンカーン等の偉大な政治家の書簡やその他の資料、アメリカ独立革命や南北戦争を中心とするアメリカーナ、貴重な英米文学コレクションなどを擁し、大英博物館やオックスフォード大学ボドリアン図書館と比肩しうるとされる、'ハンチントン・ライブラリー（The Huntington Library, Art Collections, and Botanical Gardens）'[17]がロサンゼルス近郊のサンマリノにある。1969年に創設さ

17）広大な敷地に図書館のほか、美術館、植物園の機能も併有する巨大な複合的文化研究施設である。〈http://www.huntington.org/〉

れたアリゾナ大学ライブラリー・スクール（Graduate Library School）の初代の研究科長（director）で名誉教授のドナルド・C・ディキンスン（Donald C. Dickinson）先生が書かれた『ヘンリー・E・ハンチントンのこしらえた図書館のなかの図書館』[18]という文献に依拠しつつ、このハンチントン・ライブラリーの形成について紹介しておきたい。

　図書館の世界には、'ランガナタンの5法則'というものがある。その第5法則は、「図書館は成長する組織である」と定めている。すなわち、みんなの役に立つ素晴らしい図書館は蔵書とする本を1冊ずつしっかりと選び、長い時間をかけてていねいに作っていくものだということを教えてくれる。ところが、ここで紹介する世界でも有数の素晴らしい図書館はわずか15年で一挙につくりあげられてしまったのである。その立役者こそがその図書館の名称にも示されている通り、ヘンリー・E・ハンチントン（Henry E. Huntington, 1850-1927）である。

　ハンチントンは1850年にニューヨーク州オニオンタに生まれた。叔父コリス・C・ハンチントン（Collis P. Huntington）はセントラル・パシフィック鉄道の創業者で、西部に伸びる鉄道事業の'四天王'（The Big Four）と呼ばれるまでに成功をおさめていた。このコリスに見込まれ、ハンチントンはサンフランシスコを本拠とするサザン・パシフィック鉄道の経営に参画することになる。19世紀後半のカリフォルニアはゴールドラッシュを契機に経済が急拡大し、急速な都市成長を遂げつつあった。彼は、そのカリフォルニアを舞台に辣腕ぶりを発揮し、馬車馬のごとくに働いた。1900年に79歳の叔父のコリスが心臓発作で急死すると、ヘンリーは莫大な遺産を手にするが、サザン・パシフィック鉄道の当時の幹部たちに追われ、30年続いたハンチントン一族の家族支配が終わった。不屈の彼は、50歳で事業の本拠を成長が見込まれるロサンゼルスに移し、ロサンゼルス鉄道会社を中心とする企業群を育てた。事業に没頭した彼は、サンフランシスコに残した家族との関係が疎遠になり、コリスの姪で長年苦楽をともにした妻メアリーとの離婚を経験する。

18) Donald C. Dickinson, *Henry E. Huntington's Library of Libraries*. Huntington Library, 1995.

60歳になった1910年、名目的な肩書は別にして、巨万の富を蓄えた彼は実業界の第一線を退く。ロサンゼルスに移った50歳あたりから自身が読める英語の文献を中心に書物に対する関心を深めていた彼は、ニューヨークにも事務所と邸宅を持っていたこともあり、ニューヨークで古今の多くの書物を購入するようになった。1911年、ハンチントンはニューヨークの愛書家たちの集う私的な団体である、グロリエ・クラブ（Grolier Club）[19]の会員に推される。グロリエ・クラブは1884年に創設された、北米でもっとも古い、現在も存在する愛書家のサロンである。

　ここから、彼の快進撃がはじまる。このとき、彼は61歳。彼は出会った人たちにも恵まれた。貴重書や歴史的、文学的価値のある手書きの書簡、原稿などのマニュスクリプト、絵画などを財力にものをいわせて、オークションや相対取引を通じて、買いまくるのであるが、その業務を引き受けた稀代の書物取扱業者ジョージ・D・スミス（George D. Smith）やA・S・W・ローゼンバック（A. S. W. Rosenbach）、チャールズ・セスラー（Charles Sessler）、バーナード・クォリッチ（Bernard Quaritch）らの存在を抜きには語れない。

　グーテンベルクの『42行聖書』は、1911年にニューヨークでオークションに出されたロバート・ホゥ（Robert Hoe）のコレクションのなかのひとつであるが、ハンチントンはオークションなどに売りに出された貴重書コレクションに最高値をつけ、丸ごと購入するというやり方で入手するのである。このとき'業界のナポレオン'と呼ばれるまでにのし上がったスミスと知り合った。また、コレクションを丸ごと購入し、同じ書物や資料が重複していることが確認されると、それをニューヨークのオークション業者のひとつであるアンダーソン・ギャラリーを使って売却し、それを原資の一部に加えて目当ての貴重書の購入にあてるというやり方もとった。アンダーソン・ギャラリーの経営者、ミッシェル・ケナリー（Mitchell Kennerley）も彼のよき協力者であった。

　ビジネスマンとしての果断な行動力を貴重書取引の世界に応用したハンチントンがニューヨークとロンドンの関係市場を、第一次世界大戦の期間を含む

---

19) http://www.grolierclub.org/

1911年から1926年までの間、支配した。この貴重書購入の過程でハンチントンと競り合った愛書家たちのなかには、後にワシントンDCにフォルジャー・シェイクスピア図書館[20]を開設するヘンリー・フォルジャー（Henry Folger）やニューヨークにピアポント・モーガン図書館を開設するJ・ピアポント・モーガン（J. Pierpont Morgan）、さらにはタイタニック号事件で夫と息子を失い、自分だけが助かったワイドナー夫人（Eleanor Elkins Widener）がいる。ワイドナー夫人は愛書家であった息子ハリーをしのんで、彼の母校であるハーバード大学にワイドナー図書館を寄贈している。ハンチントンが譲り、ワイドナー夫人がオークションで競り落とした貴重書も同図書館に入れられている。

　このようにしてニューヨークとロンドンの市場で短期間に大規模に収集された貴重書コレクションはニューヨークの邸宅に納められていたが、ハンチントンは一部の反対を押し切り、ロサンゼルス郊外のサンマリノに新しく建設する大邸宅の敷地のなかに図書館を建設し、そちらにコレクションの全体を移動させることにする。彼は1913年にコリスの後添で死別後未亡人となっていたアラベラ（Arabella）と再婚したが、このころ彼女は病を患って、気候のよいカリフォルニアへ転地療養の意味も込められていた。

　巨大な貴重書コレクションの維持・管理、さらなる整備のためには、プロフェッショナルのライブラリアンたちを必要とする。1914年末、ハンチントンと同年齢のコール（George Watson Cole）を紹介される。彼は、よく知られた図書館管理者で目録作業や書誌作成のプロである。ハンチントン・ライブラリーがニューヨークにあったときからサンマリノへの移転をはさんで10年間、同ライブラリーの充実や基盤整備に辣腕をふるい、必要とする人材を育てた。1924年のアラベラの死と前後してコールは館長を辞任するのであるが、その後館長を引き継いだ、1915年以来勤めていたC・M・ケイト（Chester March Cate）（翌年自殺）、そしてそのあと館長を務めたL・E・ブリス（Leslie E. Bliss）は、1920年3月に心臓発作で急死したスミスの亡き後に資料収集の先頭に立つほどに稀覯書に通じる学識を誇った。また、44年間ハンチントン・ライブラリーに

---

20) https://www.folger.edu/

在職したR・O・シャート（Robert O. Schad）も貴重書には強かった。1920年秋にハンチントン・ライブラリーはニューヨークからサンマリノの邸宅内に新築された図書館に移るが、草創期のライブラリーの職員は20名程度でやりくりしていた。図書館職員にも恵まれたといえそうである。

4.2　ハンチントン・ライブラリーの運営方法

　アメリカ経済の発展期のエネルギーを体現したハンチントンは、短期間に歴史上例を見ないやり方で大英博物館に次ぐかといわれた素晴らしい図書館をつくりあげたが、その設置形態や運営方法についても、彼らしい工夫をしている。この方面の彼の相談相手は、マウントウィルソン天文台の所長を務める天文学者のジョージ・エラリー・ヘール（George Ellery Hale）であった。当初、ハンチントンは、図書館を実業家として自分を育ててくれたロサンゼルス郡へ寄贈するつもりでいたが、その運営が政治的思惑によって左右されることを嫌うようになった。ヘールがカーネギー研究所[21]をモデルとした独立した公的研究機関（an independent public institution）とするよう進言し、これが受け入れられた。

　1919年、ハンチントンは、顧問弁護士のウィリアム・E・ダン（William E. Dunn）に対して、みずからの意向に沿った信託証書（trust indenture）の作成を依頼した。その内容は、5人の理事からなる理事会のコントロールのもとに研究機関を置くというものであった。研究機関の設置目的は、「学術、すなわち芸術と科学の推進し発展させること、ならびに図書館と美術ギャラリー、博物館および公園を設置・寄贈し、それらを継続的に運営することによって、公共の福祉を増進すること」とされた。そこには無償で公開された図書館（free public library）の語があったが、1926年に無償で公開された研究図書館（free public *research* library）に改められる。

　理事会は、顧問弁護士のダン、天文学者で相談相手のヘール、ハンチントン

21）当時はワシントン・カーネギー協会（Carnegie Institution of Washington）と呼ばれていた。1902年に鉄鋼王アンドリュー・カーネギー（Andrew Carnegie）が設立し、現在の名称はカーネギー科学研究所（Carnegie Institution for Science）である。〈http://carnegiescience.edu/〉

の長男であるホワード、彼の親友であるジョージ・S・パットン（George S. Patton）、そして彼の後妻アラベラの息子のアーチャー（Archer M. Huntington）の５人で構成された。

　ハンチントンは、後にワシントンDCにシェークスピア・コレクションに特化した図書館を開設したヘンリー・フォルジャー（Henry Folger）にこの信託証書の写しを送っているが、「はるかにささやかなものであるとしても、同じようなことをしようとの希望を抱いているほかの者たちに対して、あなたは勇気を与え、ひとつの導きの方向を示した」とフォルジャーは称賛している。

　ひるがえって、研究組織の整備であるが、スタンフォード大学、イェール大学のアメリカ史の教授を務め、当時コモンウェルス財団で教育担当をしていたマックス・ファーランド（Max Farrand）を1927年に研究部長に据え、本格的活動を開始する。

　ハンチントンには1920年あたりから健康にかげりが見えていたが、二回目のガンの手術のあと、1927年５月25日に永眠した。彼は同時代の資産家とは異なり、ヨットも持たず、競馬の馬も持たず、質実剛健の生活を旨としていた。経営者としては、労働組合を敵視し、自分の身の回りで働く人たちを低賃金でこき使い、鉄道事業を中心に馬車馬のごとく実業の世界で働いたが、政治的な野望も一切もたず、巨万の富を築きあげた。その巨万の富をつぎ込み、経営者としての強引な手法で図書館づくりに突っ走った。1920年、ライブラリーをサンマリノに移す年に、学術研究の世界への貢献に対して、ニューヨーク大学から名誉法学博士号を送られている。

4.3　大統領図書館——クリントン大統領図書館を例に

　滞在先のトゥーソンの街にも慣れた2014年２月の中頃、「近くに書店がなくて、月に１、２度、自転車で30分以上かかるバーンズ＆ノーブルに出かけている」と知人にこぼしたところ、アリゾナ大学の学生、教職員がよく使っている書店ということで、'ブックマンズ' グラント店[22]を教えてくれた。早速その日の

---

22) http://bookmans.com/stores/grant/

夕方に自転車で10分程度のこの書店を訪れた。新刊書も置かれているが大半は古書である。'歴史'（history）のコーナーが中央を占める。そこで驚いたことのひとつが、アメリカの歴史を大統領の政権時期で区分しているのである。日本では、日本政治史の専門でもない限り、このような分類は思いつきさえしない。明治期、大正初期、戦前、占領期、1960年代というような分け方が普通だと思われる。アメリカの庶民は、ワシントンやリンカーン、ケネディといった具合に、大統領を中心に自国の歴史を眺める傾向が強いということがよく理解できた。このような政治、歴史感覚が、以下に紹介する大統領図書館制度の根底にある。

　2013年12月、クリントン大統領図書館[23]を訪れた。同館はアーカンソー州の州都リトルロックのダウンタウンに建設され、2004年11月にオープンした[24]。広い公園のなかに「21世紀への架け橋を建設する」（build a bridge to the 21st century）というイメージでこしらえられたトラス構造のユニークな建築構造物である。内部の展示空間は、18世紀前半にアイルランドのダブリンに建設されたトリニティ・カレッジ（Trinity College）の古い図書館のイメージをなぞったものとされる。

　入口にはシークレット・サービスに守られ、クリントン大統領が乗ったとされるリムジンがおかれ、階段をあがったところには閣議室、さらに上階には大統領執務室が再現されている。閣議室の向かいにはゴア副大統領の活動についての展示があり、その先には1993年から2000年の2期8年にわたるクリントン政権の事跡が1年ごとに整理され、パネル展示がなされている。その下の棚に

---

[23] クリントン大統領図書館については、見学の経験に加えて、2ブロック離れたミュージアム・ショップで入手した2冊の書籍を参考にした。*9908 William J. Clinton Presidential Center and Park*, Polshek Partnership, LLP, 2008（これには1993年の大統領就任演説、2000年の一般教書演説の抜粋、2004年の大統領図書館落成式の式辞が掲載されている）および *The William J. Clinton Presidential Center : Building a Bridge to the 21th Century*, RAA Editions, 2006.
[24] 大統領図書館や公園等を含むクリントン大統領センター（Clinton Presidential Center）のウェブサイトも参照されたい。〈http://www.clintonfoundation.org/clinton-presidential-center〉

は、手書きの書込みのある月別の予定表（President's Daily Schedule）が並べられ、地元の小学校から見学に来た小学生たちが座り込んでいたり、思い思いの姿勢でそれらを見ている。大統領図書館は'祭り神'である元大統領を美化する傾向は避けられず、地元の児童生徒の政治教育の場として活用されるが、功罪相半ばするところがあるのはやむを得ない。時間的経過（timeline）にしたがっての政権の業績を整理されたコーナーのあと、テーマごとに整理された展示が続く。モニカ・ルゥインスキーの名前も見える弾劾紛争（Impeachment battle）については共和党の党利党略の結果だとの解説が付されている。1994年に創設された政府公認のボランティア活動、アメリコー（AmeriCorps）のコーナーもあり、教育問題のコーナーには小学生の描いたクリントン大統領の肖像画が並べられており、「クリントンはすごい。国民を助けるから」（Bill Clinton is special, because he helps people.）との書き込みのある小学生らしい絵の展示もある。地域別に整理された国際政治についてのコーナーも設けられている。その展示の最初のところに、（歴代の大統領のなかで）'もっとも旅行をした大統領'（the most traveled president）の見出しが掲げられ、冷戦後の国際関係の構築のために、74ヶ国を訪問したとの文言が見られる。これらの展示室には、その時々の写真、スピーチ原稿、手紙などが展示され、大統領個人の人間性もうかがえる。

　顕彰される当該大統領とその政権にとっての都合の良い情報の公開とその美化、小学生の見学等を通じての偏った政治教育の施設といった、さまざまな批判もあるが、日米の図書館文化の比較を任務とする本書では、アメリカにしかないこの大統領図書館という制度について検討することは、一定の意味を持つものと思われる。

　このクリントン大統領図書館を含め、現在13ヶ所の大統領図書館は米国国立公文書館（NARA）によって管理運営されているが、その管理運営は1955年に制定された大統領図書館法（Presidential Library Act）[25]によって規律されている。

---

25) 同法は、現在44 U.S.C. § 2112として法典化されている。

4.4　大統領図書館制度

　クリントン大統領図書館にもうかがえるように、特定のアメリカ大統領の執務文書、職務遂行を通じて受発信される国内外の情報資料は、その政権にとどまらずその時代を映すひとつの鏡となる。すでに初期の大統領の残したこのような文書の一部は連邦議会図書館に収蔵されているし、当該大統領の出身地やゆかりの地の歴史協会などが関係資料を蓄積し、公開されているものもある。

　現在の大統領図書館制度[26]のあり方を方向付けたのは、フランクリン・ルーズベルト大統領（Franklin Delano Roosevelt, 1882-1945）である。彼は、それまで個人的な私物で退任後は自由に処分できた在職中に作成・収受した公的・私的な文書をひとつのコレクションとして整理し、有権者や納税者としての市民に公開する'大統領図書館'制度の理念を唱え、その実現を図った。この制度理念の下敷きとなったのは、遺族の寄付で設置されたラザフォード・B・ヘイズ記念図書館[27]、およびフーバー大統領関連文書、第一次・第二次世界大戦に関する大量の文書を保管するスタンフォード大学の一部となっているフーバー戦争・革命・平和研究所[28]とされる。

　フランクリン・D・ルーズベルト大統領図書館が大統領図書館制度のあり方を決定した。ラザフォード・B・ヘイズ記念図書館とフーバー戦争・革命・平和研究所が民間の発意と資金で建設されたところから、大統領図書館を建設するための法人を設立し、公的資金を投入することなく民間の資金で建設し、できあがってから連邦政府に譲渡し、連邦政府（国立公文書館）がこれを維持するという今日の大統領図書館のスタイルがとられることになった。

　1955年には大統領図書館法が制定される。大統領が退き、華やかな政治の舞台から降りるたびに大統領図書館が一つずつ増えてゆく。その運営経費を政府

---

26) 大統領図書館制度については、いくつかの文献が存在するが、容易に入手・参照できるものとして、在日アメリカ大使館のウェヴサイトに掲載されているウェンディ・R・ゴンズバーグ，エリカ・K・ランダー「大統領図書館法と大統領図書館の設立」（2011）をあげておく。
〈http://aboutusa.japan.usembassy.gov/pdfs/wwwf-crsreport-preslib-j.pdf〉
27) http://www.rbhayes.org/hayes/aboutcenter/
28) http://www.hoover.org/

資金から支出していれば、次第に大統領図書館全体に要する経費は増大する一方となる。そこで、1986年には、大統領図書館の建物管理にかかる経費については税金に由来する政府資金ではなくそれぞれの大統領図書館財団という民間の組織にゆだねる法改正がなされた。

　ひるがえって、元来、それぞれの大統領がホワイトハウスの執務室で作成・収受した文書は政府の公的意思を示した'公文書'ではなく、大統領個人の所有する'私文書'と考えられてきた。従来は、大統領在任中に作成・収受され、大統領個人が保有する記録文書類は大統領個人の所有物と見なされ、退任すれば大統領が私宅に持ち帰っていたのである。大統領図書館制度が確立する以前においては、多くの場合、これらの大統領文書は連邦議会図書館に寄贈されたが、議会図書館には寄贈された大統領文書コレクションの整備にあてる予算も人も存在しなかった。

　ところが、ニクソン大統領自身が関与した1970年代に発生した'ウォーターゲート事件'がこの伝統的な文書観を一変させる。1974年、ニクソン大統領の証拠隠滅行為を懸念する連邦議会は、急遽、大統領録音記録および資料保存法（Presidential Recordings and Materials Preservation Act）を可決し、ウォーターゲート事件に関連する大統領記録をすべて差し押さえた。さらに、1978年には、ニクソン大統領文書だけではなく、すべての大統領に適用される大統領記録法（Presidential Records Act）が成立し、ロナルド・レーガン（Ronald Wilson Reagan, 1911-2004）大統領以降の大統領が公務で作成・収受する文書は法的に'公文書'と位置づけられた。このように公文書とされる大統領文書は、大統領の地位を退けば国立公文書館・記録管理庁（National Archives and Records Administration）の管理するものとなった。

4.5　部族図書館

　'アメリカ・インディアン'といえば、西部劇映画の好きな人は『アパッチ』（1954）や『シャイアン』（1964）などをすぐに脳裡に克明なイメージを描くことと思う。この'アメリカ・インディアン'を最近では'ネイティブ・アメリ

カン'(native Americans：アメリカ先住民）と呼ぶことが多いが、その人口はおよそ250万人、アメリカ人の約0.7％である。彼らは血統によって結ばれた、固有の社会的、文化的、政治的、宗教的に組織された人びとで、それぞれに部族(tribe) を構成し、かつては固有の言語を持っていた。連邦政府はアメリカ先住民として564の部族を認めており、全体でアメリカの国土面積の2.3％、5,600エーカーの土地をインディアン居留地（reservation）に指定し、それは275ヶ所にのぼるが特定の部族に与えている。居留地を持たない部族は多い。また、居留地を与えられた部族においても、仕事や教育、家庭的、経済的、社会的事情から、自分が属する部族の居留地で生活していない人たちも多い。これら居留地の大半はアメリカの西部に分布[29]している[30]。

それぞれの居留地は、建前としては、連邦政府や地元の地方公共団体の支配に服すことなく、独自の憲法をもつ主権国家（sovereign nation）として、選挙によって選ばれた部族評議会（tribal council）によって統治される。固有の警察や消防などの行政機関だけでなく、自前の司法システムまで備えている。

これらのアメリカ・インディアンの部族のなかには、統治・行政機構のひとつとして'部族図書館'（tribal libraries）を設置しているところがある。この部族図書館は、部族運営の重要な一部を構成し、部族が実施する事業において基本的な役割を果たすものとされる。部族の人たちに提供するべき情報資料、人材育成、適切な施設・設備の整備に課題を抱えながらも、部族図書館は大きな機能を発揮している。部族図書館は、居留地というコミュニティ空間において、部族住民というコミュニティ構成メンバーにサービスを提供しているところから、その現実的機能は公共図書館に酷似するものといえる。しかし、情報資料の面においても、サービス面、実施イベントの面においても、数百年におよぶ固有の歴史と文化的伝統を維持しようとし、廃れゆく独自の言語をなんとか保存しようとする図書館運営から、部族図書館にはそれぞれ独特の雰囲気と特色

---

29) http://www.nps.gov/NAGPRA/DOCUMENTS/RESERV.PDF
30) Elisabeth Newbold, "Emerging Trends in Native American Tribal Libraries", *Advances in Librarianship*, vol. 33 (2011), p. 76. 〈http://www.librarysupport.net/serralib/Emerging_Trends.pdf〉

があらわれると考えられている[31]。

アリゾナ州には、20の部族図書館[32]が存在している（このなかには部族が設置管理している大学や学校に付設するものも含まれている）。そのひとつがドクター・フェルナンド・エスカレンテ部族図書館（Dr. Fernando Escalante Tribal Library）[33]である。その使命は、「ヤキ（Yaqui）部族の知識と文化を振興し、保存し、たえず高水準の教育レベルを達成すべく部族の構成員を鼓舞し、すべてのヤキの人びとの生活の質を豊かにし改善するために個人的にもコミュニティとしても成長を支援すること」とうたわれている。

アリゾナ州南部に定住するパスクワ・ヤキ族（Pascua Yaqui Tribe）のドクター・フェルナンド・エスカレンテ部族図書館は、2009年2月に開館したが、現在は部族本庁舎北方の徒歩10分のところにある、2013年6月に竣工した2階建ての教育センターのなかに置かれている。センターの正面入口を入って左側が図書館である。図書、CD、DVD等から構成される所蔵資料は3,500点超である。ヤキ族の文化と伝統を伝えるHiaki Collectionは350冊以上の図書・簿冊から構成され、もっぱらレファレンス資料として提供されている[34]。

図書館の入口を入ったところに三角形に向い合せに並べられたワークステーションが6台置かれ、その右手がカウンターになっている。左手にはDDC分類され配架された一般書の書架が並び、その奥に参考図書の低書架群、さらに奥は庭園に面してゆったりとラウンジが設けられている。その右手は児童コー

---

31) School of Library and Information Studies, The University of Oklahoma, *TRAILS: Tribal Library Procedures Manual, 3rd ed.*, 2008, p.6. このマニュアルは、2010年のアメリカ図書館協会の資金援助を得て作成され、同協会のウェブサイトに掲載されている。〈http://www.ala.org/offices/sites/ala.org/offices/files/content/olos/toolkits/TRAILS3.pdf〉

　ちなみに、アメリカ図書館協会傘下の下部組織のひとつにアメリカン・インディアン図書館協会があり、館種にかかわりなく、アメリカとアラスカの先住民の図書館ニーズに応えるべく、活動を展開している。〈http://ailanet.org/〉

32) http://www.azlibrary.gov/libdir/typeSearch.aspx?RecordID=72bb5fb7-f82b-4574-94ef-270c72aac084

33) http://www.pascuayaqui-nsn.gov/index.php?option=com_content&view=article&id=56&Itemid=37

34) http://www.pascuayaqui-nsn.gov/index.php?option=com_content&view=article&id=56&Itemid=37

ナーとそれに接続して読み聞かせなどが行われるスペースがとられている。カウンターの奥の通路を通れば部族コレクションの部屋があり、関係資料が展示・配架されている。通路を奥に行くと学習室が設置されている。

　図書館から廊下に出て、廊下にそって奥に行くと教室形式の部屋と共同作業が可能なように机が4組向かい合わせに置かれた2つの部屋がつながり、コンピュータ室として利用されている。そこには専任職員が配置され、それぞれ10台程度のワークステーションを使って平日の午前と午後にコンピュータ・リテラシー教育が行われている。また、隣接してメディア実験室があり、デジタル録音録画を行うこととされている。廊下をはさんで向かい側には部族の伝統的な衣装や楽器、イベントで用いる装具など文化財等がショーケースに納められ、それらが設置されている庭園側の部屋は部族文化保存の講習・講座などが行われる部屋となっている。

　2階にあがったところに進路指導を含めた教育相談室がある。廊下の手前は教育行政課で、廊下にそって奥の方向にGED対策指導室、成人教育室がある。廊下の向かいは庭園を見下ろすカフェテリアとテラスが配置されている。

　この2階建ての洒落た建物はヤキ族の総合的な教育文化施設となっているが、全体が広義の図書館ととらえることもできる。ここの経費は主として部族が経営しているカジノを備えたホテルから得られる収益の一部が充てられている。

4.6　刑務所図書館

　刑務所という矯正施設には、過去に犯罪に手を染めた人たちに対して、刑務所内に情報と知識、教養を身に着けてもらう図書室を設置し、釈放後の更生や社会復帰を支援することが国際的には一般的である。日本には刑務所図書館と呼べるものが設置されていないことがよく知られている[35]。ここではアリゾナがまだ準州のときに設置された草創期の刑務所図書館のエピソードを紹介してみたい。

　アリゾナ州の南西部、カリフォルニア州との州境、南はメキシコ国境が遠く

---

35) 山本順一編『新しい時代の図書館情報学』有斐閣, 2013, p.55.

ない位置にユマという人口10万人たらずの都市がある。そこの観光資源のひとつがユマ準州刑務所（Yuma Territorial Prison）である。現在公開されている施設はオリジナルのものではなく、再建されたものであるが、当時の状況は十分に伝わってくる。この刑務所は1875年に開設され、1909年に同州フローレンスにあらたに州立刑務所が建設されるまでの33年間矯正施設として利用され、3,069人（うち29人が女性）が収容された。この刑務所のなかの一室を利用し、1883年に図書室が置かれた。この刑務所図書館は在監者にとどまらず、刑務所外の地域住民にも公開され、ユマで最初というだけでなく、当時のアリゾナ準州で最初の公開された図書館であったとされる。

　この図書館開設の立役者は当時の刑務所長フランク・S・インガルス（Frank S. Ingalls）の妻で、当時20代後半の年齢で3人の子どもを育てるマドラ・インガルス（Madora Ingalls）だった。まったくの任意の施設で彼女はボランティアで'ライブラリアン'の仕事についた。この図書館を開くにあたっては、周囲の人たちに本の寄贈と新しい本を購入するための資金の寄付を募った。また、刑務所の見学者に対して25セントの料金を徴取し、図書室の整備とコレクションの維持に充てた。目的として、図書室にあてられた小さな一部屋には蔵書がいっぱい詰められた小ぶりの本棚と、新聞や本が読める長机と椅子が置かれていた。

　マドラは読書とリテラシーに役立つ図書室の運営にとどまらず、教育の大切さを認識し、在監者に読み書きや算数、音楽の教育にも献身し、やがて在監者たちで教えあうようになったといわれる。マドラは刑務所内で病人が出れば看病し、楽団ができれば資金調達に走るような人だったという。在監者が社会復帰を果たしたときには、大工作業や木工、刺繍などのスキルを身に着けていたとされる。また、1891年7月に発生した集団脱獄未遂事件において、彼女はみずから銃をとり、男勝りの大活躍をしたとの逸話も残っている[36]。

　その後、アメリカでは刑務所図書館の設置・運営が制度化され、たんなる読書施設であるにとどまらず、法廷闘争者としての在監者を支援する法律図書館

---

36) Cliff Trafzer and Steve George, Prison Centennial 1876-1976, Rio Colorado Press, 1980, p.27.

として整備されるにいたる。近年、在監者の増大と公財政の窮迫から1,000人規模の図書館職員を擁するアメリカの刑務所図書館はその法律図書館としての機能の維持が困難になっているとされる[37]。

ひるがえって、日本では、刑事収容施設の管理運営と被収容者等（未決拘禁者、受刑者、死刑確定者等）の処遇に関する事項を定めた刑事収容施設及び被収容者等の処遇に関する法律（平成17年5月25日法律50号）には刑務所図書館に関する規定は置かれず、在監者の情報ニーズ、読書意欲に応える'刑務所図書館'は実質的に存在しない。関係する貴重な書物として『刑務所図書館：受刑者の更生と社会復帰のために』（中根憲一, 出版ニュース社, 2010）をあげておく。

―■□コラム□■―

トゥーソン・ハイ・マグネット・スクール

'マグネット・スクール'は、アメリカの公立学校の一形態である。磁石（マグネット）の語が用いられているのは、特定の限定された狭い地域を超えて児童生徒を誘引する魅力を備えるように仕組まれた学校という意味であり、連邦政府の補助金が与えられる。その背後には、以前の人種的な分離政策をあらため人種的な融和を図ろうとする意図もある。

トゥーソン・ハイ・マグネット・スクール（Tucson High Magnet School）は、1906年に創設されたアリゾナ州でもっとも古い公立のハイスクールである。'マグネット'スクールになったのは1982年のことで、芸術、理科、数学および技術の4分野について特に力を注いだ教育が行われている。生徒数は3,200人、教員は180人の大規模校である。

トゥーソン・ハイに設置された学校図書館（写真）は、一般的ではあるが'ライブラリー・メディア・センター'という名称を名乗っている。ほぼ正方形の建物である本館の口の字型に設けられた廊下の外側四方は教室で、1階の口の字型廊下の内側に設置されている。北西隅の入口を入り、BDSをくぐれば左手にカウンターがある。右手はレファレンス・ブックスが配架されており、前方には4人掛けの大きな長方形

---

37) 中根憲一「岐路に立つ米国の刑務所図書館」『カレントアウェアネス』No.230, 1998.10.20.〈http://current.ndl.go.jp/ca1216〉

の机に30台程度のワークステーションが設置されており、教師の付き添いのもとに生徒たちが調べ学習を行っている。前方左手には仕切られた教室があり、そこでも授業が行われている。右手前方は一段低くなっており、手前の1列の低書架の両面にマンガが配架され、その後方にはフィクションの書架が並べられている。一番奥にはスペイン語のフィクションとその他の資料が並べられた書架がある。4階建ての建物でその上方は吹き抜けで、各教室に配置されている教員は教室の窓から図書館の様子をのぞきこむことができる。その著者名のアルファベット順に配架されたフィクションで埋められた空間の向こうは、右手には芸術のコレクション、前方奥にはノンフィクションが置かれている。奥の右手には小さな教室があり、その奥並びにワークステーション20台程度が設置された部屋がある。コンピュータについては、ほかに30台のラップトップが利用されている。

蔵書冊数は図書37,000冊、そのうち貸出用の英語のフィクションが2,500冊で、生徒たちに人気のあるマンガも所蔵しているのはうえに書いたとおりである。図書館分類法については、デューイ十進分類法が採用され、フィクションについては著者名のアルファベット3文字が使われている。利用者は、1日に300人がコンスタントに来館している。トゥーソン・ハイの図書館も資料費には恵まれているとはいえず、予算が削減されるなかで、同窓会に資金提供をあおぎ、各種の補助金獲得に向けての動きを強めるだけでなく、図書や雑誌の寄贈に依存するところが大きい。

トゥーソン・ハイ・マグネット・スクールに設置された学校図書館

第3章　図書館の歴史

1　図書館の起源

　個人を超えて、身の回りの多種多様な問題と課題の解決を迫られる現在および将来の一定の範囲のコミュニティに所属する人たちが利用するために、記録された情報知識を蓄積し、整理したものが'図書館'であり、また図書館は一定の歴史段階を迎えた人間社会がなかば必然的に社会的装置として作り出したものといえる。特定の歴史社会が必要とする図書館を産み出すメカニズムを'図書館現象'（library phenomenon）と呼ぶとすれば、その図書館現象はおよそ5,000年前にまでさかのぼる。

　本章では、歴史上に見られる図書館現象とそれに大きな影響を与えた事件のなかから、図書館情報学を理解するうえで必須不可欠と思われるものをいくつかを拾いだし、論じることにしたい。西欧、主としてアメリカでの事件を取り上げる。

1.1　古代の図書館

　図書館に所蔵される資料の存在は、特定の言語体系や文字を背景として作り出された。大河のほとり、農耕と家畜によって生活の安定が得られたところ、メソポタミアでは楔形文字、ナイル川流域ではヒエログリフ（神聖文字）、黄河流域では亀甲獣骨文字、インダス川流域ではインダス文字がコミュニケーションの手段として利用されるようになった。

　現代の考古学は、紀元前3000年頃、歴史上最古の図書館がチグリス・ユーフラテス川の流域のシュメール族の都市国家の王宮に存在したことを教えてくれ

る。粘土板を焼き固めた文献（'陶本'とも呼ばれる）が一定の分類を施されて配置されていた。そこには神話や伝承された文学作品などもあったが、少なくない部分は今日の徴税記録や行政文書にあたり、公文書館的な色合いの濃いものであった。紀元前2300年頃、シリアにあった王国であるエブラの宮殿遺跡からは1万7,000枚の粘土板が出土している。紀元前650年頃、隆盛を誇ったアッシリア帝国の首都ニネヴェには、アッシュールバニパル王（Ashurbanipal, 668 BC - c. 627 BC）が自分自身の王国運営のために建設した大規模な図書館があった。その粘土板蔵書は、自然現象から将来を占う予兆文書、辞書や言語に関する文献、宗教や医療に関する文献など多種多様な分野が含まれ、そこにはギルガメシュ叙事詩など今日に伝わる文学作品もあった。大英博物館にはアッシュールバニパル王の図書館の遺跡から出土した粘土板が所蔵されている。エジプトには、紀元前1300年頃、ラムセス2世が首都テーベの神殿に図書館をおいたことが知られている。

　古代ギリシアやローマでも、教養ある個人が蔵書を備えただけでなく、識字層に開かれた図書館が設置されていた。ギリシアの北方マケドニア王国（現在のマケドニアとは位置が異なる）から発したアレクサンドロス大王（Aléxandros Ⅲ, 356BC-323 BC）は強大な軍事力を発揮し、地中海世界からインダス川におよぶ広大な領土を支配するに至った。このアレクサンドロス大王が戦地で没した後、大王の部将プトレマイオスは、エジプトにプトレマイオス王朝を開く。地中海に面したアレクサンドリアに都を開き、そこに'古代アレクサンドリア図書館'を開設した。歴代のプトレマイオス朝の国王の庇護のもとに整備された図書館は紀元前1世紀には70万巻のパピルス巻子本を所蔵するまでになったとされる。大規模な写本コレクションの検索のツールとして、カリマコスは'ピナケス'と呼ばれる職業分類を基礎とする目録を作成したと伝えられる。この古代アレクサンドリア図書館には当時の優れた学者が呼び集められ、蔵書を活用し高度な学術活動が展開された。アラビアに生まれた原始キリスト教がギリシア語に翻訳され、ネオプラトニズムの視点から解釈され、教理の体系を整えたのもこの古代アレクサンドリア図書館の貢献のひとつに数えられる。プトレマ

イオス朝最後の女王クレオパトラ7世がアントニウスとともにローマに帝政をもたらしたオクタビアヌスと戦い、アレクサンドリアの街に火を放たれた後も古代アレクサンドリア図書館は彼女と運命を共にはせず、学問の殿堂[1]であり続けた。

　一方、小アジア半島には、古代第二の図書館と呼ばれるペルガモン図書館があり、パピルスの輸入を絶たれたこの図書館では、書写材料として羊皮紙を本格的に用いるようになる。やがて支配的となる羊皮紙の利用は、巻子本の形態を今日の書籍の形態である冊子体（codex）に変えた。繁栄を謳歌した古代ローマ帝国では、神殿などに多くの図書館が設置された。写本の生産は奴隷によって担われる部分を持ち、奴隷から解放された者のなかには図書館行政の幹部にのし上がる者もいた。

1.2　中世の図書館

　やがて古代ローマ帝国は東西に分裂し、西ローマ帝国は内部の社会経済的な要因やゲルマン民族の大移動などの外的要因によって崩壊するが、'ビザンチン帝国' とも呼ばれる東ローマ帝国は古典古代の文献と文化を長らく保存し、14世紀にはじまるルネサンスに大きな貢献をする。一方、政治的に細分され、不安定なヨーロッパ世界の西側は、ナントの勅令により国教化されたキリスト教が精神世界を支配した。心の平穏や解脱の境地にあこがれる人たちのなかには、世俗を離れ修道院に向かう人びとがいた。さまざまな宗派によって設置された修道院はキリスト教教理の探求と宗教人材育成の場となった。修道院には宗教的儀式の空間のほか、聖書や福音書、祈祷書などの宗教書とギリシア・ローマの古典などが蓄えられる図書室が備えられた。この修道院図書館[2]を日常的に利用する修道僧たちは読書に親しむほか、学修の一環として写本生産に

---

1) 紀元前3世紀に創設され、大いに栄えたアレクサンドリア図書館は、今日的表現をすれば、一流の知識人たちの協働の場（co-working space）、知識創造のハブ（knowledge hubs）ということになろう。現在、アリゾナ州立大学が地元の公共図書館と協力して起業を支援しようとするプロジェクトの名称が 'Alexandria Coworking Network' と名付けられている。〈http://asuventurecatalyst.org/p/content/alexandria-network〉

もあたった。修道院図書館は、古典と宗教書の保存と関係者たちの利用に供された。

　社会がいくらか安定感を増した中世後期になると知識と教養の供与、専門職養成を任務とする大学があらわれた。今日のパリ大学につながるソルボンヌ大学やボローニャ大学、オックスフォード大学など、中世の大学の図書館には鎖付きの写本（chained books）が設置された。そこには唯一無二の貴重な写本を紛失するわけにはいかないが学生たちに広く利用してほしいとの意味が込められている。大学が古典を学ぶ教養主義的大学のままで、次に述べる印刷された刊本が普及する17世紀まで、大学図書館における鎖付き図書の姿は続いた。

② グーテンベルクと活版印刷術

2.1 ルネサンスの大発明

　すでに述べたとおり、ヨハネス・グーテンベルク（Johannes Gutenberg（circa1398-1468）があらわれるまで、情報や知識を記録や文献として伝えるには、'写字生' と呼ばれる能筆の職人がオリジナルを座右におき、一字ずつ書き写したり、図像を模写する写本という手段によるしかなかった。古くは粘土板やパピルスなどが書写材料に用いられ、中世には日本語では '羊皮紙' と呼ばれ、英語では 'パーチメント'（parchment）や 'ヴェラム'（vellum）と呼ばれる羊や仔牛などの動物の皮をシート状に精製したものが用いられた。

　15世紀中頃、金属加工を業としていたグーテンベルクは、ヨハン・フストという金融業者から資金を借り、ペーター・シェッファーという青年を助手に雇い、マインツで活版印刷事業をはじめた。当初は旧約聖書と新約聖書の全体を2冊セットとし、180部程度印刷されたとされるが、現在、世界で48部しか残されていないラテン語で書かれた『42行聖書』[3]は彼の印刷所で製作されたも

---

2) 修道院図書館については、ウンベルト・エーコの小説である『薔薇の名前』（1980）を映画化した作品（1986）がいくらかは参考になると思われる。この作品は、1327年、教皇ヨハネス22世時代のイタリア北部のベネディクト派修道院を舞台としている。

のとされ、これが世界で最初の刊本（printed books）だと伝えられている。彼の偉大な発明は、活字の鋳造、印刷を可能とする油性のインク、ワイン製造に用いられた圧搾機から着想した印刷プレス機という活版印刷技術システムの全体におよぶ。もっとも、写本が尊重されるべき貴重なものと考えられていたので、『42行聖書』は写本に似せたフォントが使われ、その後半世紀の間は写本を真似た独特の刊本が製作された。15世紀に刊行された印刷物は'インキュナブラ'（incunabula）と呼ばれている。また、『42行聖書』の一部は羊皮紙にも印刷されたが、紙も印刷媒体として用いられた。2世紀に後漢の蔡倫によって書写材料としての製紙技術が編み出されたが、すでにイベリア半島を経由してヨーロッパに製紙技術がもたらされていたのである。

　グーテンベルクが創始した活版印刷技術は、火薬や羅針盤と並んで'ルネッサンスの3大発明'と総称されるが、その後の人類の歴史に劇的な影響を与えた。この活版印刷技術は50年足らずの間にヨーロッパ全土に普及した。マルティン・ルター（Martin Luther, 1483-1546）の宗教改革はよく'燎原の火の如く広がった'といわれている。彼が書いた免罪符の販売を批判した「95か条の意見書」（*The Ninety-Five Theses on the Power and Efficacy of Indulgences*, 1517）は最初は教会の扉に貼られた掲示物であったが、印刷物として流通したからこそ宗教界を二分する力を持ち得たのである。

　活版印刷術は情報の生産・流通とその速度、および蓄積、利用の姿を激変させた。それまで1冊のオリジナルから時間をかけて1部の同一ではない複製しか製作できなかったものが、版下さえできれば同時に多数の複製物が生産でき、物流の整備と海賊版の頒布は、事実と言説の短期間での大量拡散を可能にした。印刷物の普及は貴族や教養人、有力商人らを超えて識字層を一層拡大したが、活版印刷技術の効用はこれにとどまらず、何よりも情報と知識の価格を押し下げたのである。グーテンベルクの『42行聖書』が真似た写本の価格は高すぎたが、同時に大量に情報と知識を複製する刊本は相対的には安価なものとなり、

3）そのうちの1冊を慶応義塾大学が所蔵しており、インターネット上で読むことができる。
〈http://www.humi.keio.ac.jp/treasures/incunabula/B42-web/b42/html/index_jp01.html〉

印刷とその関連技術の進歩と刊本の生産拡大はさらに価格を逓減させた。

2.2　活版印刷技術が与えた影響――近代著作権制度と図書館のあり方

　この活版印刷術こそが近代著作権制度を産み出したことにもふれておかなければならない。ルターの宗教改革を力強く後押ししたのは'海賊版'（pirates editions）だったと先に述べた。多くの人たちをカトリックの因習から解き放ち、新しい宗教的境地に目覚めさせたという社会的なメリットを海賊版の貢献とすることができようが、その背後に存在する印刷出版販売業者の立場に立てば「95か条の意見書」という出版物市場を相互に分け合ったということになる。その著作物を見出し、一定の投資を行い、最初に印刷出版した業者が刊本の販売を一手に引き受ければ市場を独占できたはずの'得べかりし利益'の喪失ということになる。

　この考え方がまずは'出版特許'につながった。1469年、ヴェネチアにおいてスペイヤーのジョンがキケロの『義務論』の独占出版を国王に願い出て認められた。これによってキケロの『義務論』の出版販売がヴェネチア国内ではジョンだけが適法に行うことができ、海賊版の出版が公権力により規制された。財政難の国庫は新しい収入源を見つけ、国王はあわせて自分に都合の悪い出版を事前検閲できるようになった。この出版特許がヨーロッパ各地に広まったが、権力による保護に加えて印刷出版業者のギルドによっても守られる仕組みができた。しかし、印刷出版業の盛行はギルド外の業者まで効果的には規律できなくなる。出版物も聖書や福音書、祈祷書のようなキリスト教にかかわる重要な文献からギリシア・ローマの古典を超えて、同時代人がラテン語等ではない生きた言語で書いた面白い著作が売れるようになった。第一出版者、独占出版者の利益を保護する出版特許から出版物の著作者の利益を保護する近代的著作権制度へ道を拓いたのは、1710年に実施されたアン女王法（Statute of Ann）であった。

　活版印刷術は、図書館の在り方をも大きく変化させた。古代アレクサンドリア図書館の昔から中世の修道院図書館まで、図書館の蔵書である写本の多くは、

翻訳作業や本文校訂も含め、内部に研究者や翻訳者を抱え、館内の職員である写字生や修道僧などが内製したものであった。文献を自家生産する能動的な研究図書館だったのである。活版印刷術の普及が生み出した市場で販売される商品としての刊本が一般的なものになってくると寄贈等によりそれを選択的に受け入れる受動的図書館は、保存・管理に重点をおく外来の利用者を待つ図書館へと変貌してゆく。

　活版印刷術が普及し、写本生産はすたれてゆく。その移行期にあらわれたコンラート・ゲスナー（Conrad Gesner, 1516-1565）は、ヨーロッパ各地に散在する主として価値ある写本を訪ねまわり、解題つきの『世界書誌』を編纂している。このような作業は、今日いうところの'書誌コントロール'としての意義が認められる。1537年にフランスのフランソワ1世が発したモンペリエの勅令は、今日の国内出版物の網羅的収集の手段となっている法定納本制度のはじまりとされる。17世紀には、フランスの宰相マザラン卿が邸内の私的な図書館の管理・運営をガブリエル・ノーデにまかせ、整備された学術的コレクションが一般に公開された。ノーデはこの図書館運営の経験から得られたものを『図書館建設に関する意見』（1627）[4]にまとめあげたが、これは近代図書館理論の嚆矢とみなされている。イギリスでは、司書トマス・ジェームズを得た元外交官のトマス・ボドレイが母校オックスフォード大学の図書館を再建している。ボドレイは1610年にロンドン書籍商組合と契約を結び、新刊書が自動的にボドリアン・ライブラリーに納入される仕組みをこしらえている。

③　日米の図書館の歴史

3.1　フィラデルフィア図書館会社[5]

　ロンドンで出版された書籍は、植民地アメリカにも輸出された。印刷業から身を立て、避雷針等の発明家でもあり、独立革命の時期には外交官として大活

---

4) 訳書としてガブリエル・ノーデ著，藤野幸雄監訳『図書館設立のための助言』（金沢文圃閣, 2006）がある。

躍したアメリカの'建国の父'（Founding Fathers）のひとりである、ベンジャミン・フランクリン（Benjamin Franklin, 1705-1790）[6]は、アメリカで最初の広く公開された図書館の創設者としても知られる。

　彼は1727年に当初12名のメンバーで'ジャントー'（Junto）と名乗る相互啓発のディスカッション・グループを立ち上げ、毎週金曜日の夜に集まり、ビジネスや政治経済等について論じあった。書物に書かれている事実と理論を議論の正当性の根拠としたが、彼の時代では書物はきわめて高額なものであったため、メンバーがお金を出し合って、当時の世界の知的中心であったロンドンから書物を買いつけた。書物は集会所に備え付けられ、相互に閲覧できるだけでなく、メンバーはそれを借りることもできた。いまでいうところの'エビデンスベイスト'（evidence-based）[7]の思考形態を採用していたのである。

　1731年、このグループの活動成果を踏まえて、フランクリンとジャントーのメンバーたちは、草の根の図書館を設置した。それが、フィラデルフィア図書館会社（Library Company of Philadelphia）である。同館の設立に関わった当初の50人の会員（shareholder：出資者）は各自40シリングの入会費を支払い、年会費は10シリングとされた。エリートたちではない、しかし野心旺盛な彼らは、教養を身につけるためにラテン語やギリシア語で書かれた古典を読むのではなく、新しく出版された英語で書かれた歴史や地理、社会科学、芸術や言語学、そして科学を内容とする現実社会に直接役立ちそうな書物をロンドンの書店に注文した。もっとも、この図書館の活動に好意を寄せる植民地内外の人たちから寄付を受け、古典を含む貴重な書物の寄贈も少なくなかった。このような自

5）本項については、「ベンジャミン・フランクリンの提案によって：フィラデルフィア図書館会社略史」（*At the Instance of Benjamin Franklin : A Brief History of The Library Company of Philadelphia*）〈http://www.librarycompany.org/about/Instance.pdf〉を参照した。
6）2013年11月にセキュリティ上の必要から加工が加えられたが、アメリカの最高額紙幣である100ドル紙幣に彼の肖像が利用されている。
7）近代科学における理念のひとつである。現在では、医学分野でよく'evidence-based medicine'（根拠に基づいた医療：EBM）という言葉が用いられ、実験データや症例、疫学的知見など具体的な根拠を示す文献等に依拠しつつ、患者とともに考え、医療サービスを提供する医師の姿勢をいう。

分たちの知的ニーズを満たすために、わずかな資金を拠出しあい、草の根の図書館をみずからの手でつくるというやり方が大西洋岸のアメリカ植民地の町に広がった。

　最初は会員が個人的に所有する建物内に図書館が供されていたが、やがてペンシルベニア植民地の役所の一部（現在はフィラデルフィアの歴史的観光資源（ユネスコの世界遺産に登録）であるインディペンデンス・ホール（独立記念館）となっている）に入居し、寄贈と購入に加え、他の草の根図書館の吸収・合併を行い、順調に蔵書を増やしていくなかで、印刷目録が調製されるようになった。同館は出資し、年会費を支払う会員の利用が目的の会員制貸出図書館（subscription library）ではあるが、最初から会員以外にも閲覧を認める公開された図書館で、この'公開の原則'は一貫している。最初の頃は土曜日の午後に開館しており、保証金を支払えば、会員以外にも貸出された（もっとも保証金の徴収は断続的で、徴収されなかったこともあるようである）。1769年には最初の女性会員を迎え入れている。

　戦費の支出で消耗した本国イギリス政府の植民地課税の強化に端を発するアメリカ独立革命は1775年にはじまった。独立革命から1800年にワシントンD.C.に首都を移すまで、連邦政府はフィラデルフィアに置かれたため、フィラデルフィア図書館会社は議会図書館の役割をも果たし、市民とともに、創設期の連邦政府の政治家や官僚も大いにこの図書館を利用した。1791年には増大する蔵書で手狭になり、5番街に新築された赤レンガの建物に移った。翌1792年にはイギリス人医師ウィリアム・ローガン（William Logan）がフィラデルフィアに住む甥に遺産の一部として残した、当時としては有数の医学書コレクションであるローガニアン図書館（Loganian Library）を州法にもとづき糾合している。1828年にはアメリカで最初の稀覯書収集家と目されるフィラデルフィアの有力商人ウィリアム・マッケンジーの寄贈を受けている。すでに蔵書はあらゆる分野を網羅するものに育っており、1830年代にはフィラデルフィアの指導者たちで占める会員も800人になっていた（新館建設にあたった建築家や職人にも会員としての資格と権利を与え、新館建設経費調達の一部にあてている）。1831年には火

災を経験したが、被害はさほど大きくなかった。

　1851年に、当時スミソニアン協会の図書館長で事務局次長を兼ねていたチャールズ・C・ジューエット（Charles Coffin Jewett, 1816-1868））が行ったアメリカでは最初の総合的な図書館調査によれば、フィラデルフィア図書館会社は5万冊以上の蔵書を抱えるアメリカの5大図書館[8]のひとつに数え上げられており、同館をしのぐのはほぼ6万冊の所蔵を誇ったハーバード大学の図書館だけだったとされる。同じ1851年には父の後を襲ってロイド・P・スミス（Lloyd Pearsall Smith）が図書館長となった。ライブラリアンをひとつの立派な専門職と考える彼は、古典に比重をおく蔵書の収集に努めた。いずれにしても、1850年代までは、フィラデルフィア図書館会社はアメリカでは、市民に公開された最大の図書館であった。

　南北戦争後の1869年に亡くなったジェームズ・ラッシュ（James Rush）は約100万ドルをフィラデルフィア図書館に遺贈した。ラッシュの意向もあり、1878年にフィラデルフィア市内の南部に、先に亡くなっていた夫人が連なるファミリー・ネームをとった立派な防火建築のリッジウェイ図書館（Ridgway Library）が建設されたが、立地の不便さもあり、実質的に古い資料が収蔵される保管図書館の役割を担わされた。1880年には市内中心部に新館が竣工し、5番街の本館が売却された。新館オープンの年に最初の女性図書館長E・マックレラン（Elizabeth McClellan）が就任し、フィラデルフィア図書館会社の図書館は二元的な構成となり、中心部の新館ではフィクションなどを中心に収集され、利用に供する体制がとられた。

　フィラデルフィア図書館会社と同様に公的資金に頼らず、草の根で運営されてきた図書館[9]のなかには、地方自治体の支援を受け入れ、公共図書館へと変貌したものもあったが、かつての会員制貸出図書館の仕組みをとる図書館は次第に減少し、存続が難しい状況となっていた。しかし、フィラデルフィア図書

---

8) フィラデルフィア図書館会社以外は、ハーバード大学とイェール大学の図書館のほか、連邦議会図書館、ボストン・アセニアムとされる。
9) このような公的支援を得ることなく草の根で組織され、運営された図書館を総称して'ソーシャル・ライブラリー'（social libraries）という。

館会社の理事会と館長は、市内中心部の図書館を拠点として従来通りの新刊本重視、余暇の読書に資する運営を続けた。このアナクロニズムの図書館運営にとどめを刺したのが、1895年に中心部から川を挟んで西のチェストナット通りに建設され、後に市内中心部に移転する中央館を擁するフィラデルフィア無料図書館（Free Library of Philadelphia）の整備拡充である。

　財政的にも厳しいなかで少なくない理解者の支援を得つつ、図書館運営を続けていたが、1939年には市内中心部の図書館を売却・賃貸し、市内南部のリッジウェイ図書館に集約するという方向で処理することが理事会にゆだねられるところまでの窮地に陥った。このころ外部の有識者の調査研究により、会員等への新刊本中心の貸出サービスは時代遅れで、研究図書館に特化し、市内の関係機関と連携する方向を模索すべしという方向が示された。1943年にはフィラデルフィア無料図書館と協定を結び、同無料図書館に実質的運営を任せることになった。

　1952年、かつての中心部にあった図書館敷地に建設された駐車ガレージからの収益が隘路を拓き、理事会に対して再建構想が検討できるとの確信を抱かせた。1955年には駐車ガレージからの収益で組織として自立の見込みを得た。稀覯書取扱企業のローゼンバック社（Rosenbach）[10]で働いた経験を持ち、学芸員として勤めていたエドウィン・ウォルフ（Edwin Wolf）が図書館長に就任した。フィラデルフィア図書館会社の強みは稀覯書とマニュスクリプトにあり、アメリカの歴史と文化に特化した学術的研究図書館を目指しての再編にとりかかる。フィラデルフィア市に児童書など10万冊を売却し、37万5,000冊での再出発となる。1965年、歴史協会（Historical Society）に隣接するところに新しい図書館の建物ができあがり、翌1966年に一般に公開された。歴史協会とアメリカ哲学会（American Philosophical Society）との協働が期待されての立地選定であった。

　1972年、フィラデルフィア図書館会社は独立研究図書館協会（Independent Research Libraries Association）[11]の創設に参加している。また、現在は主要な大

10）兄弟で設立した稀覯書を取り扱う企業で、ハンチントン・ライブラリーを設立したヘンリー・E・ハンチントンも稀覯書の収集にローゼンバック社を活用した。

学図書館を網羅する研究図書館グループ（Research Libraries Group）のメンバーでもある。

　フィラデルフィア図書館会社は、現在も17世紀から19世紀にかけてのアメリカの社会と文化（いわゆる'アメリカーナ'）をテーマとする民間の研究図書館として存続している。所蔵する貴重な資料の展示会や関係する講演会、シンポジウム、研究会を単独もしくは他の関係組織団体と共同で開催するほか、多くの貴重な図書や資料を閉架書庫に所蔵する非貸出図書館となっているが、研究者や市民に無償で広く公開されていることに変わりはない。小説家や映画製作者がよく訪れるともいわれる。

3.2　ボストン公共図書館

　アメリカの18世紀から19世紀の前半にかけては、情報と知識、そして読書の快楽を求める市井の人たちは、フィラデルフィア図書館会社のような草の根の図書館、ソーシャル・ライブラリーを利用した。しかし、多くのソーシャル・ライブラリーは短期間で図書館運営に必要な資金の調達が困難となり、経営に窮することが一般的であった。もっとも、図書館の社会的効用は広く認識されるところとなり、つぶれることなく安定的に存続する図書館が望まれるようになった。そして、多数の庶民の拠出や特定個人の篤志に依存するのではなく、公益に振り向けられる税が図書館運営の資金とされてもよいとの考えが19世紀には芽生えるようになる。1833年、ニューハンプシャー州ピーターバラで住民総会の決議にもとづき、税が図書館運営にあてられた世界でもっとも古い無料の公共図書館が創設されている[12]。

　同じ1833年にニューヨーク州が公立学校を設置・運営する行政組織である学校区（school districts）に対して公共図書館を設置・運営することを目的とする課税を認め、多くの州がこれに続き、学校教育のためではなく、義務教育を終

11）現在、同協会には10以上の組織が加入しており、そのなかにはハンチントン・ライブラリー、フォルジャー・ライブラリー、モルガン・ライブラリー、ニューベリー・ライブラリー、そしてアメリカ古物研究協会（American Antiquarian Society）が含まれる。
12）http://www.libraryhistorybuff.org/peterborough.htm

えた者に対する成人教育の施設である'学校区図書館'（school district libraries）が制度化された。しかし、現在も公立学校を所管する学校区が資金を提供する学校区図書館は中西部を中心に残ってはいるが、制度としては定着せずに終わった（その理由は、学校教育を主たる所管事務範囲とする学校区が成人教育には熱心になれなかったということにあるとされる）。

　また、1826年という早い時期にハーバード大学のスペイン文学等の教授で、市内の裕福な人たちをメンバーとして擁する有力なソーシャル・ライブラリーであるボストン・アセニアム（Boston Athenaeum）の理事をも務めていたジョージ・ティクナ（George Ticknor, 1791-1871）は、ボストンに公共の図書館を設置する可能性を認識していたとされる。1839年、フランス人の有名な腹話術師で図書の国際交換や公共図書館・博物館の設置を各国に働きかけていたヴァッテンマール（Nicholas Marie Alexandre Vattemare）がボストン市内にあった多数のソーシャル・ライブラリーの統合を説き、その構想を進めるべく43年、47年にパリ市から、さらに49年にはヴァッテンマール自身がボストン市に対して図書を寄贈した。当初は無関心であったボストン市と関係者もこの動きに誘発されることになった。そのときボストン市長であったジョシア・クゥィンシー2世（Josiah Quincy, Jr.）も5,000ドルの寄付を寄せ、図書館設置に向けて動き始める。

　1848年、マサチューセッツ州議会は、ボストン市に図書館設置を可能とする州法を制定した。1852年には、ボストン市が公式に図書館を設置する条例を可決し、エドワード・ケイペン（Edward Capen）が初代図書館長に任命された。同年、ボストン生まれのロンドンの銀行家であるジョシュア・ベイツ（Joshua Bates）が5万ドルをボストン公共図書館建設に寄付をしている。

　同館が創設されるときに、どのような図書館にするのかについて、ジョージ・ティクナとエドワード・エヴァレット（Edward Everett, 1794-1865）を中心として議論が展開された。エヴァレットは、連邦議会の下院議員、マサチューセッツ州知事、ハーバード大学長、国務長官も務め、学識を備えた当代一流の政治家で、創設されるボストン公共図書館の図書館委員会の初代委員長に就任した。彼が州知事のときにホーレス・マン（Horace Mann, 1796-1859）の活躍も

あり、マサチューセッツ州に義務教育の制度が整っていた。彼は、義務教育を終え、社会生活を営むことになった人たちに対して、新しく設置するみんなに開かれた図書館を利用してもらい、アメリカの民主主義を担う市民に必要な知識の修得に努めてもらおうと考えた。一方、図書館委員会の委員のひとりとなったティクナは、図書館の利用者に対して、最初は複本を備えたフィクションなどの軽読書材を家庭に持ち帰ってもらい、読書習慣を身に着け、次第に高度な書物へと読書趣味が高じて民主主義の担い手である市民が育っていくと考えた。前者のエヴァレットは参考図書館のようなイメージを抱き、後者のティクナは通俗図書館のイメージを持っていたのである。ここでの議論が近代公共図書館制度の基礎となり、その後アメリカの大都市を中心に普及してゆく公共図書館のモデルとなった。

　19世紀中頃、まもなく南北戦争がはじまるという時期であるが、北部諸州は工業化が進行し、ヨーロッパから新天地を目指して多くの移民が労働者として流入していた。保護制度も整わない時期の無産労働者の生活はことさらに厳しい。放置すれば、少なくない移民労働者はやがて体制の不満分子に育つ。ボストン公共図書館の創設は、ちょうどこのような社会経済事情のなかで進められたのである。経歴からも分かるように、図書館建設に積極的に動いた人たち、ティクナもエヴァレットもそうであるが、教養と学歴を備え、出自を誇る体制の超エリートである。その一方で、先に見たベンジャミン・フランクリン、次に見るアンドリュー・カーネギーもそのひとりであるが、アメリカ社会にはいまは恵まれなくても人一倍の努力をすれば成功できるという'アメリカン・ドリーム'の神話が根付いている。労働者として社会の下層に甘んじざるを得ない人たちが、開かれた図書館を利用し、英語とアメリカの生活様式をしっかりと身に着け、一定の知識を獲得すれば、社会的な階層上昇が果たせるとの夢を見て、体制内在化してくれれば、図書館は教育機能だけでなく、治安維持の効果も発揮しうるのである。このような考え方はアメリカだけではなく、ほぼ同時期に公共図書館整備が緒に就く、工業化が世界に先駆けて進んだイギリスでも1950年の公共図書館法（Public Libraries Act）の議会での審議の過程でも明ら

かにされている。公共図書館は'安上がりの警察'（cheap police）という言葉に既存の社会的な仕組みを維持しようとの真摯な体制派の危機感があらわれていた[13]。

ボストン公共図書館は、1854年[14]、かつて学校の校舎だった建物を転用し、1万6,000冊の蔵書を持って、開館の日を迎えた。図書館は市民から親しまれ、1870年にはアメリカで最初の分館が置かれている。1895年にコプリー広場（Copley Square）に隣接するルネサンス様式の壮麗な現在の建物に移る。

また同館[15]は'公開の原則'に加えて、'無料の原則'、'公費負担の原則'という近代公共図書館の3原則を確認し、後にアメリカ国内を超え、世界中に普及した公共図書館に大きな影響を与えた。

3.3 アンドリュー・カーネギーの図書館支援

アメリカの図書館の歴史は、アンドリュー・カーネギー（Andrew Carnegie, 1835-1919）を抜きに語ることはできない。19世紀の中頃に近代的公共図書館が登場し、大学教育もギリシャ、ローマの古典に学ぶ教養主義的教育から事実と文献をふまえた実証主義的な研究重視の教育に転換する。エリートを育てる高等教育においても一定の予算を与えられた大学図書館の整備が不可欠になった。ちょうどこの図書館の歴史の転換点に、ジョン・デイヴィソン・ロックフェラー1世（John Davison Rockefeller, Sr, 1839-1937）と並び称される大富豪アンドリュー・カーネギーがあらわれたのである。マイクロソフトの創業者で、やはり図書館を含む国内外の教育の整備に莫大な私財を投じているビル・ゲイツ（William Henry Gates III, 1955- ）は、みずからを'第二のアンドリュー・カーネギー'と称しているといわれる。

アンドリュー・カーネギーは1835年、スコットランドの手織り職人の家庭に

---

13) 川崎良孝『ボストン市立図書館はいかにして生まれたか：原典で読む公立図書館成立期の思想と実践』京都大学図書館情報学研究会，1999．
14) イギリスでは1854年に最初の公共図書館であるマンチェスター市立図書館がオープンしている。
15) http://www.bpl.org

生まれた。近所に父親が設立に関与した会員制貸出図書館があり、そこで読み聞かせなどを経験したと伝えられている。

　15歳の頃、カーネギーは働く少年たちのために開放されたジェームズ・アンダーソン大佐の個人蔵書を利用することによってさまざまなことを学んだ。ここで身に着けた旺盛な知識欲とリテラシー能力が経済界での大成功を産み、『富の福音』（The Gospel of Wealth, 1889）をはじめとする多くの著作につながった。

　1901年、彼は経済活動の第一線から引退し、多方面にわたって慈善活動を展開した。なかでも、ジェームズ・アンダーソン大佐の個人蔵書の利用を原体験とする、図書館建設支援はとくにきわだったものであった。カーネギーの寄付によって建設された図書館を'カーネギー図書館'（Carnegie Library）と総称するが、引退前の1883年から1919年の間に彼の寄付によって2,509の図書館が建設されている。そのうちの1,689館がアメリカ国内に建設された。カーネギーは、主として英語圏に資金提供を行ったが、イギリスまたはアイルランドに660館、カナダに12館、そのほかオーストラリア、ニュージーランド、セルビア、西インド諸島、フィジーにもカーネギー図書館は存在する。この寄付金の申請をした自治体のなかで、寄付を拒否された自治体はほとんどない。図書館建設のためのカーネギーの資金提供は1919年が最後であるが、このときアメリカには3,500の公共図書館があったが、その半数近くはカーネギー図書館であった。

　ひるがえって、なぜカーネギーは蓄積した莫大な富を慈善行為という私的な再分配の対象として図書館を選んだのか。貧困にあえぐ人たちに対して直接施しをするのは、その個人にとっても社会にとっても良い結果をうまない。かつて貧困のどん底にいた自分自身を重ね合わせ、自助努力を惜しまない主体的な生き方をしようとする人たちを救済する仕組みを図書館に見出したのである。自助努力を強いた対象は潜在的な図書館利用者に対してだけではない。図書館を誘致しようとする地元地域社会にも自助努力を求めた。カーネギーは図書館という建物の建設と当初の蔵書の経費を支援したが、敷地の提供と開館以後の

第3章　図書館の歴史

運営に毎年建設費用の1割を充てることを地元自治体に課した。開館されたカーネギー図書館は当然無償で貸出利用ができ、開架方式がとられた。

　カーネギーのアメリカの図書館界に対する貢献は物理的な図書館という施設にとどまらない。当時ニューヨーク公共図書館に勤めていたチャールズ・C・ウィリアムソン（Charles Clarence Williamson, 1877-1965）が1919年から1921年にかけて行った調査をサポートしたのはカーネギー財団で、この調査結果をまとめた「ウィリアムソン報告」は、その後のライブラリアンの養成の方向を決定づけた。アンドリュー・カーネギーがいなければ、図書館先進国としてのアメリカはなかったといっても過言ではない。

　カーネギー図書館のなかには、アリゾナ州のユマのヘリテージ分館のように現在も図書館として利用されているものもあるが、その多くは図書館として利用されることはなくなり、フェニックスの行政センターやトゥーソンの子ども博物館のように他の公共用途に用いられているものや、プレスコットのように弁護士事務所等が入居し、私的用途に利用されているものがある。もっとも、ニューヨーク公共図書館の31の分館や、ピッツバーグの中央館と18の分館は依然としてカーネギー図書館を利用し続けている[16]。

3.4　日本の図書館の歴史

　ここで日本についてふれておきたい。古くは文化は中国から朝鮮半島を経て日本にもたらされた。4～5世紀になると漢字が使用されるようになり、6世紀には仏教とともに経典が流入している。鎮護国家のイデオロギーとなった仏教の拠点である寺院には経典をはじめとする漢籍が蓄積され、写経（写本）が行われた。恵美押勝（えみのおしかつ）の乱をおさめた称徳天皇（女帝）は764年に百万塔陀羅尼（ひゃくまんとうだらに）を法隆寺をはじめとする10大寺に奉納しているが、これは世界で最も古い印刷物とされている。

　律令国家体制には行政文書を取り扱うとともに漢籍などを保管した'図書寮（ずしょりょう）'という部署が置かれた。朝廷に出仕する貴族たちには氏族単位で利用され

---

16) Wikipedia（日本語版）の'カーネギー図書館'を参照。

る漢籍コレクションが存在した。菅原道真がつくりあげた紅梅殿と呼ばれたコレクションもその系譜に連なる。同じ奈良時代末の8世紀には、石上宅嗣が経典と経典以外の外典からなるコレクションである芸亭を氏族や近親関係者を超えて一般公開していたとされ、世界最古の公開図書館のひとつと目されている。

　13世紀、鎌倉時代中期には北条実時が金沢文庫をはじめている。また、僧侶が学ぶ足利学校は鎌倉時代に創建され、室町時代に上杉憲実が再興しており、多くの漢籍からなるコレクションを擁し、宣教師のフランシスコ・ザビエルが'坂東（関東）の大学'と呼んだ。

　安土桃山時代、16世紀の豊臣秀吉の朝鮮出兵の際、活字印刷術がもたらされ、一部に'古活字版'と呼ばれる印刷出版が行われるようになった。江戸時代に入ると、江戸・京都・大阪の三都で出版が盛んに行われるようになった。徳川家康は幕府のコレクションとして富士見亭文庫をつくり、これはのちに紅葉山文庫となり、儒教を含む漢籍等のコレクションを書物奉行が管理した。大名たちもまた貴重書コレクションを形成するものが少なくなく、代表的なものに加賀の前田利家の尊経閣文庫がある。識字率が30～40％に達していたとされる江戸時代では、多くの庶民も読書に親しみ、貸本屋が栄えた。なかでも名古屋の大野屋惣八（大惣）はよく知られている。

■□コラム□■

カーネギー・ライブラリー

　次頁の写真はアリゾナ州トゥーソンの子ども博物館（Children's Museum Tucson）である。この建物は、1889年、当時のトゥーソン市が図書館を新築するということで、アンドリュー・カーネギー（Andrew Carnegie）から2万5,000ドルの寄付を受けることになり、1901年に竣工・開館したものである。寄付には市が必要な家具を用意し、蔵書を整え、管理・運営にあたるという条件が付けくわえられた。また、その建物から図書館が他所に移転する場合には、他の非営利目的の事業に供すべきことも定めら

第3章　図書館の歴史

れていた。1941年に火災にあったが、1990年まで図書館として利用されていた。

アリゾナ州には、このトゥーソンを含め、カーネギーからの寄付によって建てられた四つのカーネギー・ライブラリー（Carnegie Library）がある。北部のプレスコットは1903年に開館し、1975年まで図書館として利用されたが、現在では私企業が入居している。現在の州都フェニックスには1908年に開館、1953年まで図書館として使用されていたが、近年大規模な修復工事が実施された。現在は'カーネギー・センター'という呼称で呼ばれる総合的な行政サービスセンターとして利用されている。アリゾナ州西端でカリフォルニア州と接しているユマのカーネギー・ライブラリーは1921年に開館し、1950年代に大規模な改装工事を行い、現在も分館として図書館サービスに利用されている。

アリゾナ州トゥーソンの子ども博物館

| 第4章 | 図書館サービス |

① サービスの分類

1.1 パブリック・サービスとテクニカル・サービス

　図書館は、そこに擁する情報資料と施設設備を前提に、専門的職務能力を備えたライブラリアンを中心とする図書館職員を通じて、その利用者に対して多種多様なサービスを展開している。そのサービスについては、いくつかの観点から分類・区分することができる。

　代表的な図書館サービスの分類は、パブリック・サービスとテクニカル・サービスという区分である。パブリック・サービスは、図書館利用者にとって'公然と目に見える'、つまり図書館（職員）から直接享受できるサービスという意味で、閲覧や貸出、読書案内、レファレンスサービス、お話会や各種講座などの多様なイベントを含む。また、パブリック・サービスについては、個人向けのサービスと団体対象のサービスに区分することもできる。

　一方、テクニカル・サービスないしテクニカル・プロセスと呼ばれるものは、図書館利用者の目には直接その現場が見えない、あるいは意識にのぼらないかもしれないが、図書館サービスの直接の評価対象となるパブリック・サービスを底辺から支える専門技術的サービスを指す。限られた予算の範囲内で、利用者が確実に手に取るであろう、手に取ってほしい図書や雑誌、DVDやCDなどの図書館資料を選択したり、利用者がOPACで検索したときにそのニーズにマッチする資料が確実にヒットするよう分類・目録作業を行ったり、図書館資料として頻繁に利用されてもあまり傷まないように堅牢な装備を施したり、利用者が容易に貸出・返却できるだけでなく図書館にとっても管理しやすいよ

うにバーコードやICチップ、タトルテープを貼り付けたり、すべての資料を所定の配架場所に並べたりするような地道な作業を'テクニカル・サービス'という。このテクニカル・サービスをおざなりにすると、利用者が受け取るパブリック・サービスの質と量が低減し、図書館を利用してよかったという利用者の満足度が低下してしまう。

1.2 「場所」から考える図書館サービス

図書館サービスの分類については、情報資料と場所という観点から区分することもできる。貸出サービスやレファレンスサービスなどは、必ずしも場所という要素に依存しない。OPACでの検索を経て、あるいは書架から直接必要な資料を選び取って館外に持ち出したり、もしくは電子書籍の貸出であれば自宅からオンラインで利用できる。レファレンスサービスも来館せずとも電話やeメール、Faxや文書でも享受することができ、場所という要素に依存しない。

お話会や読書会、ビデオ鑑賞会などは、絵本や紙芝居、特定の文学作品資料、ビデオといった図書館所蔵の資料と児童室、集会室、多目的室、館内シアターなどの場所を必要とする。また、講座や講演会、各種集会、イベントは学習室や集会室、多目的室を必要とし、最近では十分なICT施設が整備されていることが望まれる。ボランティアのチューターや講師などの手配、準備も求められる。

このように考えるとき、図書館には一定の規模の施設設備や空間整備を含む建築構造物として優れていることが求められる。駐車場や駐輪場、敷地内道路、庭園など、外構にも配慮が必要とされる。本章では、公共図書館を念頭におき、具体的で多種多様なパブリック・サービスについて考えることにしたい。一部関係者の地道な努力は承知しているし、児童サービスにも積極的に取り組んでいる図書館が少なくないが、日本の多くの図書館は実質的に'無料貸本屋'の域をでるものではない。ここでは、主としてアリゾナ滞在中、もっとも身近な公共図書館であった'ピマ・カウンティ・パブリック・ライブラリー'を対象として論じることとする。同図書館の概要の紹介からはじめる。

2 アメリカにおける図書館サービスの分類

2.1 ピマ・カウンティ・パブリック・ライブラリーの概要

　ピマ・カウンティ・パブリック・ライブラリー（Pima County Public Library）は、アリゾナ州ピマ・カウンティ（ピマ郡）をサービス対象地域としており、中心市トゥーソンのダウンタウンにある中央館と26の分館、およびブックモビル（bookmobile：BM：自動車図書館）から構成されている。

　中心市のトゥーソンに公共図書館が開設されたのは1883年で、当初は市役所のなかに置かれた。アンドリュー・カーネギーからの寄付を得て1900年に図書館が新築され、1990年に現在の中央館が開館するまで市民に親しまれていた。2006年に周辺のピマ・カウンティ内の町の公共図書館に糾合され、今日のピマ・カウンティ・パブリック・ライブラリー・システムができあがった。

　同館の2012年7月から2013年6月までの1年間（2012—2013会計年度）の主要な指標をみると（表4.1）、来館者数は延べ580万人、貸出点数は約722万点、児童サービス関連イベント参加の子どもたちは延べ22万人、レファレンスサービスは約8万件、新規利用登録者数は約6万人、図書館学習児童生徒数は約3万5,000人、集会室利用会合参加者数が延べ13万人、館内設置コンピュータ利用者数が延べ143万人、対面型の宿題支援サービス利用児童生徒は延べ5万8,000人あまり、図書館主催のイベントの成人参加者は延べ3万7,000人、電子書籍をダウンロードした利用者は約24万人、コンピュータ講座参加者数は延べ2万人、図書館提供データベース利用者は延べ30万人、そして図書館ポータルアクセス利用者数は延べ419万人となっている。

　貸出サービスやレファレンスサービス、そして電子書籍や電子雑誌などのデジタル・コンテンツを含めた図書館サービスのすべてを享受するにはライブラリーカード（利用者登録証）が必要であるが、このライブラリーカード保有者についての2012—2013会計年度の関係統計（表4.2）を見ることにしたい。

　ピマ・カウンティ・パブリック・ライブラリーのライブラリーカードの保有

表4.1 ピマ・カウンティ・パブリック・ライブラリーの主要指標

来館者数	5,792,641人
貸出点数	7,220,685点
児童サービスイベント参加の子どもの数	221,781人
レファレンスサービス件数	80,448件
ライブラリーカード新規発行枚数	59,726枚
図書館学習参加児童生徒数	35,587人
集会室利用会合参加者数	136,743人
館内設置コンピュータ利用者数	1,434,606人
宿題支援サービス利用児童生徒数	58,376人
図書館イベント参加成人数	37,015人
電子書籍ダウンロード利用者数	242,207人
コンピュータ講座参加者数	21,829人
図書館提供データベース利用者数	303,759人
図書館ポータルアクセス利用者数	4,189,701人

(注) 2012年7月1日～2013年6月30日まで。

者は、総計約39万人で、そのうちピマ郡内が約34万人、ピマ郡以外が約5万人である。ライブラリーカード保有者総数を念頭に置き、以下を見ることにする。1年間に貸出サービスを受けた者は60％程度、2年間では80％程度で、20％程度は休眠登録者（inactive）ということになる。年齢層でみると、18歳以上の成人が75％、15歳から17歳のティーンズが5％、14歳以下の低年齢層が17％である。

2.2 図書館サービスの内容

アメリカの公共図書館では、図書館サービスの分類についてどのように考えているかをピマ・カウンティ・パブリック・ライブラリー発行のパンフレットで見ておきたい。そこでは、基本的図書館サービス（basic library services）、児童サービス（children's services）、ヤングアダルト・サービス（just for teens）、その他の図書館サービス（other library services）に区分している。

基本的図書館サービスについては、貸出サービス、電子雑誌・電子図書の利

表4.2 ピマ・カウンティ・パブリック・ライブラリー利用者構成

(単位:人)

	カード保有者計	ピマ郡内	ピマ郡以外
総　計	390,171	337,377	52,794
過去12ヶ月に利用した ライブラリーカード保有者	228,240 (58%)	216,488 (64%)	11,752 (22%)
過去24ヶ月に利用した ライブラリーカード保有者	305,856 (78%)	292,375 (87%)	13,490 (26%)
過去24ヶ月に利用しなかった ライブラリーカード保有者	84,315	45,002	39,313
成人(18歳以上)	291,306	25,019	41,287
ティーンズ(15歳〜17歳)	19,213	16,406	2,807
低年齢層(0〜14歳)	65,234	59,687	5,547
年齢不詳	14,418	11,201	3,217

(注)最終貸出サービスを享受したときを基準としている。

用、コンピュータの利用、ファックスの利用[1]、地元地域社会の情報の提供[2]、集会室の利用[3]、就職情報検索資源等の提供があげられている。

　児童サービスの基本的目標は、識字教育(literacy)と子どもたちを読書好きにすること(love of reading)である。近隣住区の図書館(neighborhood libraries)は、子どもたちを読書にいざない、子どもたちの読書を育てるために、多様なプログラムを提供している。児童生徒を対象とする夏期読書プログラム(summer reading programs)は毎年の読書行事で、マンネリの傾向が見られる。

　ヤングアダルト・サービスに関しては、'ティーンの空間'(teen zone)が設けられ、相当の年齢層向けの図書や雑誌、コミックスが揃えられている。一定台数のコンピュータが設置されているほか、ゲームもできる。ヤングアダルト・サービスでは、友だちづくり(friendship)にも留意されている。また、

---

1) 名目的な料金(nominal fee)でのファックス文書の受信と送信を行うことができる。
2) アメリカの公共図書館(分館)ではさまざまな地元の組織団体からの情報を電子掲示板(bulletin board)に書き込み、地域社会の情報の提供(community information)に努めている。開催予定のイベントや講座、あるいは利用者の関心を引きそうなその他の催しを掲載するようにしている。
3) 集会室(meeting rooms)を地元の団体の利用に供しており、その利用については原則無償とされる。

ICT関連や芸術創作系のプロジェクトではティーン支援グループ（Teen Advocate Group）が編成され、大きな役割を果たす。公共図書館はボランティア活動をする重要な場所（great places to volunteer）であることは、ヤングアダルト・サービスにも顕著である。

　その他の図書館サービスと認識されているのは、基本的サービス、児童サービス、ヤングアダルト・サービス以外の雑多なサービスの総称で、以下に個別に紹介するが、必ずしも基幹的サービスに対する周縁的サービスという意味ではない。たとえば、ピマ・カウンティ・パブリック・ライブラリーでは、'50歳以上の人たちにピッタリ'サービス（Fit for Life 50＋）と名付け、シニア対象のサービスを行っている。近隣住区の図書館、すなわち分館を50歳以上の人たちの生き活き生活（active living）のための社会的なセンター（social center）と位置付けようというもので、何か新しいものを学び、芸術的な資質を育てる、それまでに培った能力と知恵を共有し、地元社会に提供するという内容を持つ。特定のシニアメンバーを、創造的な能力をほかの人たちの利益のために使う'生き活き生活大使'（Active Living Ambassador）に'任命'することなども行われている。また、老後の資金計画（financial planning）、予算と介護（budgeting and care giving）のようなサービス項目を立てて、専門家を呼び参加者に対して指導するということも行われている。

　管内の周縁部の居住者たちを対象としたサービスとして、ブックモビル（bookmobile）を運行している。徒歩や自転車などでの来館が困難な場所に30ヶ所のステーションを設け、月1回、貸出用資料2,500点余を搭載したブックモビルが出動し、年間17,000件の貸出を実現している。

　視覚障害者、移動障害者（mobility-impaired）に対する無料の図書館サービスとして、郵送貸出サービス（Books by Mail）を行っており、大活字（large type）の図書や聴覚資料（audio materials）を直接利用者の自宅に郵送している。

　地元の中小企業支援サービスとして、公共図書館のビジネス情報センター（Business Information Center）がある。事業主（business owners）や新たな起業者（new entrepreneurs）に対して事業計画作成に資する情報や関係ビジネスデータ

の調査結果を提供し、支援をする。地元中小企業者のメーリングリストをつくり、情報発信、情報共有を図ったり、中小企業に関するスペシャリストを配置し、コンピュータを利用しながら指導することも行われている。

　アメリカの公共図書館では、相当数のコンピュータを館内に設置するだけでなく、一定規模の図書館にはITルームを置くことも一般的である。そこでは、コンピュータスキルの基礎から応用までを訓練するコンピュータ講座が頻繁に実施されている。

　ホームレスの増加はアメリカ社会にとって大きな問題であるが、ピマ・カウンティ・パブリック・ライブラリーでは、衛生部局やアリゾナ大学と協働して、図書館看護プログラム（Library Narse Program）を実施している。

　それ以外にも、公共図書館では、英語教室（English instruction）や高等学校卒業程度認定試験受験講座（GED classes）、そして読書スキルの向上（improve reading skills）などの講座は一般的に行われている図書館サービスである。

　このような図書館サービスの分類を行った場合、レファレンスサービスは、'その他の図書館サービス'にふくまれることになり、ピマ・カウンティ・パブリック・ライブラリーではインフォライン（Infoline）と呼ばれ、図書館の開館時間においては館内の調査専門家（research specialists）が利用でき、デスクで、もしくは電話で利用者の質問に答える。eメールで質問し、eメールで回答を受ける'ライブラリアンに訊こう'（Ask-a-Librarian）というレファレンスサービスの形態は一般的なものとなっている。

　以下、主要な図書館サービスについて、少し踏み込んで解説を加えることにする。

2.3　児童サービス

　公共図書館における主要なサービスのひとつが、子どもたちを読書にいざない、読書の習慣を育てるために実施される児童サービスであることは日本でも、アメリカでも変わるところはない。ここではアメリカの公共図書館が一般的に提供している児童サービスについて紹介したい。

第４章　図書館サービス

　アメリカの公共図書館では、図書館職員やボランティアが一方的に子どもたちのために本を読んでやるというのではない。新しく親となった人たちが幼い子どもたちに対して、絵本で遊ぶように読書に親しむようになるスキルを身につけさせるのを手伝う'子どもたちに読み聞かせ、子どもたちが読む'（Read Baby Read）というプロジェクトや子どもが犬に対して読み聞かせをするというように、子どもを中心とする双方向のサービスの展開を目指している。

　児童サービス（Children's Services）は中央館でも分館でも行われ、一般に乳幼児からヤングアダルトに接続する年齢にいたるまでのすべての子どもたちを対象とし、定期的に開催される'お話の時間'（Storytimes）と呼ばれるイベントが主体となるが、対象とする年齢層、発達段階に応じて実施する内容と時間に工夫がされている。

　生後18ヶ月までの乳幼児を対象とした'ベビータイム'（Babytime）には、20分から30分の時間があてられ、子どもたちがからだを動かし、成長と学習を進めるきっかけを得させようとする。18ヶ月から36ヶ月の幼児を対象にした'幼児のお話の時間'（Toddler Storytime）は、親ないし保護者と子どもたちが一緒になってお話を楽しんだり、リズムをとって歌を歌ったりのお遊戯も盛り込まれる。お話自体はこの時期の幼児の集中力の持続時間にあわせて短いものが選ばれる。この年齢層のお話の時間も20分から30分程度とされる。

　３歳から５歳の'就学前の子どもたちのためのお話の時間'（Preschool Storytime）は、少し複雑な運動が盛り込まれ、お話もいくらか複雑なストーリーが採用され、それ以前の幼児たちにくらべておとなしくしていられるようになるので30分から45分と開催時間が長めにとられる。

　また、'家族向けのお話の時間'（Family Storytime）も設けられており、これはすべての年齢層の子どもたちと親ないし保護者を対象としている。親ないし保護者が子どもたちに楽しく読書と正しい言葉の使用に導く機会を提供する。

　'お話の時間'では、おもちゃやゲーム器具、人形（puppets）、楽器などさまざまなものが用いられる。一般に親ないし保護者と子どもが一緒になって参加することが想定され、児童サービス担当のライブラリアン、ボランティア、

親・保護者、子どもたちの間に相互作用が生まれ、一定の社会性のなかで、子どもたちが遊戯など体を動かしたりしながら、読書に関心を持たせ、読書習慣が身につくよう仕組まれる。近隣のエレメンタリー・スクールや幼稚園、保育所その他の機関もしくはその一部が組織として'お話の時間'を利用しようとする場合には事前の調整が必要とされる。

　分館ではお話の時間が実施される場所についても児童資料が備えられた児童室、児童コーナーやそのなかに設けられた'お話の部屋'がある。中央館などでは、一定規模の空間を持ち親ないし保護者と子どもを対象に人形劇などのイベントを行うことができる部屋があり、そこには人形や遊具その他を収納する小空間が付設されている。児童室については、子どもと子どもを連れた親ないし保護者しか入室を認めないとしていることがある。

2.4　ヤングアダルト・サービス

　わたしのわずかな経験では、'ヤングアダルト'サービスは、アメリカでは'ティーンズ'（Teens）サービスと呼ばれることのほうが多かったように思われるし、サインも'For Teens'となっていた（'tween'という10代はじめをあらわす単語が使われることもある）。ピマ・カウンティ・パブリック・ライブラリーの中央館もそうであるが、比較的規模の大きな公共図書館ではなかば独立した'ティーン・ルーム'（Teen Room）が設置され、場合によっては該当年齢のティーンズしか入ることが許されない。

　このティーン・ルームには、ヤングアダルト向けの資料が備えられている一方、ヤングアダルト層専用の個々人の学習・読書、グループ学習、小規模共同作業、組織的な集会やイベントができる小部屋、コーナーが置かれている。壁面にはヤングアダルトを迎え入れるのに資する装飾が施され、ポスターが貼られ、マンガ、ヤングアダルト・ブック、グラフィック・ノベルなどが配架された書架の上には置物やぬいぐるみなどが配されている。ボードゲームやビデオゲームも用意されている。ヤングアダルト・サービスの一環として、地元の芸術家やボランティア団体の協力を得て、ティーンズたちを芸術的活動に導くこ

第4章 図書館サービス

とも広く行われている。ピマ・カウンティ・パブリックライブラリーにおいては、ティーンズを対象に折り紙教室も開かれ、毎年9月21日の国際平和の日（International Day of Peace）には、広島平和記念資料館（Peace Memorial in Hiroshima, Japan）に折鶴を送ることも行われている。

また、同館は情報リテラシー教育に積極的に取り組み、博物館・図書館サービス協会（Institute of Museum and Library Services）や民間の財団から補助金を得て、'CreateIT‐Youth Center Planning and Media Classes'[4]という事業名の創造的活動を、IT機器が多数設置された空間を利用しながら、ティーンズとデザイン・チーム（図書館の担当者と関係知識・スキルを備えたボランティアから構成）とが協働し、実施している。

ちなみに、アメリカ図書館協会の下部組織である'ヤングアダルト・ライブラリー・サービス協会（Young Adult Services Association）は2012年に'ティーン・スペース・ガイドライン'（Teen Space Guidelines)[5]を公表している。

2.5 障害者サービス

ピマ・カウンティ・パブリック・ライブラリー中央館の3階に障害者サービスを提供する障害者支援技術室（Assistive Technology Room）があり、特別の支援にあたる専任職員が配置されている。点字資料や大活字本を提供するほか、拡大読書器や文字サイズの大きなキーボードなどの伝統的な関係機器の利用も可能である。また、視覚障害者等に対面朗読サービスを行ったり、その録音を提供したりしているほか、MAGic Magnification with Speech、JAWS Screen Reader、Wynn Wizard、Dragon Naturally Speakingなど音声入力、読み上げ、フォントサイズの大きなディスプレイの表示等を可能とするプログラムを装備したIT機器の利用を通じて、視覚障害、聴覚障害、学習障害、身体障害など、日常的に行動と学習に困難を覚える人たちの図書館と情報資料の利用を支援し

---

[4] http://www.library.pima.gov/teens/create-it.php
[5] http://www.ala.org/yalsa/sites/ala.org.yalsa/files/content/guidelines/guidelines/teenspaces.pdf

ている。ストリーミング・オーディオや読み上げソフトの利用は、MP 3 形式でのダウンロードも可能である。また、車椅子専用のワークステーションが置かれ、テーブルの高さの変更が可能で、拡大ディスプレイが利用できる。先端的な IT 機器の導入については、図書館サービス・技術法にもとづく連邦政府の補助金を得て、アリゾナ州立図書館が州内の公共図書館を支援している。

　行動に障害を持つ人については、メール等で事前に図書館に連絡すれば介助サービスが受けられる。身体的障害から来館できない人については、所定の手続きをすれば、代理貸出カード（proxy borrower cards）が発行され、家族や特定の友人等を通じて、図書館資料の貸出サービスを受けることができる。

2.6　ホームレスに対するサービス

　アメリカの連邦政府住宅供給・都市開発省（U.S. Department of Housing and Urban Development：HUD）が公表した2013年のホームレス評価年次報告（2013 Annual Homeless Assessment Report）[6]によれば、調査時点で全国に61万人のホームレスがおり、その約4分の1は18歳未満の青少年とされる。単身ではなく、夫婦や子どもを含むホームレス家族は7万を優に超え、その世帯人員は22万人を超える。常習的にホームレスの状態にあるものは10万9,132人を数える。'あらゆる人たちに対して情報への平等なアクセス'（equal access to information for all persons）を標榜するアメリカの公共図書館は、このようなホームレスに対してどのような取り組み方をしているのであろうか[7]。

　2014年6月13日の地元マスメディアの報道によれば、約50万人の人口を擁するトゥーソンには、およそ7,000人の常習化しているホームレスがいるとされる[8]。都市環境の浄化に努める治安当局はこれらホームレスの対応に効果的な

---

[6]〈https://www.onecpd.info/resources/documents/ahar-2013-part1.pdf〉同調査で'ホームレス'とされるのは、街頭で生活するなど、人間の住居を意味しない場所で睡眠をとる人、もしくはホームレス用の緊急避難シェルターで生活する人と定義されている。
[7] http://www.ala.org/offices/sites/ala.org.offices/files/content/olos/toolkits/poorhomeless_FINAL.pdf
[8] http://www.tucsonnewsnow.com/story/25775996/homeless-advocates-push-for-help-and-services

手をうてず、ホームレスたちの夜間の睡眠の場のひとつがダウンタウンの中心にある中央図書館のある公園となっている。

その中央図書館では、2014年2月15日の土曜日、集会室に数十人を集め、このホームレスの問題について、市の関係職員や地元シェルターで働く職員などをメンバーとするパネルディスカッションを開催している。この会合を仕掛けたのは、パネルの一翼をもになった'公共用地占拠者の会'（Members of Occupy Public Land）で、当のホームレス自身であった。その会場には、20年前にみずからホームレスの境遇にあったボビー・バーンズ（Bobby Burns）も参加していた。彼は、地元シェルターの支援を得て就職し、まじめに仕事を続け、ホームレスから脱却した。彼の41日間のシェルター生活の日記は、1998年に『シェルター：ひとりの男のホームレスから希望への旅』（Shelter: One Man's Journey from Homelessness to Hope）という書物として、アリゾナ大学出版部から出版されている。この集会を伝える報道では、地元の民間団体が2013年2月に調べたところでは、1,765人の常習ホームレスがいたとされる[9]。

ピマ・カウンティ・パブリック・ライブラリーのホームレスへの図書館サービスの取り組みについては、「対人的なサービスとコミュニティの関係諸機関の案内：ホームレスの人たちのための諸資源、食糧・家庭内暴力対策・高齢者等への対応」（Find Human Service and Community Referral Agencies - Resources for homelessness, food, domestic violence, seniors/elderly, etc.）という標題が付された、関係諸機関のウェブサイトにリンクを張り、連絡をとるよう勧める同図書館のウェブサイト[10]に見ることができる。そして、このウェブページの最後に電話番号とeメールでさらなる具体的対応に導いている。

ピマ・カウンティ・パブリック・ライブラリーでは、ホームレスに向けて支援機関に関する各種情報をウェブサイト上に提供しているが、ボルチモア・カウンティ・パブリック・ライブラリーは関係諸機関の情報を印刷した紙片であ

---

9) http://www.tucsonnewsnow.com/story/24737002/community-leaders-address-homelessness-in-tucson
10) http://www.library.pima.gov/resources/community.php

る'ストリート・カード'（Street Card)[11]を配布している。ニューヨーク市のクイーンズ公共図書館やコロラド州のデンバー公共図書館は、ホームレスが一時的に収容されるシェルターへのアウトリーチサービスを実施している。サンフランシスコ公共図書館では、関係諸機関と共同し担当チームを設置しており、そこには元ホームレスも加わっている。

　人がホームレスの状態に陥る原因や理由は、必ずしも本人の責めに帰すべきものではなく、構造的に様々な要因が重層しているのが普通であろう。シェルターがそうであるが、当面の住居、生存のための食糧の提供は応急措置であって、コミュニティの知識と情報の提供機関である公共図書館が状況打開のために果たしうる役割は大きい。職探しは job-help であるし、職を得るのはコンピュータ教室、児童や母子に向けられた児童サービス、若年ホームレスにはティーンズサービスなどがある。シェルターへの出前サービスであるアウトリーチサービスのなかでライブラリーカードを発行し、ホームレスを公共図書館の通常サービスのなかに包摂する方向がとられていることは正しいように思われる。

　もっとも、公共図書館がホームレスへのサービスを社会的に意義ある主要なサービスとするには、関係諸機関との協働を深めることが不可欠であるが、ホームレスに対する偏見を除去する啓蒙と研修が必要なことは言うまでもない。

　日本には、どれくらいのホームレスがいるのかについては、ホームレスの自立の支援等に関する特別措置法[12]（平成14年8月7日法律第105号）等に基づいて行われた、2012（平成24）年1月に実施された厚生労働省のホームレスの実態に関する全国調査（概数調査)[13]がある。それによれば、日本全国には「都市公園、河川、道路、駅舎その他の施設を故なく起居の場所として日常生活を営んでいる」ホームレスが9,576人いるとされる。日本でも都市部の公共図書館ではホームレスの来館が少なくないことはよく知られている。

---

11) http://www.bcpl.info/sites/default/files/images/community/pdf/community-street-card.pdf
12) ホームレスの自立の支援等に関する特別措置法2条。
13) http://www.mhlw.go.jp/stf/houdou/2r98520000027ptf.html

第 4 章　図書館サービス

しかし、これまでホームレスへの図書館サービスに積極的に意義を見出し、取り組んだところは数少ない。ホームレスの自立の支援等に関する特別措置法というおざなりな法律に（公共）図書館の文字は見いだせないが、縦割り行政を超えて、すべての人びとに分け隔てなく情報を提供するという公共図書館の原点に立ち返り、対応を検討すべき時期に来ているように思われる。

3　アメリカの公共図書館における行事・講座

　アメリカの公共図書館で実施されている'行事・講座'（Events & Classes）は、一般に'一般向け'（Popular Categories）、'子ども向け'（For Kids）、そして'ヤングアダルト向け'（For Teens）の 3 種のものが用意されている。

　主として成人を対象とする'一般向け'としてあげられているのは、読書会（Book Club）、就職支援（Job Help）講座、ビジネス支援（Small Business Support）講座、市民権取得支援講座（Citizenship）、コンピュータ・リテラシー講座（Computers & Technology）、英語講座（English Language Class）、GED（General Education Development）講座などである。'子ども向け'では、年齢層別にも実施される'お話の時間'や'犬への読み聞かせ（Read to a dog）'、夏期の読書イベントなどがある。'ヤングアダルト向け'のイベントとしては、IT 活用の協働作業、創作活動などがあげられる。

　これらの公共図書館で行われるイベントや講座には、訓練された専門的な知識とスキルを備えたボランティアが活用され、また英語やコンピュータ・リテラシーその他に関係する学習ツールとしてソフトウェアが導入され、利用者個々人が随時個別に利用するほか、講座等でのグループ利用もされている。もっとも、参加者は必ずしも多いとはいえないものもある。

3.1　宿題支援

　アメリカの公共図書館では、広く宿題支援サービス（Homework Help）が行われている。エレメンタリー・スクール（小学校）からハイスクールの児童生

徒、大学の学生が学校で宿題を課されたとき、ライブラリーカードを持ってさえいれば、公共図書館で無償の宿題支援サービスが受けられるのである。対象となる科目は、数学、理科、英語、社会科、ライティングである。

　この宿題支援サービスには、オンラインで実施される場合と1対1の対面式で行われる場合の2種がある。ピマ・カウンティ・パブリック・ライブラリーの場合[14]、オンラインのライブの宿題支援サービスは祝日をのぞく毎日午後2時から11時に実施されており、1対1の対面式の宿題支援サービスはアポイントメントをとる必要がある。オンラインの宿題支援サービスには百科事典等のレファレンスデータベースやbrainfuse[15]などのソフトウェアの利用提供のほか、生身のチューターが対応するライブのものもあり、これらは自宅や学校など館外からのアクセスも可能であるし、館内設置のコンピュータでアクセスすることもできる。

　また、放課後や週末には立ち寄り型（drop-in Homework Help）の宿題支援サービスも実施されており、これは中央館と20の分館のほか学校やコミュニティ・センターでも実施されている[16]。電話でも、宿題支援サービスを提供している。

　この宿題支援サービスのチューターはボランティアによって担われており、英語だけではなく、スペイン語でも行われている。

　ちなみに、ピマ・カウンティ・パブリック・ライブラリーが発行している宿題支援サービスのチラシには、トゥーソン統合学校区からのお断り（Tucson Unified School District disclaimer）として、「トゥーソン統合学校区は、宿題支援を実施する団体や活動を推奨するものでも支援するものでもありません。コミュニティ・サービスとして行われるものです」という文言が記されている。

---

14) https://www.library.pima.gov/homeworkhelp/
15) Brainfuse 社は、図書館や学校区のほか労働センターや大学を顧客とする、1999年に設立されたアメリカ国内でも有数のオンライン教育サービス提供企業である。図書館の宿題支援サービスでも同社のソフトウェア商品である brainfuse が利用されている。〈http://home.brainfuse.com/〉
16) https://www.library.pima.gov/pdf/hhflyer.pdf

3.2　GED 対策講座

'GED' は、一般教育修了検定試験のことで、アメリカおよびカナダで実施されており、日本の高等学校卒業程度認定試験（旧：大学入学資格検定）と同様の趣旨を持つものとされる。試験科目は、英語のライティングとリーディング、エッセイ、社会、理科、数学である。このハイスクール卒業と同等の学力があることの証明を得ることは、大学への進学には必要であり、就職や帰化についても前提条件を整えることを意味する。

アメリカの公共図書館では、ハイスクールを卒業していない市民に対して、この GED 対策講座を開設している。手法としては、チューターとの１対１の支援サービス、グループ・ディスカッション、および講義形式でも実施されている。チュータリング・ソフトウェアを導入し、オンラインで教材を提供したり、模擬試験を実施したりもしている。

就職を有利にするには不可欠であるので就職支援サービスと、公民権取得（帰化）にとっても有利な条件を得ることになるため、また公民権取得支援講座と連携が図られている。

3.3　英語講座

アメリカの公共図書館では、定期的に主として平日の夕方に英語講座を開催している。アリゾナ州の場合は、受講者はスペイン語を母語とする移民で、成人を対象としている（他の州でも移民を対象に英語講座が開かれていることに変わりはない）。このボランティアの講師によって実施される英語講座は、会話、読み方、書き方などを学習するもので、能力に応じて、初級、中級、上級のクラスが設けられている。

たとえば、初級のクラスでは、公民権取得を主たる目的とするところから、帰化試験の出題範囲に属する、連邦政府の統治機構の一部である現在の連邦最高裁判所に関するプリントを配布して、読んだり、内容を平易な英語もしくはスペイン語で解説を行う場合もある。また、アルファベットをメキシコ・スペイン語の読み方で読んでいる場合に、英語の読み方に改めるよう指導している。

この事業の実施については、直接的には州の補助金が充てられるが、その資金の出所には連邦市民権・移民業務局（United States Citizenship and Immigration Services）[17]や博物館・図書館サービス協会(Institute of Museum and Library Services)[18]が含まれ、連邦政府からの補助も仰いでいる。

3.4　就職支援サービス

　アメリカの公共図書館では、主要なサービスのひとつとして、就職支援サービス（Job Help & career services）を実施している。そのための専用のコーナーを設置するところも少なくなく、専用のワークステーションを置き、産業別雑誌や専門機関総覧、就職ハンドブックなどの関係資料コレクションが整備され、インストラクターなどの特別の職員が配置されている。

　以下で、ピマ・カウンティ・パブリック・ライブラリーを例に就職支援サービスの概要を示したい。就職支援サービスは、10代の若者および成人に対して、現在の職業にかかわるスキルの向上、高度化の援助、新規職業への就職支援、そしてそれらを通じて利用者が望む方向に生活を変えることを助けようとするものである。就職支援サービスのメニューとしては、①立ち寄り支援、②個人的な職業相談、③就職対策クラブの３種がある。

　①立ち寄り支援（Drop-in Job Help）は、利用者が都合の良いときに公共図書館を訪れ、関係サービスの提供を受けるものである。就職支援インストラクターの援助も得て、館内設置の端末を利用して、オンラインで就職情報を検索したり、履歴書の書き方を教わったり、関係する就職応募様式への記入を手伝ってもらったりするものである。この機会をとらえ、館内で実施している各種のコンピュータ講座の利用を勧めることも行われる。

　②個人的な職業相談（Individualized Job Counseling）は事前予約が必要で、利用者はインストラクターと１対１の対面で相談を受ける。インストラクターと

17）2003年までは司法省移民帰化局（United States Immigration and Naturalization Service：INS）であったが、現在はビザや永住権、市民権取得の申請業務を担当する国土安全保障省の一部局となっている。〈http://www.uscis.gov/〉
18）http://www.imls.gov/

ともに履歴書を検討したり、カバーレターの書き方、企業面接の受け方などを教えてもらう。時間は30分程度とされる。

③就職対策クラブ（Job Clubs）は、自分以外の求職者と交流を深めたり、ワークショップを開いたり、講師を招いての現在の就職市場の動向などの講演を聞いたりする。

就職支援サービスは、一定の情報通信にかかわる能力を求められる企業への就職をバックアップする業務であることから、コンピュータ利用のスキルの育成のほか、インターネットへの習熟を図るだけでなく、館内設置の利用者端末を使い、就職情報の検索、履歴書の作成、情報リテラシー能力の育成など、関係するデータベースやソフトウェアを活用してのコンピュータ利用支援（computer-aided assistance）も広く行われている。

3.5　ビジネス支援

日本の公共図書館では、設置母体である地方公共団体の財政が逼迫するなかで、時宜を得たかのように出版された『未来をつくる図書館：ニューヨークからの報告』（菅谷明子、岩波新書、2003）という小冊子が契機となって、'ビジネス支援'ブームが到来し、いまやどこの公共図書館でも'ビジネス支援'サービスは花盛りである。しかし、図書館関係者の間でもてはやされるほど、日本で公共図書館を中心とした地域経済の振興が各地で実現しているのであろうか。また、現在の日本のビジネス支援サービスが地域経済振興に貢献しうるものなのであろうか。

アメリカの都市図書館評議会（Urban Libraries Council）が2007年に『都市をもっと強力にする：地域の経済発展への公共図書館の貢献』（Making Cities Stronger: Public Library Contributions to Local Economic Development）[19]を公表している。その第4章の「公共図書館による中小企業支援」（Small Business Support Through Public Libraries）（pp.17-20）を手掛かりとして、公共図書館のビジネス支援について考えてみることにしたい。はじめに確認しておくべきことは、

19）Online available: http://www.urban.org/uploadedpdf/1001075_stronger_cities.pdf

当然ではあるが、強大な資本力を誇り、多数の従業員を抱え、国際市場や全国レベルで活発な企業活動を展開している大企業は、地元公共図書館のサービス対象からは除外される。大企業は、当該組織の責任と負担で、市場動向や研究開発技術情報など必要な知識と情報を収集し、解析し、利用する能力をもつべきものだからである。

　公共図書館が実施するビジネス支援サービスの対象は、現存の中小企業と、これからビジネスをはじめようとする起業家に限られる。しかし、誤解がないように、中小企業と起業の社会経済的意義をおさえておこう。アメリカでも、20世紀末から21世紀のはじめにかけての10年間で、新規雇用総量の4分の3以上を中小企業が提供している。少しデータは古いが、2003年には従業員が500人未満の中小企業が199万人の新規雇用を生み出しているのに対して、従業員500人以上の大企業は99万人の新規雇用しか生み出していない。企業の大半を占める中小企業は、地元社会にとって、働く場の提供と強靭な経済基盤の多様性を確保する意味でも大切である。

　また、インターネットの普及により定型的な知識と情報が広く流通し、航空・船舶・陸送の物流基盤が高度に整備されている今日、従来の製造業やサービス業は属地的なコミュニティ密着型のものをのぞき、国際的競争にさらされ、再編・高度化を余儀なくされている。現代のすべての企業は、情報にかかわり考える産業（information and idea industries）であることが求められている。すでに法人税軽減による企業の優遇や固定資産税などの減免による企業誘致での産業構造の高度化や地域経済の振興が果たされる時代ではなくなっている。高度な都市機能、文化的な価値、都市生活の質などに支えられて、潜在的能力を開花させた、あるいは開花させようとする、高度な教育を受け、技術的にスキルのある労働力（highly educated and technologically-skilled workers）が容易に調達できる地域社会が経済的にも持続的な繁栄を期待できる状況にある。まさに経済革新が求められており、多様な市民に対してサービスを提供しなければならない図書館の機能も鋳直される（recast）べき時期にある。そのメルクマールになるサービスのひとつが中小企業に対するビジネス支援サービスといっても

よいように思える。このサービスに乗り出すとすれば、中小企業と起業家が求めている情報で、容易には入手できない情報の提供ということになる。具体的には、大企業であれば利用可能だとしても、中小企業では高嶺の花のように感じられる、事業活動に必要な営業、販売、マーケティング、技術、研究開発などの情報が搭載された契約料金が安くはない多種多様なデータベースの利用、資金調達にかかわる詳細な情報などであろう。図書館は、このようなデータベースや情報が提供できなければ、そもそも中小企業支援サービスには乗り出せない。また、これらの情報源に通暁し、関係データベースのスキルを備えたライブラリアン（のチームの存在）が不可欠であり、大都市の図書館であれば、専門職員と関係データベース、コレクションを備えたビジネスセンター（Business centers）の設置が望まれる。

　中小企業と起業を対象とする公共図書館のビジネス支援サービスにも合理性と戦略が求められる。地元の既存の中小企業には共通の悩みと課題があり得る。図書館がこれを情報要求として受け止めるとすれば、地元中小企業が加入する団体である商工会議所（Chambers of Commerce）との連携を密にし、データベース講習会やビジネス向け基本知識・スキルワークショップ（Business Basics Workshops）を定期的に開催する。また、中小企業振興センター（Small Business Development Centers）などの関係組織との連携も効果を高める。このように個別企業を対象とするのではなく、地元中小企業群としてとらえた場合、同業者、類縁事業者、異業種の存在が明らかとなり、企業間交流が生まれ、情報要求、情報提供の相乗効果も期待できる。

　このように中小企業を群として把握し、効果的なサービスを提供する一方、多くの極小規模家庭内事業者（home-based micro-enterprises）に対しては、基礎的なデータベースの使い方や基本的なレファレンスツールの利用法のセミナー等を館内で定期的に開催するほか、個別に電話や来館時に親身に情報提供に努めることになる。

　中小企業、とくに起業家にとっては、資金調達が大きな問題であり、地域社会のなかで図書館が積極的に地元産業界に働きかけていることが可視化できれ

ば、行政の補助金プログラムやベンチャー・キャピタルの紹介にとどまらず、市中金融機関のなかにも協力関係を構築しようとするところが生まれるかもしれない。大規模な公共図書館であるブルックリン公共図書館では、起業プランコンテストを実施しており、趣旨に賛同したシティグループが優秀者に対して企業のための資金を給付している。

3.6 税務支援サービス

ピマ・カウンティ・パブリック・ライブラリーもそうであるが、アメリカの公共図書館では税務支援サービス（tax help）を行っている。例えば、図書館ポータルで所得税の納税申告用紙をダウンロードできるようにしているのはごく一般的である。納税申告用紙の配布を超えて、確定申告の時期に、主として高齢の低所得者を支援する目的で、公共図書館が関係知識をもつボランティアを配して、相談に応じているところは少なくない。

3.7 死亡記事索引調査

アリゾナ州の北部の観光地として有名なセドナ公共図書館では、図書館サービスのひとつとして、死亡記事索引調査（Sedona Obituaries Index Search）[20]を提供しており、同図書館のウェブサイトからでも検索することができる。このデータベースは地元のセドナ系図学クラブ（Sedona Genealogy Club）が構築し、セドナ歴史遺産博物館（Sedona Heritage Museum）に提供され、編纂が継続されている。この死亡記事索引データベースのレファレンスサービスをセドナ公共図書館が行っている。

死亡記事索引データベースのもとになる情報は、主として地元紙である『セドナレッドロックニュース』（*Sedona Red Rock News*）から採録されたもので、1963年以降をカバーしているが、セドナ系図学クラブによって以前発行されたすべての索引と補遺が付け加えられることになっている。

---

20) http://www.sedonalibrary.org/obit_search.php

3.8 ブックバイク

　ピマ・カウンティ・パブリック・ライブラリーでは、特別に考案された三輪自転車であるブックバイク（bookbike）に乗って、図書館員がサービス対象地域に出かけ、市民から寄贈された本を無償で配ったり、ライブラリーカードを発行したり、図書館イベントの案内やサイクリング道路マップを配布したり、サイクリングイベントの告知を行っている。ボランティアも自分自身の自転車に乗ってブックバイクに同行し、ブックバイク業務を手伝っている。この事業の趣旨は、代替交通手段である自転車利用を推進し、ピマ郡内を通じて安全な自転車運転技術の普及を図るとともに自転車ルートマップ、自転車安全教室、自転車関連イベントの案内を配布し、体調管理・健康増進を推進することとされる。

コラム

犬への読み聞かせ（Read to a Dog）

　公共図書館における児童サービスの中心はお話会、ストーリー・アワーなどで、これはどこの国でも変わらない。一定のスキルを身につけたライブラリアンやボランティアが子どもたちに対して、あるいは子どもを含む家族に対して、想像力をかきたてる楽しい絵本や児童書を読んで聞かせるのである。当然、アリゾナに限らず、アメリカの公共図書館でも読み聞かせは広く行われており、主要なサービスのひとつとして定着している。

　今回の在外研修であらたに知ったことは、'犬への読み聞かせ'である。子どもに対してではなく、日本語でいうと'お手'（shake）'おまわり'（turn）というかたちで意思を伝える相手の犬に対して、絵本などを読みきかせてあげるのである。犬に言葉が分かるか、といわれそうであるが、分からなくてもいいのである。分かってくれるふりをする賢い犬がいればいい。そう、犬に絵本を読んであげるのは、大の大人ではない。子ども、それも相対的に低年齢の子どもたちがおとなしく、かわいい（であろう）犬に対して絵本を読んであげるのである。

　一定の訓練を受けた犬（licensed therapy dog）に対して、子どもたちが大きな声を出して絵本の読み聞かせをする。犬がそれを聞く（ふりをしてくれる）。子どもに

とってこの犬への読み聞かせ（読書）は、母親等の大人に対して読むときとは異なりストレスを感じない（母親などは読み間違えると小言をいうが、犬はなんの文句も言わず、ニコニコしているように見える）。この犬に対する読み聞かせを通じて、子どもたちはストレスを感じることなく、読書に対する嗜好と習慣を身につけていく。この'犬への読み聞かせ'というイベントは、すでにアメリカの公共図書館ではかなり広く行われている。

　ちなみに、このすばらしい性質を持つ犬の訓練については、1989年に設立された非営利法人、サービス・ドッグズ・アメリカ（Service Dogs America〈http://www.servicedogsforamerica.org/〉）という認定機関が存在する。

第5章　図書館情報資料コレクションと組織化

1　図書館資料とは何か

　みずからの教養の向上、調査研究、レクリエーション等にかかわる一定の情報ニーズを抱えた個々の図書館利用者は、直接来館して、あるいはインターネット上の図書館ポータルを介して、情報ニーズに見合った情報資料を特定し、現物資料の閲覧や貸出サービスの利用、書誌事項もしくはコンテンツのダウンロード、ハードコピー等を利用する。このとき図書館が直接利用者に提供でき、利用者が直接享受できる情報やコンテンツそのもの、もしくはそれを化体したメディアが広く'図書館情報資料'と認識できる。かつては限られた予算で選択購入された図書や雑誌などの所蔵資料が図書館資料と認識されたが、現在のサイバースペースに乗り出した図書館にとっては、利用者に提供するべき情報はそれだけには限られない。

　そうだとすれば、図書館が限りある予算を使って売買契約により購入した図書や雑誌その他の所蔵資料、寄贈・寄託された資料、およびライセンス契約によってアクセスを提供している商用データベースについては間違いなく固有の'図書館情報資料'の範囲に入る。利用者に求められたにもかかわらず所蔵しておらず、また契約しているデータベースにも含まれておらず、図書館相互協力を通じて現物貸借される図書や複写依頼に応じて届けられるコピー、アメリカでは所蔵館・契約館から依頼館にeメールで送付されてくるPDFファイルは当該図書館情報資料を補完するものと認識できる。

　さらに、図書館ポータルを通じて利用者が容易にアクセスできる図書館側の演出（リンク）によって導かれるインターネット上のウェブサイトや、レファ

レンスサービス等を通じてアクセス提供されるウェブページもまた、図書館利用者にとっては、広くは図書館情報資料と認識されうる。

1.1　刷新が期待される'図書館資料'概念

　図書館法3条1号は、「郷土資料、地方行政資料、美術品、レコード及びフィルムの収集にも十分留意して、図書、記録、視聴覚教育の資料」と'電子的方式、磁気的方式その他人の知覚によっては認識することができない方式で作られた記録'である「電磁的記録」などを公立図書館の'図書館資料'と定めている。

　また、大学設置基準38条1項は、「図書、学術雑誌、視聴覚資料その他の教育研究上必要な資料」を大学図書館の提供すべき'図書館資料'と考えている。そして、学校図書館法2条は、「図書、視覚聴覚教育の資料その他学校教育に必要な資料」を学校図書館の'図書館資料'と認識している。要するに、館種にかかわりなく、形態としては図書や雑誌などが代表的で、内容的にはそれぞれの設置目的に応じたレベルと範囲の情報知識を含むものと理解できる。'視聴覚（教育の）資料が館種にかかわらず共通してあげられているのは、一定の理解力を前提とするテキスト情報にとどまらず、それぞれの能力と感性によって受容可能な音（楽）や画像、動画なども図書館が提供すべき資料と考えられているからである。もっとも、'視聴覚資料'を別途取り出して並べる書き方は、デジタル・ネットワーク時代の今日、かつてのようにテキストと音声、画像が個々の異なるメディアを必要としていた過去を引きずるもので、将来に向かって考えたとき、デジタル百科事典のように'マルチメディア・デジタル・コンテンツ'が当たり前の時代状況には必ずしも適合的ではない。

　市民に開かれた公共図書館では、例示のなかに郷土資料や地方行政資料があげられているのは、コミュニティのなかで日常生活を送っている地域住民が生活福祉の向上を意識すれば当然のことと思われる。また、図書館法は、美術書ではなく、美術品を例示のなかに含めているのは、ニューヨーク公共図書館などのように美術館顔負けの芸術作品を所蔵し、館内のギャラリーに展示し、鑑

賞してもらうということを念頭においているようにも読める。現実の日本の公共図書館では、複製画を収集し、貸し出すところは見られるが、実際に美術品まで'図書館資料'と認識しているところは少ないように思われる。もっとも、公共図書館だけでなく、大学図書館でも、廊下や壁面の装飾品として、絵画や彫刻などの美術品を所蔵していることは少なくないが、これは一定のコレクションを形成し、利用者に享受してもらう'図書館資料'の範囲には入らない。

　国立国会図書館法は、官民で発行された資料の収集、提供の範囲をその24条1項に定めており、それらが国立国会図書館の法定された'図書館資料'と理解できる。具体的には、'図書、小冊子、逐次刊行物、楽譜、地図、映画フィルム、前記以外の印刷その他の方法により複製した文書又は図画、蓄音機用レコード、電子的方法、磁気的方法その他の人の知覚によっては認識することができない方法により文字、映像、音又はプログラムを記録した物'があげられている。

　公共図書館を対象とした図書館法、および国立国会図書館法では、'電子的'や'磁気的'という中途半端な文言が使われているが、大学図書館では現在電子ジャーナルの利用を抜きに考えることができず、デジタル・コンテンツ、電子メディアも利用者に提供される広義の'図書館資料'であることを確認しておきたい。

　ちなみに、アメリカの議会図書館は楽器の収集も行っており、また外国の図書館のなかにはコインや切手などを集めているところもある。

1.2　デジタル・ネットワーク時代の'図書館（情報）資料'概念

　日本においても、大学図書館ではすでに電子ジャーナルの利用が普及し、公共図書館においても遅ればせながら一部に電子書籍が導入される状況にある。図書館予算の面を見ても、今後このような利用者に提供する電子メディアへの支出が増大することは必至だと思われる。図書館利用者の立場にたてば、情報通信技術の進展により、同様の公的資金の投入をしながら、伝統的な図書や雑誌のような図書館資料が電子ジャーナルや電子書籍に置き換わるとき、電子メ

ディアに変わったからといって利用に際しての便益が低下することは論理的におかしいということになる。ところが、このおかしな論理を当たり前のように振り回す日本の図書館関係者や図書館行政の担当者は決して少なくはない。
　その論理は、電子ジャーナルや電子書籍は'図書館資料'ではないと強弁するところからはじまる。'図書館奉仕'という古臭い条文見出しをもつ図書館法3条は、その1号で、「郷土資料、地方行政資料、美術品、レコード及びフィルムの収集にも十分留意して、図書、記録、視聴覚教育の資料その他必要な資料（電磁的記録（電子的方式、磁気的方式その他人の知覚によつては認識することができない方式で作られた記録をいう。）を含む。以下「図書館資料」という。）を収集し、一般公衆の利用に供すること」を具体的な'図書館サービス'メニューの冒頭に掲げている。この書きぶりは、先に指摘した電子メディアの利用が伸び、伝統的な紙媒体印刷資料に大きく変わりつつある状況からすれば、過去を引きずり、いささかアナクロニズムとしかいいようがない印象を持つが、それでも'その他必要な資料'を加え、括弧書きながら「電磁的記録（電子的方式、磁気的方式その他人の知覚によっては認識することができない方式で作られた記録をいう。）」として、電子メディアがまぎれもなく'図書館資料'であることを条文上認めている。そこには、スタンドアロンであるか、ネットワークにつながっているかは、関係がない。要するに、図書館がみずからの経費を支弁して、一定の権原を取得し、一般公衆の利用に供することができれば、それは間違いなく'図書館資料'なのである。

2　情報資料の組織化

　うえにも述べたとおり、理念的には、アナログ資料でもデジタル・コンテンツでも、当該図書館が利用者に提供できる、提供すべき情報資料は'図書館情報資料'として取り扱うよう努めるべきであると考える。しかし、物理的特性の相違は、リアルの図書館に対して、有体物である伝統的資料と無体の電気的信号にすぎないデジタル・コンテンツの異なる取り扱いを要請する。まず、物

第5章 図書館情報資料コレクションと組織化

として劣化が避けられず、一定の質量をもつ伝統的パッケージ資料をとりあげる。

これまで図書館は、伝統的な紙媒体資料を一定の資料費の範囲内で、資料選択基準にもとづき多種多様な資料を受け入れ、廃棄基準（除籍基準）にしたがって不要と考えられた資料を廃棄し、限られたスペースのなかで管理してきた。図書館固有の役割を果たすために維持・拡充される所蔵資料（図書館資料コレクション）は、効率的かつ効果的に利用されるためには、ただちに資料検索を行うことができ、ヒットした資料を迅速に利用者に提供できなければならない。そのためには所蔵資料中に該当するものが確かに保有されているとの確認がなされる[1]だけでなく、物理的にどの書架のどこに配架されているかが了解できなければならない[2]。このようにそれぞれの図書館資料について、その内容に吟味を加え、他の資料と区分識別し、体系的に一定の合理的な順序にしたがって秩序付ける道具が'図書館分類法'である。したがって、その図書館分類法を利用した結果、数百冊が同一の分類項目に属するなど、それぞれの分類項目に大量の資料が含まれるのでは分類の効果が薄れる。

2.1 図書館分類

図書館資料を分類しようとするとき、分類された個々の資料そのものに分類の結果割り当てられた情報を添付する必要があり、図書館資料の背にラベルが貼られ、そこに書き込まれている主要な情報が分類結果を示すものである。そ

---

[1] かつては冊子体の蔵書目録、現在では蔵書データベースにおいて、特定のキーワードや主題をたてて所蔵資料コレクションを組織化し、個々の図書館資料を検索可能とし、現物資料へのアクセスを確保するやり方を'書誌分類'という。書架上の位置が確認できればよく、受入順、大きさ等の資料の形態にしたがって、資料が配架されていてもかまわない。このやり方では、物理的には一個の図書館資料について、所蔵資料コレクションを対象とする書誌情報空間内に理念的に複数の位置づけを与えることができる。

[2] 大半の図書館では現在、図書館内の特定の書架（群）や書架上のスペースに同一の主題に属する資料を集中させ、類似の主題の資料をその近傍に配架するという'書架分類'を実施している。一個の資料が複数の主題にかかわる内容を備えている場合には、いずれかひとつの主題を選択せざるをえず、他の主題については、目録（データベース）上においてアクセス可能とすることが望まれる。

こでは分類結果の情報をできるだけ簡潔に単純な符号やサインで表現せざるを得ず、一般にアラビア数字やアルファベット、日本ではカタカナなども用いられる。アラビア数字を用いれば0～9の10分類が基本となり、アルファベットを用いれば理屈の上からはA～Zの26分類が可能となる。

　アメリカにおいては、公共図書館や学校図書館はデューイ十進分類法が採用され、大学図書館においてはアメリカ議会図書館分類法が採用されているのにはうえに述べた理由から当然といえる。公共図書館や学校図書館のように相対的には小規模なコレクションで対象分野が網羅的であればアラビア数字を使った十進分類で間に合うものと考えられ、教育研究上の必要からピンポイントの分類結果の利用が強く望まれるところでは、アルファベットとアラビア数字の双方を利用した混合記号法が合理的と考えられる。もっとも、日本では、混合記号法の分類を用いているのは国立国会図書館分類を用いている国立国会図書館に限られ、公共図書館や学校図書館のみならず大学図書館までもが十進分類の日本十進分類法[3]を採用しているのは、ある意味で歴史的に日本の教育研究のあり方を示していると思われなくもない。

2.2　目録情報

　図書館において、利用者が所蔵資料コレクションのなかから、自分の必要とする情報知識を確実に選びとるには、分類が付与されているだけでは十分ではない。それぞれの資料の個別的特徴や属性等が十分に表現された情報、すなわち目録情報が不可欠である。具体的には、どのような内容のものか、図書館内のどこに配架されているかという情報が記述されなければならない。上記の一定の内容をあらわす分類記号が書架分類の機能を備えていれば、どこに配架されているかという配列の意味をも担うことになる。

　目録情報には、著者名、タイトル、シリーズ名、出版社や出版年、大きさや付属資料の有無、分類記号、ISBN（国際標準図書番号）などが含まれる。複数の作品や著作物が1冊の図書に収められた短編小説集や論文集などの場合には、

---

[3] 最近の動きとしては、「日本十進分類法（NDC）新訂10版試案」が公表されている。

第 5 章　図書館情報資料コレクションと組織化

個々の小説や論文のタイトルなどを内容細目として記述することが望まれるし、どのような付録がつけられているか、索引の有無などの注記も利用価値のある情報である。この目録情報はかつては著者名や書名のアルファベット順、50音順に並べられた冊子体やカードに記載されていたが、現在では電子情報となり目録データベースに収められ、Web-OPAC としてインターネット上に公開されている。また、図書館目録はひとつの図書館の所蔵資料を対象とする蔵書目録だけでなく、複数の図書館を対象とする総合目録（union catalog）も存在する。総合目録的機能は、今日では横断検索によって果たされている。

2.3　目録規則

　図書館で利用する目録（情報）の記録の仕方を目録規則という。目録規則については、国際的な標準化が図られ、国際図書館連盟（IFLA）は1971年に「国際標準書誌記述」（International Standard Bibliographic Description：ISBD）を定め、2007年に改訂版が公表されている。改訂版「国際標準書誌記述」にもその考え方が取り込まれているが、1997年に国際図書館連盟は、一般に FRBR という略称で言及される書誌レコードの概念モデルを示した「書誌レコードの機能要件」（Functional Requirements for Bibliographic Records）[4]を承認した。2008年には FRBR モデルを拡張・展開した FRAD という略称で呼ばれる「典拠データの機能要件」（Functional Requirements for Authority Data）[5]が公表された。そして、2009年には国際図書館連盟から FRBR と同様‛利用者の利便性'を最大限尊重するとする国際目録原則覚書（Statement of International Cataloguing Principles）[6]が公表されている。

　このような動きの延長線上にアメリカの図書館界において2013年に実施され

---

4)　〈http://www.ifla.org/publications/functional-requirements-for-bibliographic-records〉邦訳は、和中幹雄・古川肇・永田治樹訳『書誌レコードの機能要件：IFLA 書誌レコード機能要件研究グループ最終報告（IFLA 目録部会常任委員会承認）』（日本図書館協会，2004）．〈http://www.ifla.org/files/assets/cataloguing/frbr/frbr-ja.pdf〉
5)　〈http://www.ifla.org/publications/functional-requirements-for-authority-data〉邦訳は国立国会図書館収集書誌部『典拠データの機能要件：概念モデル』2012．〈http://www.ifla.org/files/assets/cataloguing/frad/frad_2011-jp.pdf〉

た'資源の記述とアクセス'と訳すことができるRDA（Resource Description and Access）というそれまでの「英米目録規則第2版」（Anglo-American Cataloguing Rules, 2nd Revised Edition：AACR2, 1978）に代わる目録規則の根底にある考え方をみておきたい。

　RDAは、進展を続けるデジタル・ネットワーク環境のなかで生成・改変されるコンテンツをコントロールするべく作成された。そして、資料の形態や種別を超えて、コンテンツ（著作物）そのものへのアクセスが容易にできるような書誌データの標準的記述として機能するよう構成されている。

　特定の個人もしくは共同作業に従事する団体の構成メンバー、作成者（Creator）が知的・芸術的創作物をそれぞれの脳裡や心中に思い描き、そのイメージを最初に単一の有形メディアに固定・定着させるところから創作的情報資源の生産・利用過程がはじまる。これを'著作'（Work）として目録情報体系に位置付ける。このオリジナルの生の著作（物）は、精製され、補訂・改訂されたり、翻訳されたり、内製的なシナリオ化を通じて映像化されたりする。このように特定著作が表現形式を備えたものを'表現形'（Expression）と認識する。そして表現形式が整ったコンテンツは、単行本やCD、DVDのようにパッケージ化され、市場で商品として販売されたり、特定の企業や団体の運営するサーバーからeBookやMP3といったデジタルコンテンツとしてインターネット上で公開されたりする。このように特定のメディアに載せられ具体的明示的存在の姿をとったものを'体現形'（Manifestation）と称し、この体現形としての情報が従来の図書館での目録情報の本体に相当する。現実に図書館等が購入や契約により利用者に提供する個々具体の図書館資料や契約データベースに含まれる個別の電子ジャーナルや電子書籍などが'個別資料'（Item）に該当する。

　このような著作に淵源する体現形製品のなかの個別商品である個別資料を特

6）〈http://www.ifla.org/publications/statement-of-international-cataloguing-principles〉邦訳は「国際目録原則覚書」。〈http://www.ifla.org/files/assets/cataloguing/icp/icp_2009-ja.pdf〉

定の情報ニーズをもつ利用者に提供する際には、特定の著作者の作成した著作物群、同一ないしは類似の内容の情報の一部ないしは全部に確実かつ容易にアクセスできることが望ましい。著者や主題といった視点からのゆれのない（書誌）コントロールが不可欠となる。

ひるがえって、利用者や一般市民の情報ニーズは、図書や雑誌、CD、DVDなどの従来の図書館資料のほか、電子書籍や電子ジャーナルのように近年図書館が提供する主要な情報資料にとどまるものではなく、博物館やアーカイブズなどの類縁機関、それをも超えて世界中のインターネット上に公開されているデジタルコンテンツをも横断的に利用できる仕組みが望まれ、FRBR、FRADを踏まえたRDAはそのような方向を志向している。インターネット情報資源を利用するとき、Googleなどの汎用サーチエンジンの利用が不可欠であるが、そこで天文学的に膨大な情報の仕分けに使われているメタデータとの整合性も視野に入れられている。

2.4 日本目録規則

日本の図書館では、現在、図書館目録法として『日本目録規則』[7]が利用されている。『日本目録規則1987年版』とその改訂諸版は日本の伝統的な資料の特性や出版界等の固有事情を考慮しつつも、資料種別にしたがった構成を含め、これまでの国際的動向にそった内容でまとめられてきた。

しかし、AACR2にとってかわったRDAが目録モデルの主流を占めようとの勢いを示している状況のなかで、日本図書館協会目録委員会と国立国会図書館収集書誌部は、2013年8月「『日本目録規則』改訂の基本方針」[8]を公表し、従来の日本目録規則との継続性を保つことを確認しつつ、FRBRモデル（図5.1）に基づきRDAとも整合性が確保された、新しい『日本目録規則』（Nippon Cataloging Rules：NCR）を作成することを決定している。

---

7) 現在の最新版は『日本目録規則1987年版改訂3版』（2006年発行）であるが、個々の図書館についてはそれぞれの事情にあわせて先行版を使用していることがある。
8) http://www.jla.or.jp/Portals/0/data/iinkai/mokuroku/kihonhousin20130822.pdf

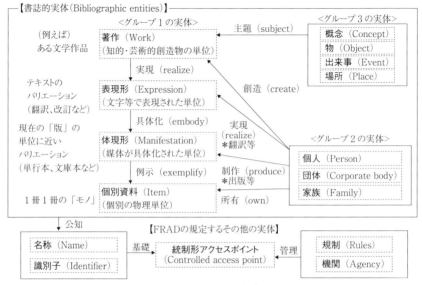

図5.1 FRBR/FRAD の概念モデル

(注1) 点線が実体、矢印が関連を表す。
(注2) 図に示した関連は「ハイレベルの関連」のみ。著作間（翻案など）や団体間（名称変更）など個別の場合に発生する「その他の関連」も規定されている。

2.5 目録作業における日本特有の問題

　情報通信ネットワーク技術の進歩によって、受け入れた資料を１点ずつ手に取って、手書きやタイプライターで目録情報を記録していた時代とは異なり、現代ではどこの国の図書館実務においても、'コピー・カタロギング'が一般的である。

　日本の図書館現場では、多くの大学図書館が NACSIS-CAT にアクセスし、目録情報を複製利用している。洋書の目録データについては、アメリカ議会図書館のデータベースを利用しているところもある。一方、日本の公共図書館においては、およそ８割の図書館が TRC （㈱図書館流通センター）作成の目録情報を利用している。しかも、図書館でこの目録作業を行っている場合にしても、その業務を担っているのは派遣職員や委託先に籍を置く非常勤職員であること

が多い。少なくない公共図書館では目録情報や装備を含めて資料を受け入れている。図書館現場には分類・目録の知識とスキルをもつ職員が激減しており、図書館をマーケットとする'図書館支援企業'に図書館固有の知識とスキルが蓄積される構造となっている。このようにいびつな仕組みになっているのは日本特有で、他の国々の図書館現場には見られない現実である。

　このような日本の現実を背景に、国立国会図書館は、2010年以降、'書誌データの一元化'の動きを加速させている。具体的には国立国会図書館（National Diet Library：NDL）が'公共的書誌情報基盤'を整備し、書誌データ（目録情報）を迅速に作成して無償提供するという構想[9]である。この産官学の目録情報の一元化の実質的な担い手はTRCという民間企業である。

　誤解を避けるために、当たり前のひとことを付言しておきたい。目録作業が技術的進歩により簡単なものとなり、図書館の外部で目録情報が作成されるようになったからといって、分類・目録に関する知識が不要になったわけではない。閲覧、貸出、読書案内、レファレンスサービスなどの日常業務を円滑にこなしていこうとすれば、関係業務を実践・体感しないことによっての質の低下は不可避であるが、図書館職員に一定の分類・目録、情報組織化に関する知識が不可欠であることは依然として変わらない。本質的と思われることをいえば、図書館情報関係人材の労働市場の構造変革が望まれるが、日本の社会のこれまでのありようが脳裡に少しでも浮かべば、これも言うは易く実現は困難といわざるを得ない。

③　情報資源としてのインターネットと電子書籍

3.1　インターネット情報資源の性質

　現在の図書館では、国によって、あるいは館種によって程度の差はあっても、インターネットが利用できない図書館はほとんど存在しない。ライブラリアン

9）国立国会図書館「国立国会図書館の書誌データ作成・提供の新展開（2013）」（2013.2.12). 〈http://www.ndl.go.jp/jp/library/data/shintenkai2013.pdf〉

は、従来の図書や雑誌等に関してそれぞれの特徴や傾向についての資料知識を求められるだけではなく、インターネット上のさまざまなサイトを通じて提供される情報の傾向や特色も承知しておく必要がある。

いまや手元のスマートフォンでGoogleやYahoo!などのサーチエンジンを利用すれば、あらゆる情報が入手できそうに思える。ホワイトハウスや首相官邸、ニュースで報道された政府情報はいとも簡単に手に入る。いろいろな事柄を客観的かつ合理的に考えようとするとき、さまざまな分野の公的な統計データもダウンロードできる。従来は市民が容易にアクセスできなかった、専門家の手によって書かれた学術論文についても無償でアクセスできるようになってきている。

一方、ウィキペディアなどそれぞれの分野に経験と知識を有する多数の人たちが情報と知識を持ち寄り、立派な集合知の集積も出来上っている。これまでのマスメディアの寵児がまきちらすいい加減な言説と比較すれば、格段に有益な情報と知識を提供するブログも少なくない。最近マスコミをにぎわしたSTAP細胞事件の誤りを指摘したのは'PubPeer'(パブピアー)[10]という匿名で意見投稿できる研究者のためのソーシャルメディアである。誤った情報や不正確な知識を是正する仕組みもそこには整備されつつあるかのように見える。

しかしその一方において、インターネット利用に不可欠なサーチエンジンが企業や団体の宣伝広告によって成り立っていることからも分かるように、インターネットという情報空間には、インターネットオークションやサイバーモールに限らず、特定の商品やサービスを売り込もうとする商業的情報があふれている。また、インターネットという表現空間はマスメディアや政府、大企業に限らず、一般の市民が容易に発言できるモア・スピーチ（more speech）に導かれる思想の自由市場ともなり得そうである一方、ヘイト・スピーチ（hate speech）が横溢する場所でもある。そして、正確で十分な情報が提供されていない事柄については、リアルの世界でも疑心暗鬼のうわさ[11]が飛び交うが、集合知とは逆の方向に多数意見が重ねられ、真偽のほどが確認されないまま一定

---

10) https://pubpeer.com/

の方向に付和雷同し、集団極性化（group polarization）の方向をたどる'サイバー・カスケード'（cyber cascades）[12]が現象する。

これからのライブラリアンは、コンピュータやネットワークの取り扱いにとどまらず、このようなインターネット上を流通する情報と知識の特性についても理解しておかなければならない。

3.2　アメリカの図書館界の電子書籍への対応

日本では2010年にiPadの販売が開始され、それに続く読書端末が発売され、'電子書籍元年'と呼ばれたが、先駆的な実証実験等や市場の拡大は見られるものの、いまだ大きな変化が見られるわけではない。一方、アメリカでは、'E-Book Revolution'（eBook革命）という言葉が掛け声ではなく、すでに実質を伴っている。2012年現在、電子読書端末を所有している者は33％に達し[13]、アメリカ出版者協会（Association of American Publishers：AAP）が公表した統計によれば商業出版物の販売収益に占めるeBookの割合は4分の1になるまでに伸びている[14]。

こうした状況のなかで、アメリカの図書館界がどのような対応をしているか、また将来に向けてどのような動きをしているかについて考えてみることにしたい。

eBook革命へのアメリカ図書館界の対応を考えるとき、図書館を成り立たせる文献を生産する、川上の出版界の状況を押さえることからはじめることには合理性が認められよう。

アメリカの出版界の現状は、しばしば'Big 6'という言葉で表現される。'ビッグ・シックス'というのは、北アメリカ（大陸）における巨大出版社（グ

---

11) Cass R. Sunstein, "Believing False Rumors", in *The Offensive Internet* ed. By Saul Levmore and Martha C. Nussbaum, 2010, pp.91-106.
12) キャス・サンスティーン著，石川幸憲訳『インターネットは民主主義の敵か』毎日新聞社，2003.
13) http://www.governing.com/topics/education/gov-can-libraries-survive-ebook-revolution.html
14) http://current.ndl.go.jp/node/23326

ループ）6社（企業集団）によって市場が見事に寡占されていることを示している。サイモン＆シュスター社（Simon and Schuster）、ハーパー・コリンズ社（HarperCollins）と、ドイツが本拠のランダム・ハウス社（Random House）とマクミラン社（Macmillan）、フランス本拠のハチェット社（Hachette）、そしてイギリス本拠のペンギングループ（Penguin Group）がそれである。一般の読者は、多様なそれぞれが独立した出版社によって均衡のとれた出版市場が構成されているように思っているが現実はそうではない（この出版業界が大手企業に寡占されていることは日本も同様である[15]）。ビッグ・シックスをはじめとするアメリカの出版界にとっては、純収益の4分の1を占めるまでになり、商品として収益性の観点からも優れているeBookを主力商品に据える戦略をとらざるを得ない。

　ところが、eBookは伝統的な紙の書籍とは商品特性が異なる。紙の書籍や雑誌は利用を重ね、時間が経過すると物理的に劣化し、また、質量をもつ有形の物理的実体として存在し、所有独占・占有利用の対象は市場で取引されたものに勝るものはなく、通常の複製手段によっては高価なものとなり、しかも複製劣化は避けがたい。書籍や雑誌に限らず、有体物として取引ができる世界は安定している。

　eBookはビット、バイトで量はあらわされるが、デジタル・コンテンツで実体がない。デジタル複製はきわめて容易で、しかも複製劣化がなく、世界に張り巡らされたインターネット上に増殖する。この商品特性は、楽曲販売の音楽配信事業やムービー販売の動画配信事業も異なるところがない。フィルムや合成樹脂、紙などの媒体に記録され、直接使用されるか、機器を通じて再生されてきた実質的商品である映画、音楽、小説などの‘情報’については、消費者はことさらに他の食品や日用品などと区別して取り扱う必要はなかった。通常取引の後は、モノの所有者として自由に使用し、第三者に利用させて収益をあ

15）日本の出版業界は大手10社といわれ、2012年度の売上順に並べると、集英社、講談社、小学館、角川書店、日経BP、宝島社、文芸春秋、東京書籍、光文社、ぎょうせいであるが、上位3社の売上が他を圧倒している。

第5章　図書館情報資料コレクションと組織化

げ、不要になれば処分することができた。アメリカでは連邦著作権法109条(a)項が、その法的表現である'ファースト・セール'ドクトリン('first sale' doctrine)を定めている。ビデオやレコードと同様、書籍や雑誌にも、クルマなどと同様、中古市場が成立しており、市場規模が小さくなったとはいえ現在もそうである。映画や音楽、文学作品などを取り扱う事業者にとって、原材料は特定個人の思想または感情が創作的に表現された'著作物'であり、そこでの合理的市場形成のためには著作権制度が必要であったが、川下の一般消費者に対しては、著作権制度は必ずしも必要なものではなかった。

　しかし、先に述べたeBookの商品特性は、一般市民が日常的に利用しているパソコンやスマートフォンなどのありふれた情報端末をデジタル複製機器として広く利用可能なことから、原材料の著作物取引を規律することを主たる任務としていた著作権制度がエンドユーザの複製行為を規律するものへと転化した。

　eBookの普及に対して、技術的進歩を肯定的に受け止め、利用者の便宜を第一とすれば、図書館は積極的にこのeBookを図書館資料のメニューに加えなければならない。アメリカの図書館にもeBookを提供している大手取扱業者のOverDriveは、2012年だけでeBookを30万タイトル増加させている。現在、アメリカの公共図書館の4分の3がeBookの貸出サービスを実施している(図書館利用者は貸出サービス(digital lending)を選ばず、図書館ポータルを通じてそのeBookを直接購入することもできる)。しかし、うえにふれたビッグ・シックスをはじめとする大手出版社からの抵抗を受け、当初、サイモン&シュスターは図書館に対してeBookを販売することを拒んでいたし[16]、図書館向けの価格を高く設定したり、図書館にとっては厄介な条件を付けられることも少なくなく、将来、文献情報の多くが電子化され、ネット上を流通するであろうことを考えたとき、出版社側の抵抗や非協力は大きな問題といわざるを得ない。

　紙の図書や雑誌を受け入れていたときのように、図書館と出版界とが市民の識字能力を高め読書に親しむ国民の育成を目指すという美しいお題目を唱え、

---

[16] http://current.ndl.go.jp/node/22550

一応の持ちつ持たれつの関係にあったことは遠い昔の話となっている。

■□コラム□■

図書館所蔵図書のラベルの相違

　このことはあまりにも当たり前だと意識していたのか、日本人の図書館員に指摘されるまで、まったく気が付かなかった。下の写真を見てほしい。アメリカのどこの図書館でも本が当たり前に並んでいて、カメラを構える気にもならない書架の風景である。ところが、これを見て「日本の図書館ではない」とたちどころにわかって当たり前なのである。そう、日本の図書館だと'3段式'とか'4段式'などといって、青や赤の罫線が入ったラベルが図書の背に貼られているが、写真ではなんでもない白い紙に5段も6段もアルファベットや数字が印字されている。日本の図書館蔵書とは異なり、アルファベットや数字の桁数が圧倒的に多いのである。日本のとびきり素晴らしい大学図書館では、書架1本に納められた全蔵書の分類記号がまったく同じで、何のために分類したのかサッパリ分からない図書館が珍しくはない。そのようなことが平気で生ずる十進分類法をアメリカの大学図書館では一般に採用することはなく、アメリカ議会図書館分類法（U. S. Library of Congress Classification : LCC）を用いるのが普通である。写真にあるように分類が細かく砕かれ、2段やそれを超える分類記号が付与される。

　日本の図書館資料のラベルを思い出し、日本人の中途半端な美意識と合理性に欠ける図書館文化を懐かしく思った。若かりし頃、非常勤で分類・目録を教えていた時に、なぜ日本の大学図書館や研究図書館がこんなに不便な日本十進分類法に固執し、国立国会図書館分類法（National Diet Library Classification : NDLC）がどうしてこんなに人気がないのかを不思議に思ったことを想い出した。

LCCで分類が付与された図書資料

第6章　図書館情報資料の利用と著作権制度

1　様々な情報資料とサービス

1.1　貸出サービスと関連サービス

　図書館サービスのなかでも、閲覧サービスは図書館の歴史の最初から利用者に対して提供されてきた原初的なものである。読書が相対的に広まった中世では、利用を促進しつつも、紛失を恐れた鎖付き図書（chained books）の姿をとった。印刷技術が発展し、多くの印刷された図書が比較的廉価に出回るようになると図書館は貸出サービスに乗り出すことができた。

　アメリカの図書館でもまた、図書や DVD、録音図書（books on CD）、その他の公刊された資料の貸出サービス（material checkout）は図書館のもっとも基本的なサービスであることに変わりはない。

　加えて、アメリカの図書館では、関係業者と契約し、電子雑誌（Digital Magazines）や電子ジャーナル、電子書籍（eBooks）および楽曲のオンライン利用サービスを提供している。ピマ・カウンティ・パブリック・ライブラリーでも、ライブラリーカードに記載されている ID とパスワードを入力すれば、Newsweek や Cosmopolitan などの数百タイトルの一般雑誌がただちに端末で利用でき、音声や動画も楽しめる。

　日本の図書館でも最近は自動貸出機を見かけるようになったが、アメリカの図書館においては館種を問わず、どこの図書館でも自動貸出機が導入され、返却も人手を介さずに行えるようになっているところが少なくない。図6.1は、アリゾナ大学中央図書館の入口に併設された自動貸出機と返却口を示している。図書館によっては、館内のあちこちに自動貸出機を設置し、利用者の便宜を

図6.1　自動貸出機と返却口

図っているところもある。この自動貸出機は入口に設置されている BDS（Book Detection System：図書館資料紛失防止装置）の存在を前提として導入されるもので、両者あいまってセキュリティの確保と合理化が実現できる。

1.2　ILL サービス

　貸出サービスの延長線上に予約サービス、ILL（Inter-Library Loan）サービスがある。利用者が求める資料で、当該図書館の所蔵資料として存在するにもかかわらず貸出中の場合には、その資料の返却を待って、あるいはいったん返却してもらい優先的に一定の短期間貸出を受けることを可能にするサービスを予約サービスという。知的自由の尊重から、予約された資料のタイトル等が第三者の目に明らかにならないようにして、返却された資料が保管書架（hold shelf）に並べられ、それを利用することになる。ILL サービスは、利用者の求める資料を図書館が所蔵していない場合、その資料の所蔵館に対して現物貸借もしくは図書の一定部分、雑誌の場合には論文や記事単位でコピー依頼をして提供してもらうものである。日本の公共図書館では都道府県を超える場合、大学図書館については他の大学に依頼すれば、物流に要する経費が利用者に転嫁されるのが普通であるが、アメリカの場合には ILL にかかる経費を利用者に

転嫁することはない。また、大学図書館では所蔵館と依頼館との ILL だけでなく、依頼館と利用者の間もプリントアウトを渡すのではなく、電子ファイルで受け渡しが行われる。

　また、貸出期間中に利用者が読み終わらない、まだ利用したいという場合には、貸出期限までに連絡をし、他の利用者からの予約がかけられていなければ、最初の貸出と同一の期間で貸出更新をすることができる。

2　図書館におけるデジタル複製

2.1　公共図書館で販売されている USB メモリ

　日本の図書館は一体だれのために存在するのだろうかと思うことが少なくない。図書館を対象として（個人的には）本格的に勉強をはじめたのが1984（昭和59）年の図書館情報大学大学院図書館情報学研究科修士課程（現在の筑波大学大学院図書館情報メディア研究科）に入学したときである。そのため、もうかれこれ30年の間そう思い続けてきたことになる。今回のアリゾナ大学での在外研修で経験したひとつの象徴的な事件について、ここに記しておくことにしたい。

　2014年 5 月、東京の私立大学に司書課程の教員として勤務している旧知の友がトゥーソンを訪ねてきた。そのときに地元のピマ・カウンティ・パブリック・ライブラリーのジョエル・D・ヴァルデス中央図書館（Joel D. Valdez Main Library）を案内した。彼女は、図書や雑誌のコレクションのほか、館内に設置された施設設備を吟味する一方、コンピュータ・コモンに限らず多数のコンピュータが館内に配置され、ほとんど満席の状態で利用者が様々にコンピュータを利用している様子をていねいに見学するだけでなく、持参のデジカメで撮影を続けたため、不審に思った警備員や職員の監視の眼が常に張り付いていた（仕方がないので途中で趣旨を説明することにした。相手方の図書館によっては利用者の肖像を写り込まないようにすれば OK の場合もあるが、一切撮影を認めないところもある。まれに本人の OK をとればいいですよと言われることもある）。その彼女が日本から USB メモリ（アメリカでは一般に'フラッシュ・ドライブ'（flash drives）と

いう）を持参してくるのを忘れ、1階のカウンターのところでそれを買い求めようとした。残念ながら日曜は対応できないとのことであったが、通常は1階のメインのインフォメーションデスクにおいて5ドルでUSBメモリが販売されている。ということは、利用者の多くがコンピュータ利用、インターネット検索を行っている公共図書館において、自分が作成したファイルだけではなく、コピー・プロテクトの施されていないデジタル・コンテンツの複製を図書館自体が適法なものと認識し、その利用の向上を期待していることを示している。日本のように図書館を直接の対象とする個別の法規定がなければ、いかに利用者が望んでいる図書館サービスでもただちには実施に向けて動こうとしないというのとは大違いであるように思われる。ちなみに、アメリカの公共図書館によっては、図書館が直接USBメモリを販売するのではなく、図書館友の会に販売させているところもある。

2.2 複写かデジタル複製か？

　アリゾナ大学中央図書館2階のオフィスのそばにマイクロフィルムのコーナーがある。利用者が求める情報が記録されたマイクロフィルムを見つけることができれば、この一角に設置されたマイクロリーダーでそれを読むことができる。ところが、利用に供されたマイクロフィルムの所蔵キャビネットの側面に図6.2が貼られている。'Need to Print / Scan?'（紙にプリントアウトしますか、それともデジタル複製にしますか？）と尋ねているのである。あたりまえのこと、と思われる人は、おそらく時代の変化、技術の進歩を認識する健全な常識の持ち主だと思われる。

　しかし、このなにげないポスターをみて、わずかな期間ではあるが日本のある私立大学の図書館長を務めた筆者には苦い思い出がよみがえる。その大学図書館では、イギリスのすでに著作権が消滅した文書のマイクロフィルムを利用者へ提供できる'目玉商品'として継続的に受け入れていた。北海道や遠くからその方面の研究者がこのマイクロフィルムを利用するために訪れる。複製が必要な研究者には、紙に複写して提供していた。1枚10円の複写サービス（li-

第6章　図書館情報資料の利用と著作権制度

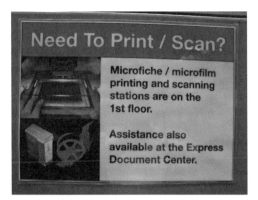

図6.2　マイクロフィルムの出力方法をたずねるポスター

brary photographic service）であった。ところが、この複写サービスを実施している機器は、デジタル複製が可能で利用者持参のUSBメモリに複製する性能を備えていたことをある利用者から教えられた。

　紙の複製物を持ち帰るよりも、当然、デジタル複製のほうが研究者にとっての利用価値は高い。わたしは、関係職員に対して、マイクロフィルムを利用する研究者に対して、デジタル複製を提供するよう関係規定を改めるようお願いした。はじめはその方向ですんなりおさまるように思えた。ところが、イギリスで生産されるマイクロフィルムを販売・納入している日本の代理店の営業担当者が奇妙な契約書を持ち込んできた。イギリスの著作権制度を引用するような外観を持つ文面であった。日本の国内の大学図書館で著作権が消滅している歴史的文書のマイクロフィルムの利用にあたって、マイクロフィルム業者が図書館での利用につき、紙の複写に限定する法的権限があろうはずがない。これを見せられたわたしはばかばかしくなって、サインをすることはなかった。結局、その大学図書館ではデジタル複製を提供することなく、今日にいたっている（ように思われる）。

　アリゾナ大学に限らず、アメリカの大学図書館では、図書館資料の利用に関するサービスではマイクロスキャナーに限らず、各所にスキャナーが設置され、利用者自身の手で図書館資料をデジタル複製できる。その利用者が機器の利用

101

に慣れていなければ、図6.2にもあるように、図書館職員が手伝ってくれる。ひとこと言い添えておくと、アメリカでは大学図書館に限らず、公共図書館においても利用者にスキャナーを提供している。

　日本でも、著作権法31条1項は、利用者の調査研究の便宜に資するよう、図書館資料の複製サービスを認めており、紙への複写（ハードコピー）に限定するという文言はおかず、デジタル複製をも含みうる'複製'という法的用語を用いている。日本の（大学）図書館（職員）の利用者の目的外利用を恐れてのデジタル複製許容を躊躇する姿は、アメリカの図書館利用の実態を少しでも知っていれば、きわめて奇妙なものに感じられる。利用者は、図書館とは別個の（法的）主体であり、その利用者が担うべき法的責任を過剰にかつ予防的に図書館が背負い込もうとすることは、学術研究と文化の向上を阻害するものと認識すべきである。

③　図書館資料の保存

3.1　長期的かつ安定的保存をめざして

　利用者に提供している図書館資料は、文化財として、知識情報源として、長期にわたり安定的に保存し、次の世代に引き継がなければならない。汚損・破損・劣化対応ではなく業務的保存としては、紙の雑誌は半年ないし1年分を製本して保存し、新聞を縮刷版ではなく原紙で残す場合にもやはり月単位で製本する。

　図書館資料の大半を占める、従来の伝統的な紙媒体資料については、日々の利用で汚損・破損するため、軽微なものについては補修が必要となる。温度や湿度、紫外線、塵埃などによる図書館資料への影響を避けるには、適切な環境管理が求められる。虫害については一定の期間ごとに燻蒸が必要となる。カビは一般には濃度70～80%のエタノールでふく。酸性紙を使用した資料については、費用対効果を勘案し、原物は脱酸処理をしたり、中性紙の箱や封筒に入れたり、あらたに複製物を作成したりする。

視聴覚資料に関しては、規格変更や再生機器の生産中止などで利用できなくなる可能性もあり、同一の作品の代替物が安価に入手できない場合には、デジタル変換を含め、あらたな利用可能な媒体に複製する必要がある[1]。

デジタルの電子媒体資料についても、一般に生産・利用されなくなったものについては、適切妥当な価格で入手できない場合において、そのときに利用可能な媒体に複製する。また経年劣化が不可避であるため、そのときにアクセスが困難な作品については頃合いを見て別の媒体に複製しなければならない。

契約によりオンラインで利用者に提供している情報資料は、買い切り特約がなければ、資料費のカットなどで利用中止にすれば、それとともにその情報資料は図書館から'消失'する。この場合は、当該情報資料を含むデータベースの利用契約を結んでいる近隣館で、ILLに対応できる契約を結んでいるところに依頼することになる。

一般的な図書館資料の保存については、「東京都立図書館 資料保存ガイドライン」(2010年)[2]が有益である。

3.2　災害による損傷

災害により、図書館資料が損傷した場合には、通常の対応とは次元を異にする。火災による焼失・焼損、水害による水損のほか、大震災のような複合的災害も図書館資料に大きなダメージを与える。被害が大規模な場合には、当該図書館は専門家の意見を聞き、応急措置をとるにとどめ、将来を見通した合理的措置は専門家や関係機関とも協力し進めることになる。焼損資料のうちかけがえのないものについてはていねいに取り扱い、修復可能な範囲で対応することになろう。水損資料で価値あるものについては、海水が混じっていなければ、紙媒体資料等については、まずはごみを除き水洗いするなどていねいに取り扱い、乾燥させることになろう。大規模に被災した場合にはフリーズドライなどの措置がとられることもある。

---

1) 著作権法31条1項2号により、保存のための複製は適法とされている。
2) http://www.library.metro.tokyo.jp/Portals/0/15/pdf/15a77.pdf

電子媒体については、データを複製する方向で処理をする。ハードディスクなど金属でできている電子媒体の水損については乾燥がサビを呼ぶ可能性があり、慎重に対応しなければならない。塩分を含んだ海水の被害を受けた場合には、現物資料の今後の変化が不明なので、複製物の作成が望まれる。図書館資料の災害対応については、2011年の東日本大震災を契機に作成された「震災関連デジタルアーカイブ構築・運用のためのガイドライン」(2013年3月)[3]のなかのとくに「第2章 被災資料の応急措置、修復、保存について」[4]が参考になる。

4 図書館資料と著作権制度

アメリカでは、連邦憲法1条8項8号に連邦議会の権限のひとつとして、「著作者および発明者に、一定期間それぞれの著作および発明に対して、独占的権利を保障することによって、学術および技芸の進歩を促進すること」を認めている。日本では、憲法は著作権について言及してはいないが、98条2項は締結されたベルヌ条約や万国著作権条約その他の関係する国際条約の遵守を要請しており、国内法として著作権法が制定され、29条が(知的)財産権の1種として定着した著作権を公共の福祉と両立する範囲内で尊重することを求めている。

4.1 著作物と著作権

文芸や学術、美術および音楽の範囲に属する'思想または感情が創作的に表現'されたものが著作物で、その著作物を制作した著作者に当該著作物の利用を一定期間独占することを法的に認めたものが'著作権'である。複製や改変、流通、実演、展示などがその著作物の利用行為に該当し、著作者以外の第三者がこのような行為を行おうとするときには著作者の許諾を必要とし、多くの場合は著作者から相当な対価を請求される(利用許諾を得ることを'著作権処理'と

---

3) http://www.soumu.go.jp/menu_seisaku/ictseisaku/ictriyou/02ryutsu02_03000114.html
4) http://www.soumu.go.jp/main_content/000225128.pdf

いう)。

　特定個人の思想や感情の創作的反映ではない、たんなる事実やデータ、符号や記号、アルゴリズム、ありふれた文言などは、そもそも著作物に該当しない。著作物に該当する場合でも、憲法や法律、条例その他の法令、裁判所の判決などは円満な市民社会の運営に不可欠の道具であるとされ著作権の成立は排除されている。また、アメリカの連邦政府や少なくない州については、政府文書・情報はすべての人の自由な利用に開かれ、法的に保護されないものとしている。

　著作権の存続期間について、ベルヌ条約は、その7条1項において「著作者の生存の間およびその死後50年とする」としつつも、同条6号に「同盟国は、前記の保護期間よりも長い保護期間を賦与する権能を有する」としている。2014年5月12日のニュース報道によれば、映画の著作物の公表後70年を除き、ベルヌ条約が基準とする50年原則を採用してきた日本であるが、環太平洋経済連携協定(TPP)交渉において、関係12ヶ国が音楽や小説の著作権の保護期間を70年に統一することで合意する見通しとなり、今後、日本の著作権の存続期間は'著作者の生存期間＋70年'とする国内立法が成立するとの動きが伝えられた。

　もっとも、アメリカは1998年の著作権延長法によって、すでに著作権の存続期間を'著作者の生存期間＋70年'としているが、度重なる法改正で、アメリカ国内法的には、個々の既存の著作物の著作権保護については、複雑な様相を呈している。アメリカにおいては、その著作物が1978年1月1日より以前に創作されたか、1978年1月1日以降に創作されたかによって、著作権の存続期間の取り扱いが異なる。1978年1月1日より以前に創作された著作物については1909年連邦著作権法(旧法)が適用され、1978年1月1日以降に創作された著作物については1976年連邦著作権法(現行法)が適用される。

　もっとも、著作権を含む知的財産制度は属地主義の原則に支配されるので、日本でアメリカの著作物を利用するときには、TPP等の国際的な交渉結果が取り込まれた国内著作権制度に即して考えればよい。ただし、第二次世界大戦前および戦争中のアメリカの著作物については、「連合国及び連合国民の著作

権の特例に関する法律」(戦時加算特例法)にもとづく戦時加算 (3794日の加算)を考慮する必要がある。他の関係条約を締結している外国の著作物の日本国内での利用についても同様に考えればよい。

　国内法としての著作権法とその関連法規に定められた著作権の存続期間が経過した著作物は、その国内では'パブリックドメイン' (public domain) に編入され、誰もが自由に利用することができる。図書館においても、パブリックドメインにある資料を提供する場合には、著作権を意識する必要がないのは当然である。

4.2　図書館における法的に保護された著作物の取り扱い

　アナログ、デジタルの情報資料を収集・整理し、館内のカウンターやインターネット上の図書館ポータルを窓口として、利用者に情報資料へのアクセスを提供するのが図書館の任務である。提供される情報資料の多くは著作権の存続期間の範囲内にある法的に保護された著作物で、図書館が適法に所有(占有)するか、契約にもとづき一定の権利を有する'著作物'ということになる。そうだとすれば、業務の大半で著作物を取り扱わざるを得ないライブラリアンや図書館職員は、多種多様な図書館サービスを実施する前提として、なにより も一定程度の著作権法についての知識が不可欠となるはずである。ここでは、図書館関係者が知っておくべき著作権知識について、アメリカ法と日本法を比較しつつ、論じることとしたい。

4.2.1　伝統的取扱い

　写本から刊本に変わったところで、まもなく図書館は図書館資料を市場から購入せざるを得なくなり、やがて音楽レコードや映画フィルムなど科学技術の進歩がもたらした媒体を図書館資料に加え、これも一般的には図書館が購入するものとなった。図書や雑誌、音楽レコードその他、市販される視聴覚資料は、営利企業である出版社等が市場予測のもとに発行し、採算が図られる。したがって、図書や雑誌等の有体物の姿をとった著作物が市場で相当な対価が支払

われた時点で著作権が消尽するとするファースト・セール・ドクトリンが当然とされ、中古市場が別途形成されても不都合はなかった。

アメリカの連邦著作権法においては、'排他的権利の制限：特定の複製物もしくは音楽レコードの譲渡の効果'（Limitations on exclusive rights：Effect of transfer of particular copy or phonorecord）という条文見出しをもつ109条がそのことを確認している。このファースト・セール・ドクトリンを定めた109条が適法に入手した図書館資料の利用者への貸出を可能にしている（パッケージ型のコンピュータ・プログラムの貸出も可能である場合があろう）。

日本では、図書館での閲覧サービスは適法に図書館が所有・占有する図書館資料の事実上の使用行為にあたり問題なく、映画（の著作物の複製）以外の貸出サービスは著作権法38条4項の認めるところである。古来図書館利用者が行ってきた図書館資料の閲覧にともなう必要な個所の書写・模写等は事実上の行為として許容せざるを得ないものであるが、アメリカではフェアユースを定めた107条、日本では30条1項により適法行為とされる。ILLも現物貸借の段階では問題とはならない。

4.2.2 図書館における資料保存の複製と複製（複写）サービス（1）
───アメリカの場合

複製機器の図書館業務への導入が、図書館資料の保存のための複製と利用者に対する所蔵資料の複製（複写）サービス、図書館相互協力に関する複製物の提供の実施につながった。複製機器は複製劣化が不可避なアナログ複製から複製劣化のないデジタル複製へと進化している。

アメリカの場合、一般に、図書館で著作権法上問題とされるのは、所蔵資料等の複製であり、アメリカの連邦著作権法は、アーカイブをも含む図書館に対する特別な規定として、108条を置いている。108条の定めを享受できるのは、公共図書館や大学図書館、学校図書館に限られない。企業内に設置された図書館でも、特定の専門的分野を研究する外部の利用者に開かれていれば、一定程度、この108条の適用対象とされる。

連邦著作権法108条は、所蔵資料の複製を定めたものである。具体的には、①資料保存（preservation）、②図書館利用者の個人的な研究（学習）（private study）、および③図書館間相互協力（ILL）という三つのケースで、複製を認めている。

(1) 図書館所蔵資料の保存のための複製
　図書館が所蔵している著作権が存続している資料のなかにも、劣化や汚損、破損する場合があり、また再生機器の生産が中止されたりして通常の利用が困難になることが少なくない。このような場合にはオリジナルを文化財として現物保存する一方、利用機会を確保するため、もしくは現在利用できる再生機器等で従来同様の利用に供するため、複製を作成し、リプレース（置き換える）する必要がある。このような場合の図書館所蔵資料の複製は認められており、対象とされる資料の範囲に制限はなく、すべての種類の著作物が保存のための複製の対象となる。
　図書館での保存のための複製は、アメリカではひとつの著作物につき3部まで認められている。その理由は、当該図書館が劣化等で傷んだ現物を隔離・保存し、複製に従来現物が担ってきた機能の一部を発揮させる代替物としての1部、そして万一の安全確保（security）のためのスペアとしての1部、さらには蔵書構成上それを必要とするかもしれない他の図書館のために用意しておく1部の計3部までを、保存目的の複製として実施できる。この最後の複製物を蔵書構成の充実を期して受けとった図書館は、また、その受領した複製資料を108条にしたがって利用者に提供できる。
　この図書館が保存目的のため複製を行おうとするとき、当該資料が公表された著作物であるか、未公表著作物であるかによって、法的に定められた取り扱いが異なる。手書き原稿や書簡、文学作品の草稿や芸術作品の習作などの未公表著作物で劣化・破損等が著しいものについては、二つの条件を満たせば、保存のための複製を行うことができる。①当該図書館が所蔵している資料であること、②その複製が保存と万一の安全確保、および図書館協力に資するとの目

的であることの2要件である。ちなみに、図書館協力の実施により、当該複製資料を受領した図書館はその複製資料を108条の範囲内で図書館利用者の利用に供することができる。もっとも、未公表著作物の利用提供については、未公表なるがゆえに、そこにフェアユースに含まれる研究目的の制約に服しながらも、秘密や機密、プライバシーが存在しうることが意識されなければならない。

　図書館資料の大半は公表された著作物である。その公表された著作物で劣化・破損等が著しい資料を保存や置換えのために図書館が複製しようとする場合には、公表された著作物が市場的価値をもつ商品であるということが意識されなければならない。その図書館が所蔵している公表された著作物を保存や置換えのために複製をする場合には、やはり二つの要件がクリアされなければならない。①当該公表資料が劣化・破損・紛失、もしくは盗難にあった資料か、もしくは当該資料のフォーマットが廃れたために置換えようとするものであること、および②図書館が合理的な調査をした結果、適正な価格で当該著作物を入手できないとの結論を得ること、がそれである。'廃れたフォーマット'（an obsolete format）というのは、そのフォーマットでは、当該著作物を可視化、知覚しうるのに必要とされる機械や装置が'もはや製造されなくなったか、市場取引で合理的に入手、利用できなくなってしまった'こととされる。

　なお、1998年デジタル・ミレニアム著作権法（Digital Millennium Copyright Act of 1998）は、従来の108条を改正し、図書館が行う保存目的の複製に対して一定の制約を課した。著作物の種類を問わず、また公表された著作物であれ、未公表著作物であれ、保存目的のために従来のアナログ著作物をデジタル化、デジタル・コピーを作成することはできる。しかし、保存目的のためにあらたに作成されたデジタル・コピーについては、館内利用に限定され、館外での利用ができないとされており、館外からのオンライン利用も妨げられる。

(2) 個人的な研究や学習のための複製の作成

　図書館はサービス対象とされるコミュニティの構成メンバーに所蔵している資料に盛り込まれた情報知識を提供する施設であるため、利用者みずからの書

写や模写を超え、時代に見合った複製機器の利用を通じて、情報知識の伝達に努めるのは当然のことであり、連邦著作権法108条は'個人的な研究や学習'（private study）のために、一定範囲の図書館資料の複製を認めている。

　図書、雑誌、新聞などのテキスト情報を主体とする、いわゆる言語の著作物については、図書館は所蔵資料の複製を利用者に提供できる。また、図書館が所蔵資料の複製を提供できるのは言語の著作物に限らず、コンピュータ・ソフトウェアや建築の著作物、ダンスの振付、および広い範囲の資料におよびうる。絵画（pictures）や画像（graphics）については、それらが図書や雑誌もしくは新聞などの記事論文にその一部として掲載されているものは付属物として本体もろとも複製できる。

　図書館所蔵の映画を含む視聴覚資料については、「ニュースを扱っている」作品の場合に限られ、ニュース報道の映像からその一部をビデオクリップとすることはできる。音楽レコードについては、108条が作曲を除外しているため、その楽曲自体がパブリックドメインにあるものは複製可能である。また、演説や朗読などの録音資料は複製の対象となる。絵画や彫刻などの芸術作品は、図書や雑誌論文に掲載されている場合をのぞき、独立の鑑賞に堪えうる作品としては複製が認められない。

　また、ここで個人的な研究目的を持つ利用者に対して、利用者の所有に帰すコピーを提供できる分量について確認しておきたい。雑誌の記事・論文など一般に相対的には分量の少ない著作物についてはその全体のコピーを提供できる。大学図書館などにおいて、特定の研究成果の全体が表現された論文全体のコピーを提供しなければ学術の進歩に役立てることはできないし、新聞・雑誌の報道記事全体のコピーを提供しないことには事件の概要は分からない。一定の分量を持つ図書全体やその実質的な部分（a substantial part of such a work）にあたったり、相当の分量の第三者の著作物がそこに掲載されているような場合については、図書館が合理的な調査を行い、そのものがすでに公正な価格（at a fair price）で市場から入手できないことが説得力をもって証明できれば、その全体のコピーを利用者に提供できる余地がある。

図書館所蔵資料のコピーを調査研究目的の利用者に提供するという際に、二つのやり方がある。ひとつは図書館職員が複製行為に関与する場合で、この場合には図書館が利用者に提供するコピーには対象となった著作物の著作権表示（notice of copyright）が含まれなければならない。一般には、利用者が希望した該当ページのコピーに加えて、標題紙など著作権表示を含んだページのコピーを添えて利用者に提供する。

いまひとつは、プリペイドカードなどを利用して、利用者本人が図書館資料のコピーを作成する場合である。この場合には、「注意：この資料は連邦著作権法に服しています」（Notice : This material is subject to the copyright law of the United States.）という、連邦著作権局が定めた文言の掲示を複写機のそばに貼りだし、これを当然目にする利用者の責任において利用者自身が必要とするコピーをみずから作成するというものである。この場合、利用者に著作権侵害行為があるとしても、著作権の存在を啓発する掲示をした図書館は免責される。

ちなみに、利用者にコピーを提供するのは、ひとりの利用者につき1部のコピーで、108条のもとでは複数部のコピーは提供できない（児童生徒学生の数だけのコピーを学校の教室で教材として使用する場合には、この108条ではなく、107条のフェアユース規定にもとづく）。また、図書などにつき、複数の機会を利用して、あるいは分担する複数の利用者が結果的に市場で合理的価格で容易に入手できる著作物の全体をコピーする結果になるような組織的複製（systematic reproduction）は108条の認めるところではない。

(3) 図書館相互協力のためのコピー（Copies for InterLibrary Loan）

108条は図書館相互協力、いわゆるILLサービスでの資料の複製をも定めている。大学図書館などで広く行われているこのILLサービスについては、利用者が求める文献が日常的に利用する図書館に所蔵されていない場合、当該資料を所蔵する図書館にその資料の利用を依頼するというものである。利用者に所蔵館を紹介し直接所蔵館に出向いてもらうか、現物資料を郵送等してもらって、利用者の利用に供する場合には、ファースト・セール・ドクトリンを定め

た109条で処理ができる。108条は、所蔵館に該当資料のコピー作成を依頼し、そのコピーを利用者に提供する場合に法的根拠を与える。依頼館の意向を受けて、所蔵館がコピーを作成するが、基本的にはそれぞれの図書館が個々の利用者に対して個人的な研究や学習目的でコピーする場合の要件と同じで、雑誌記事・論文、図書の一部の章などのコピーである。

　一般に図書館間協定（interlibrary arrangements）にもとづき、ILL サービスが行われるが、著作権法108条は依頼館に対して一定の制約を課している。利用者に代わって当該資料のコピーを依頼する図書館は、対象となる逐次刊行物や書籍などにつき、本来図書館資料として、購読・購入すべきものであったのにもかかわらず、度重なる複製依頼を行い、結果的にその図書館にとっては、購読・購入せずに済んだというような効果をもつような ILL は許されないというものである。そのような趣旨を掲げながら（§108（g）（2））、著作権法には明確な制限は規定されていない。このことにつき、連邦議会が関与して、委員会が組織され、学術雑誌を対象とする一定のガイドラインが作成されてはいる[5]が、ガイドラインには法的性質は認められず、現実にどの程度機能しているかは不明である。というのは、著作権法にあらわれた社会的な力学はともかく、図書館の世界では、分担収集や相互利用を構造的に要請されているからである。

4.2.3　図書館における資料保存の複製と複製（複写）サービス（2）
　　　──日本の場合

　日本の著作権法には、'図書館等における複製等' という条文見出しをもつ31条が置かれている。同条1項に図書館資料の保存のための複製、利用者に対する複製、図書館協力に資する複製の3種が定められているのは、アメリカ法と同じである。

---

5) 連邦議会は、新しい技術の利用に関する全国委員会（National Commission on New Technological Uses of Copyrighted Works：CONTU）を設置し、CONTU は1979年に最終報告書を公表し、法に書かれた制限の量について明らかにするガイドラインを提示している。

同条同項1号は、公共図書館、大学図書館等の著作権法施行令1条の3に定められた図書館が利用者から所蔵資料につき複製を求められたとき、当該利用者ひとりにつき1部、通常その著作物の分量の半分までとされる一部分を複製し、提供することができる。2号は、著作権が存続しているにもかかわらず汚損や破損、劣化の著しい資料がある場合、原物資料は文化財としてそのまま残し、保存のために複製ができるとする。このとき、マイクロ化などに限定されず、デジタル化などのメディア変換も許容される。アメリカのように3部の複製を認めるということはない。3号は、絶版等の事情で容易に入手することが困難な資料につき、その資料を所蔵していない図書館が蔵書構成上その資料を必要とする場合、当該資料を所蔵する図書館に対してその資料の全体の複製を依頼することを認めている。絶版等の資料については、2012（平成24）年の法改正で新設された31条3項は、国立国会図書館が同条2項の定めに従ってデジタル化したものをインターネットを通じて未所蔵館に自動公衆送信できると定めている。その資料を未所蔵館の利用者が利用しようとするときには、31条1項1号と平仄をあわせ、ひとりにつき1部、一部分を複製し、提供することができるとされている。

　日本の著作権法の図書館での複製について問題とされるのは、アメリカ法とは異なり、利用者に対するILLに対する配慮がないことである。規模の小さな図書館を日常的に利用する人たちにとっては、規模の大きく多様な資料を所蔵する図書館に対する図書館協力に依存せざるを得ないが、日本の現行著作権法31条1項1号の複製の対象は（規模の小さな図書館の）所蔵資料を直接の対象とするものと理解されてきた。これを救うのが「図書館間協力で借り受けた図書の複製に関するガイドライン」[6]であるが、ガイドラインは図書館実務上の規範として運用されるとしても法的効力を保障されたものではない。いまひとつの問題点は、著作権法上は'複製'という文言が用いられているにもかかわらず、日本の図書館実務では'複写サービス'という言葉が用いられているところにあらわれているように紙への（ハード）コピーと認識され、デジタル・

---

6) http://www.jla.or.jp/Portals/0/html/fukusya/taisyaku.pdf

コピーとは認識されていないところにある。アメリカ法では複製（reproduction）という用語はデジタル複製をも含んでおり、少なくない場でそのように取り扱われている。

5 電子書籍、電子ジャーナルの利用・提供

5.1 デジタル化への動き

　アメリカでは、これまで学術雑誌の高騰などによる危機的状況への対応や、学術文献のデジタル化にともなうオープンな利用に向けての多くの動きが見られる。1995年に創設されたデジタル・ライブラリーである JSTOR（Journal Storage）、同じく1995年にスタートしたスタンフォード大学図書館が運営する電子ジャーナルプラットフォーム HighWire、1998年に研究図書館協会（Association of Research Libraries：ARL）により設立された SPARC（Scholarly Publishing and Academic Resources Coalition）、2008年に創設されたデジタル・コンテンツの大規模協同作業レポジトリであるハーティトラスト（HathiTrust）などがそうである。公共図書館においても、コロラド州ダグラス・カウンティ・ライブラリーのように電子書籍の利用者への提供に関して、独自の試みを展開しているところもある。それでも、現在、アメリカの研究図書館は、電子書籍（eBooks）と電子ジャーナル・データベースの利用契約に対して、資料費関係の支出としては3分の2以上を投入[7]しているし、公共図書館もまた電子書籍、電子雑誌の提供に腐心している。

　図書館における電子書籍、電子ジャーナルの導入・利用については、提供企業と図書館ないしは図書館コンソーシアムと間で利用契約（license agreements）を結ぶわけであるが、程度の差こそあれ、アメリカでもまた日本でも、この利用契約の内容が '学術、技芸の進歩'、'文化の発展' という現行著作権

---

[7] Library Copyright Alliance, "Response of the Library Copyright Alliance to the Request for Comments on Department of Commerce Green Paper, *Copyright Policy, Creativity, and Innovation in the Digital Economy*", p.7（note 7）. http://www.librarycopyrightalliance.org/bm～doc/lcagreenpaperfinal.pdf

法の建前としての根本的な理念との相克は避けがたいところがある。

5.2　利用・提供の際の問題点

　論文単位の利用を掲げる電子ジャーナルについては、従来の冊子体の学術雑誌は通覧できたが、電子ジャーナルでは1号分全体をダウンロードすることは契約により禁止されている。同一キャンパス内での利用には支障はないが、連邦著作権法108条に定められたILLの範囲内での他館の利用にも不自由なところがある。また、従来の紙の雑誌や図書の場合は一度購入したものは蔵書として残るが、電子ジャーナルや書籍は購読契約を中止すればこれまでの契約で利用できていた資料も利用できなくなる。個々の文献の永続的利用が保障されない。そもそも紙媒体資料の時には当然とされていたファースト・セール・ドクトリンを定めた連邦著作権法109条（a）項が機能しないのである。連邦著作権法107条が定めるフェアユースについては第7節でふれることにするが、電子書籍、電子ジャーナルについては、図書館がフェアユースの範囲内で適法に業務を遂行することを提供企業との契約によって拘束される懸念があるだけでなく、連邦著作権法の公法的規律を私法的契約に置換える[8]結果となりかねない状況がある。

　ひるがえって、電子ジャーナルや電子書籍についてはコピーガードが施されており、連邦著作権法が1201条としてコピーガードを迂回することを禁じる技術的保護措置回避禁止規定（anticircumvention provisions）を置いているため、連邦著作権法108条が図書館に認めている複製さえ違法とされてしまうだけでなく、パブリックドメインに属し、本来自由に利用できるものさえその利用を阻むという問題もある。

　日本の図書館においても、大学図書館における電子ジャーナルの提供や公共図書館で取り組みがはじまった電子書籍の提供についても、図書館とコンテンツ提供業者との契約によるものとされるが、従来の紙媒体の図書や雑誌では当然と考えられてきた図書館利用者の事実上の利益を損なうような契約内容を図

---

[8] http://www.librarycopyrightalliance.org/bm～doc/lcagreenpaperfinal.pdf

書館側がのむということは、図書館の存在意義に照らして、望ましいことではない。

6 アメリカの TEACH Act と日本の著作権法35条

6.1 アメリカの TEACH Act

　TEACH Act は2002年制定され、遠隔学習（distance learning）において、著作権侵害のリスクをのぞき、一定の条件のもとで、教師の自由な著作物の利用を認めている。

　'TEACH Act' と略称されるこの連邦法の正式な法律題名は 'Technology, Education and Copyright Harmonization Act' で '技術、教育および著作権調整法' と訳すことができるように、デジタル著作権の侵害に対する脆弱さをカバーする技術と非営利の教育現場での適切妥当な著作物利用の確保を調整することを目的に制定されたものである。現行連邦著作権法の110条がそれにあたる。

　TEACH Act は、'政府機関あるいは認定された非営利教育機関' にのみ適用される（110条（2）項）。大学は認定機関により認められたもの、初等中等教育学校は州法に規律されているので、この法律の対象となるが、公共図書館が含まれることに注意をしてほしい。アメリカの公共図書館は館内で各種の講座やクラスを実施しているだけでなく、インターネットを利用して各種の講座やプログラムを市民に対して広く提供しており、それらの教育事業が TEACH Act の適用対象となり得る。連邦、州、地方公共団体の政府が提供するプログラムにもまた TEACH Act が適用される。

　TEACH Act は、伝統的な教室における '媒介的教育活動'（mediated instructional activities）を想定している。学期など一定の期間に設置される特定の科目を教師が適切な教材（著作物）を用いて受講者に対して学習に取り組ませる。教室という学習空間が、教師の側で権利者の許諾を得る必要なく自由に選んだ教材をアップロードしたサーバと履修登録をした特定の受講者の前に置か

れたコンピュータを結ぶインターネット経路に引き延ばされるのである。TEACH Act に定められた教育機関がデジタル・コンテンツ保護のための最新の技術的可能性を認識し、善意誠実の措置（good faith steps）を施し、管理運営するサーバに教師が自由に選択した学習効果を極大化するデジタル教材を所定の期間中だけアップロードし、そのデジタル教材へのアクセスは履修登録された学生に限定される。権利者の許諾を得る必要なく、その遠隔教育で自由に用いられるデジタル教材は一定の授業期間を超えて後にわたり蓄積され、閲覧されることは想定されておらず、受講者以外の第三者にさらなる複製がわたることはない。TEACH Act にもとづき遠隔教育を実施する教育機関には、著作権に関する基本的方針を採択し、著作権に関する情報をその教育コミュニティ全体に伝達することが求められ、デジタル教材としての利用には許されうる当該資料の一部分という制約を守り、そのデジタル教材を保護するために技術的コントロールを実施することが要請されている。

TEACH Act のもとでのデジタル教材としての利用には、劇的作品（dramatic literary works）と視聴覚作品（audiovisual works）を含む、その他すべての作品の実演が対象とされるが、'合理的で限定された一部分'（'reasonable and limited portions'）とされ、遠隔教育にビデオのストリーミング利用が可能となった。当該教育機関が適法に所有・占有するアナログ資料については、当該著作物のデジタル版が市場から調達できないときに限って、当該教育機関は自らデジタル化し、TEACH Act のもとで利用できる。

大学図書館に限らず、公共図書館が遠隔教育プログラムの実施に関与する場合、TEACH Act にもとづき実施することになる。

6.2　日本の著作権法35条

人を育てる教育という場において、学習者に対してみずから考える態度を身につけさせ、一定の知識を伝えようとする場合、学習者のレベルに応じ、教育者が主体的にそれにもっともふさわしい著作物を自由に選択できることが必要であり、その自由な利用に対して著作権法上最大限の配慮がなされなければな

らない。著作権制度の国際的なミニマム基準であるベルヌ条約にも翻訳や複製権について、教育を目的とする強制許諾の規定が置かれている。アメリカの TEACH Act を含む連邦著作権法にもその趣旨が活かされている（フェアユースについては次節でふれる）。

日本の著作権法では32条以下38条あたりまでが教育に対する配慮規定となっているが、教室での授業に関する特別の定めが35条である。'学校その他の教育機関における複製等' という条文見出しをもつ35条は、1項と2項からなる。35条1項は、通常の教室での教材としての著作物利用に対しての規定で、教師と児童生徒、学生との織り成す教室での授業の過程で、公表された著作物であれば、権利者に許諾を求めることなく自由に利用できる。児童生徒、学生の人数に教師を加えた部数をコピーすることもできるし、38条1項によって公表された著作物を上演、演奏、上映、朗読することができる。このときの注意は、ワークブックやドリルのような消費的な市販の補助教材はコピーに馴染まないということである。

2003（平成15）年改正で新設された35条2項が一見するとうえに取り上げたアメリカの TEACH Act に相当するような印象をもたれるかもしれないが、実はそうではない。35条2項が想定する状況は、メインの教室があり、その授業の内容をサテライト教室と共有するというものである。メインの教室では35条1項が定めるように学習者の理解に大いに資する、公表された著作物を必要部数複製し、非営利無償の実演が許容される。これをそのまま通信回線でサテライト教室にいる児童生徒や学生に対して送信することが許されるということなのである。法的には、サテライト教室の受講者の教育の便宜のために関係権利者の複製権、公衆送信権が制限されるものとされた。このとき、メインの教室とサブの教室は固定される必要はなく、相互に授業内容を送信することは許される。また、自宅をサブの教室と見なしてたったひとりの受講生を対象としてメインの教室から授業内容を送信することは許される。しかし、受講生のいないスタジオのようなところで教師が授業をし、それを受講生のいる教室に送信することは許されていない。また、アメリカの TEACH Act はサーバに蓄

積しておき、社会人を含む受講者が都合の良い任意の時間にアクセスすることを許容しているが（だから遠隔教育対応の制度ということになる）、日本の著作権法35条2項は'当該授業が行われる場所以外の場所において当該授業を同時に受ける者'という文言から分かるように、一定のあらかじめ決められた時間に待機して授業を受けなければならず、遠隔教育の本質ともいうべき非同期の異時送信は許容されておらず、時代に見合った教育制度の改善ということではアメリカと比べて大いに劣る。

いまひとつ付け加えておかなければならないのは、日本の著作権法35条もまた、同時送信というきわめて限定されたものであるが、著作権を意識することなく、サテライト教室などの遠隔地に講義や講演を送信することが認められる教育機関のなかに、継続的に社会教育を行う公共図書館も含まれるということである。中央館で行われる定期的な講座などの内容を分館等にインターネット経由で送信することは適法に行うことができる。

7 アメリカ連邦著作権法における図書館とフェアユース

7.1 フェアユースの理念と利用要件

アメリカの連邦著作権法は、これまで紹介してきたように、図書館等の著作物の複製利用についての特別の規定である108条、そしてインターネットを利用しての非来館者への遠隔教育サービスを可能とする TEACH Act（110条）によってもなお利用者が情報資料の利用につき十分な利益が保障されていないと考えた場合には、最後の法的拠り所として連邦著作権法107条に定められた'フェアユース'の法理に訴えることができる。

アメリカにおいて判例の積み重ねによって形成されてきた'フェアユース'（fair use：公正使用）という法理念の確立は、1841年のマサチューセッツ地区連邦巡回控訴裁判所がジョージ・ワシントンの書簡の引用について下した判決[9]にさかのぼる。現在では、裁判所が連邦著作権法107条に定められている

---

9) Folsom v. Marsh, 9 F. Cas. 342 (C. C. D. Mass. 1841).

'フェアユース'に該当すると判断すれば、権利者の許諾を得ることなく自由にそのような著作物の利用を適法に行い得るとされ、著作物利用者の合理的かつ適法な利用の範囲が確定される。

107条はフェアユースに該当するかどうかの判断要素として、①利用の目的と性格、②著作物の性質、③利用された分量と実質性、④利用が与える潜在的市場への影響の四つをあげ、フェアユースに該当するか否かはそれら諸要素についての総合的に判断される（4要素のすべてが満たされる必要はなく、四つの要素の比較衡量に依存する）。図書館が一定の著作物の利用が必要だと考えた場合、商業的利用にはあたらず、非営利教育的な目的（nonprofit educational purposes）にあたるものであるため、①の'利用の目的と性格'という要件はまずクリアできる。また、その利用の性格がそのままの複製ではなく、一定程度加工の要素が加わった変形的な利用（transformative uses）の場合にはフェアユースが認められやすい。大学図書館における学術研究上の著作物の利用は、審美的な著作物を対象とする利用であっても、学術分析の対象へと変形することになるため、フェアユースの判断に傾くことになる。コメントや批評が添えられていれば、直接的複製ということにならず、変形的利用ということになり、フェアユースが認められやすい。また、図書館での資料のクリッピングなども研究教育に資するように変形されたものである。②の利用する'著作物の性質'については、フィクションなどの創作性が強いものについてはフェアユースは認められにくく、ノンフィクションや学術論文などのように事実性が濃厚なものはフェアユースが認められやすい。③の'分量と実質性'については、利用の分量が少ない方がフェアユースが認められやすく、少量でもその著作物の本質的な部分を利用している場合にはフェアユースは認められにくい。④の'潜在的市場に対する影響'がフェアユースに該当するかどうかの判断ではもっとも重視される。その著作物利用の形態が購入の機会を奪うような場合にはフェアユースは認められにくい。特定の図書についての書評を書き、対象とする著作物を引用することは、市場取引を支援する意味をもち、フェアユースを見事に示すものといえる。

この著作権者の排他的権利に対抗する'フェアユース'の抗弁は、伝統的な紙媒体の資料だけでなく、電子ジャーナルや電子書籍に対しても主張し得る。図書館が利用者に対してデジタル・コンテンツを提供するとき、アクセスを利用者コミュニティを制限し、パスワード制限（password restriction）をかけるという簡単な行為は、①の要素につき公共目的、④の要素につき市場を奪うものではないということから、フェアユースの成立にとって重要である。

　実際には図書館を対象とするフェアユース訴訟がほとんど存在しないなかで、2012年5月に連邦地裁で判決が下されたジョージア州立大学事件[10]は大きな意味を持っているように思われる。ジョージア州立大学は多様な図書から抜粋し、それらを電子指定図書（electronic reserves）として学生たちの利用に供した。これが2008年に出版社からフェアユースの範囲を越えているとして差止め請求がなされたのであるが、裁判所は出版社原告団の訴えを棄却した。一定の範囲でフェアユースとして大学図書館はデジタル・コピーを利用できることが示された。

7.2　日本の図書館とフェアユース

　日本の図書館関係者のなかには、日本の図書館の利用者に対するサービス水準の低さを日本の著作権法に'フェアユース'の法理が規定されていないからだという人たちがいる。しかし、ジョージア州立大学事件をみても分かるように、現在、フェアユースという言葉を用いたとき、従来の紙媒体資料の利用で認められてきた利用者の便益はデジタルの時代になっても低下させるべきではないという考え方が維持されているように思われる。日本の場合、とくに大学図書館において、紙媒体の学術雑誌が電子ジャーナルに置き換わることによって、従来、日本の著作権法31条にもとづき利用者が享受しえたサービスの内容と水準が業者との契約によって低下することを当然とするような考え方を結果的にしてしまっている人たちがいるように思う。そのことは、実質的に憲法23条の定める学問の自由を縮減することにつながり、憲法21条が掲げる表現の自

---

10) http://www.infodocket.com/wp-content/uploads/2012/05/GA-State-Opinion.pdf

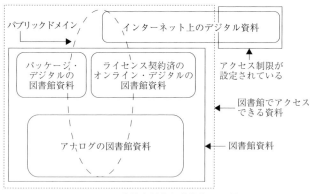
図6.3　図書館資料等と著作権の関係

由、同26条の教育を受ける権利の保障を弱体化させていることに気が付くべきである。公立の公共図書館のなかには'電子書籍は著作権法に基づくコピーはできません'と述べているところがあると聞いたことがあるが、業者の管理・運営するサーバにファイルが存在していても、契約により利用が保障されているはずの読書材は、従来の紙の書籍が技術の進歩で置き換わった同一機能のものである。より多くの知識と情報が求められている現在、サービス水準が低下して当然、利用者が不便になってもかまわないとの理解が利用者に対して通用すると考えるのであろうか。フェアユースという法規定の有無が問題なのではなく、日本の図書館関係者の'常識'が問われているように思われる。

　利用者の利益に対して配慮するデジタル・ネットワーク時代の図書館が、利用者に提供すべき図書館資料と考えるべき範囲と著作権の関係を図6.3にあらわした。

7.3　論文・レポートの書き方と著作権——リサーチ・ガイド

　図書館、とくに大学図書館にとって、学生や大学院生たちに対して図書館の使い方、文献探索の仕方を教えるだけでなく、最近では今後研究者・専門職として生きていこうとする若い人たちに対して論文の書き方を教えることは社会的責任に属するものといわなければならない[11]。

第6章　図書館情報資料の利用と著作権制度

　教員から課題をもらってレポートを作成し、自分自身でテーマを見つけて論文を執筆する学生は、インターネットで関係する情報にあたりをつけ、図書館と図書館ポータルで紙とデジタルの関係文献を収集する。入手した情報資料を読み解き、論点を整理し、パソコンに向かい、テーマに対する自分なりの個性（オリジナリティ）を紡ぎ出していく。自分自身が書いたレポートや論文のなかで、自身の論理構成の部品として直接利用したものについては、引用処理を行い、自分の見解がまとまっていく過程で参照したり、吟味した情報資料は参考文献としてあげておかなければならない。

　自分が書いたレポートや論文のなかで直接利用したにもかかわらず、本文中ないしは脚注などにその旨をあきらかにしない場合には、盗作・剽窃（plagiarism）となり、その責任を追及されることになる。なぜ盗作・剽窃が許されないかといえば、第三者の頭脳と感性から生み出されたものをあたかも自分自身の思考や感覚の過程で創作されたものであるかのように偽り、第三者の成果にただ乗りしようとするものだからである。主体性と知的誠実さを欠くこのような態度をとれば、目先の学位や単位の取得をあきらめなければならないだけでなく、アカデミックな世界から追放されることを覚悟しなければならない。

　一方、第三者によって執筆された文献を剽窃するのとは別に、自分の書いた論文やレポートに関しても守らなければならない社会的規範がある。新たな知見を加えることなく、以前に自分が書いたものを全部もしくは相当部分流用し、新たな論文として提出することは'自己剽窃'とも呼ばれ許されない。また、前後して、もしくは同時に同一の論文や同じ内容のレポートを異なる提出先に提出したり、違った雑誌に重複して投稿したりすることも許容されない。

　利用した文献の記述については、著者のほか文献のタイトルや掲載誌名と巻号、ページ、出版社、出版年等を明記する必要があり、ウェブページを参照した場合にはURLやアクセス日等を明示することになる。具体的な書誌事項の

11）本項については、カリフォルニア大学バークレー校ドゥ図書館のパンフレット 'Research Guides : Citation Styles, Plagiarism, & Style Manuals' を参照しながら執筆した。〈http://www.lib.berkeley.edu/TeachingLib/Guides/Citations.html〉

書き方や並べ方については、学問領域ごとに一定のスタイル・マニュアルが確立していたり、一定の慣行があるため、それに従えばよい。たとえば、英文で書く場合には、アメリカの近代言語学会（Modern Language Association：MLA）やアメリカ心理学会（American Psychological Association：APA）などのスタイル・マニュアルなどがよく用いられる。日本では、独立行政法人科学技術振興機構が作成している'科学技術情報流通技術基準'（Standards for Information of Science and Technology：SIST）というものがあるが、一般的にこれにそのままの形で準拠することは少なく、それぞれの分野ごとの慣行に従っているのが現状で、自分自身が参照した文献の書き方を真似ればよい。学術雑誌はそれぞれの投稿規定にマニュアルを掲載しており、図書については出版社が独自のスタイルを採用していることが多い。

■□コラム□■

大学図書館に設置されるスキャナーが持つ意味

　次頁の写真は、アリゾナ大学サイエンス・ライブラリーを入ったところに設置されているスキャナーである。日本の国立大学の附属図書館に長く務められ、現在は関東の私大の司書課程の教員をされている方が、このスキャナーとコンピューターが所狭しと並べられ、多くの学生がパソコン操作をしている中央図書館の1階のフロアのほぼ真ん中に設置されているスキャナーを見て、「これじゃあ研究競争に（日本が）勝てるはずがない。日本では大学図書館が研究開発の足を引っ張っていることになる」と慨嘆された。アメリカの大学図書館にもクレジットカードなどで決済できる複写機が置かれているが、電子ジャーナルに慣れた学生や研究者はプリントアウトした紙を持ち歩くよりもデジタルファイルで利用する方がメリットが大きい。自分の研究や学習に必要な参考図書や一般図書、雑誌などの必要なところを電子化し、キャンパス内で常に wifi に接続している自分のパソコンにデジタルファイルとして蓄積し、実験や論文執筆など、折に触れ参照できるに越したことはない。

　アメリカの場合には連邦著作権法108条が利用者に対して図書館が文献の複製（reproduction）を提供できるものとし、そこではデジタル・コピーも許容されるとされている。一方、日本の場合には、著作権法31条1項が図書館の利用者に対するコピー

第6章　図書館情報資料の利用と著作権制度

サービスを定めており、図書館資料を用いて「著作物を複製することができる」としているにもかかわらず、図書館自体がデジタル・コピーを含まない紙への複写に限定し、学生、研究者等の利便性を大いに損なってきたことはほとんど自覚されていない。これもまた不幸な現実と言わざるを得ない。

　電子ファイルとして利用者に提供されているものは、電子メールに添付するなどして利用者に提供されるのは普通である。しかし、大学図書館において、利用者に対して複写サービス（library photographic service）を実施している部署がアナログ資料をみずからデジタル複製して、そのデジタル複製ファイルを広く提供するデジタル・サービス（digital services）を実施しているかというと必ずしもそうではない。カリフォルニア大学バークレー校のドゥ図書館では、「将来、大学コミュニティおよび公衆に対して広範囲なデジタルイメージファイルを提供するサービスを開発し、提供できることを期待している」としながら、デジタル画像ファイルの利用者への提供はすでにデジタル複製された、パピルス学に関する資料（Advanced Papyrological Information System : Apis）やアメリカ文化遺産プロジェクト（The American Heritage Project）、カリフォルニア州文化遺産（California Heritage）、カリフォルニア大学バークレー校コロンビア写本室（UC Berkeley/Columbia Scriptorium）に限られている。もっとも、確認しておきたいのは、困難ななかでも技術的進歩を利用者に対して還元しようとする姿勢である。

　付言しておくと、大学図書館は学生や教員が自分の必要とする文献を求められて所蔵していないときには、当然 ILL ということになるが、この ILL の経費そのものを利用者が負担するということはアメリカの大学ではありえない。日本ではこれに要する経費については教員では研究費で精算、学生にはその経費を転嫁している。よく勉強する賢い学生、院生にとっては、その学習・研究に必要とされる文献を使おうとすれば、授業料以外に小さくない経費の支出が強いられることになり、結果的には授業料の二重取りとも言いうる状況になっている。

アリゾナ大学サイエンス・ライブラリーに設置されたスキャナー

第7章　「場としての図書館」と情報空間の拡張

　図書館が文献情報の提供だけを任務とするものであれば、極端な言い方をすれば、古今東西の文献をデジタル化し、巨大なデータベース（群）を構築し、時々刻々新しいデジタル文献情報を追加し、インターネット上でそれを提供するデジタル・ライブラリーを実現すれば、図書館業務は完璧に果たせたことになるはずである。

　しかし、多くの人たちが持つ'図書館'のイメージはそのようなものではなさそうである。地域社会であれ、大学その他の学校のキャンパスであれ、関心をもつ分野やテーマを同じくする人たちにより構成される部分社会であれ、特定の場所に建設された'図書館'という建物と空間に小さくない期待を寄せている。図書館はまさしくコミュニティの交流・交歓の場として大きな機能を発揮している。

1　期待される「場としての図書館」の役割

1.1　図書館の集会室

　アリゾナ滞在中、現地の地域社会の動きをウォッチするために、毎日、わたしが見ていたローカル・ニュースが「トゥーソン・ニュース・ナウ」[1]である。2014年2月16日にアップロードされていたニュースのひとつのタイトルが、'土曜日、ピマ・カウンティ・ライブラリーで、トゥーソンのホームレス問題が公開討論の中心議題に'（Homelessness in Tucson was at the forefront during a public discussion at the Pima County Public Library Saturday）というものであった。長く

---

1) http://www.tucsonnewsnow.com/

第 7 章　「場としての図書館」と情報空間の拡張

なるが、以下に引用してみたい。

　「公有地占拠者支援組織の人たちと市の職員、保護収容施設の職員が参加し、ホームレス問題の解決策について議論した。この集会は、出席した人たちに対してホームレス問題を自分たち自身の問題として考えるように促した。その議論を聞き、討論に参加するために、数十人の人たちがダウンタウンの図書館の集会室を埋めた。

　そのなかにトゥーソン在住で、再就職の成功体験をもつボビー・バーンズ（Bobby Burns）もいた。バーンズ自身が20年前トゥーソンでホームレスだった。しかし、プリマヴェラ作業所（Primavera Works）などの地元の収容施設の支援を受けて、バーンズは定職を見つけた。その頃つけていた日記を見直し、『保護収容施設：ホームレスから希望への旅』（*Shelter: One Man's Journey from Homelessness to Hope*）をあらわし、それはアリゾナ大学出版会から刊行された。「わたしは戦士のように闘った。わたしは働きに出かけ、腐ることなくまじめに働いた。規則にしたがい、お金を貯めることができ、収容施設から出て、一応の住宅に移り住んだ」とバーンズはいった。

　宗教的奉仕活動団体である'トゥーソン・ピマ・ホームレス撲滅共同運動'が2013年2月に街頭調査を実施しており、トゥーソン市住宅・地域振興局のジョデル・バーンズ（Jodelle Barnes）によれば、その調査結果ではトゥーソン市内にはおよそ1,765人のホームレスとその家族がいる。

　今回のパネル・ディスカッションを企画・実施した「公有地占拠者を支援し公園の安全を守る会」の創設者のひとりである、ジョン・マクレーン（Jon McLane）は、ホームレスについての公開の対話が、ホームレス問題に対する積極的対策を急がせることにつながるとの期待を持っている。「ようやくホームレス問題について議論ができたことは、幸運でした。この問題は長い間表沙汰にはされず、誰も議論してこなかった問題なんです」とマクレーンはいう。彼は、彼の属する団体が5月25日にフォローアップの集会を実施することを計画しているとも述べた」。

ホームレスという地域社会が抱える大きな問題を公共図書館の集会室で、多くの市民が集まりやすい土曜日の午後に開催するということは、アメリカの公共図書館では珍しいことではない。当然、ここでの議論は市民運動を促進するかもしれず、地域社会の政治・行政への大きな働きかけに発展するかもしれないし、地方政治の争点になるかもしれない。集会室の利用を、政治性を帯びかねない問題の議論の場とすることを極力さけ、社会教育等の問題の議論に限定しようとする日本の公共図書館のあり方は、決して地域社会の抱える諸課題への真摯な対応ということでは評価されるものではない。

　図書館は地域住民にとって、身近な、生活に直結する具体的な問題についての地域住民の活発な議論の展開を支援し、公益の実現や結果の公正衡平に欠けるところがある場合には行政を批判することになるかもしれない公衆討議の場であり、活きた政治教育の場所でもある。当然、図書館の管理運営自体も公開討論の対象のひとつである。

1.2　ライブラリー・ショップ

　アメリカの公共図書館では、規模の大小を問わず、中央館であれ、分館であれ、館内に一室の店舗を設けているか、コーナーであるかは別にして、本や雑誌、その他のグッズを販売している。中小規模の公共図書館では、ボランティアである図書館友の会が図書館内に店舗を構え、会員その他から不要になった本の寄贈を受け、また図書館で廃棄したかつての蔵書を低廉な価格で販売したりといった、図書館のなかで古書店が営業しているという形態は一般的である。ペーパーバックも多く含まれ、料理の本などもあるが、大半はフィクションである。販売収入は図書館に寄付され、資料購入やイベント開催に費消される。

　大都市の公共図書館に設置されたライブラリー・ショップは、小規模な古書店にとどまらない。ニューヨーク公共図書館やロサンゼルス公共図書館のようなアメリカの大規模公共図書館におかれるライブラリー・ショップは、新刊書や古書といった図書に限らず、多様な品揃えがなされ、様々なグッズを販売している。旅行者にとってはそこでちょっとしたお土産品を調達できる。リトル

第7章 「場としての図書館」と情報空間の拡張

ロックのセントラル・アーカンソー・ライブラリー・システムは独立の建物のライブラリー・ショップをもっており、フィクションにとどまらず多種多様な分野の専門書も販売し、ライブラリアンが製作した絵画などの芸術作品が展示されたギャラリーを見ながらの軽食コーナーも設置されていた。世界最大の図書館であるアメリカ議会図書館に立派な書店が設置されていないはずがない。ネット上にも素晴らしい店舗が設けられている[2]。

　英国図書館もネット上にも店舗を出店し、Ｔシャツまで販売しているのが分かる。上海図書館もそうである。中国の大規模図書館では、館内に新刊書販売の国営書店である'新華書店'が営業しているところが少なくない。また、中国の大学図書館では、教科書やその他の書籍を販売をしているところもある。

　2014年4月に訪れた、観光地としても有名な、セドナの公共図書館では、入口のところで友の会が中古書籍を販売しているだけでなく、奥のティーンズコーナーに接続している書架では'Free Books''Free Magazines'（ご希望があれば、ご自由にお持ちください）というコーナーがあり、さらに安価な価格で販売しているコーナーが設置されていた。頻繁に行われる映画鑑賞会は無料とあった。

　では、日本はどうか。ライブラリー・ショップが一般化しているとはとてもいえないが、最近、滋賀県多賀町立図書館で併設の博物館で地元出版社発行の郷土資料等の販売をはじめたときく。指定管理者が運営している武雄市立図書館には、なんと指定管理者が本業のDVDやCDのレンタル、書籍等を販売する立派な店舗を館内に設置しているそうである。本や雑誌ではないが、図書館を広く市民の交流の場ととらえ、石狩市民図書館では、軽食コーナーのほかに地元で生産された農産物等が販売されている。

1.3　図書館の「経営」を考える

　世界的な視野で公共図書館を眺めたときにわかることは、公共図書館は無償で情報と知識を利用者に提供し、コミュニティの人たちとつながり、生活を支

---

2) http://www.loc.gov/shop/index.php?action = cCatalog.showCategory&cid =1

えることにあるように思う。そのためにどこの公共図書館も図書館資料の無償の貸出サービスを行っているし、各種のレファレンスサービスを実施している。軽読書材の無料貸本屋機能だけがクローズアップされる日本の公共図書館観が'図書館が本を売る'という世界的にはそう珍しくもない事件に誤った過剰反応を産み出すのであろう。東洋一の公共図書館と呼ばれる上海図書館は警察（公安）とともにおいしい上海ガニが食べられるレストランとホテル（図安大酒店）を敷地のなかで共同経営している。近代公共図書館の3原則を維持するなど、図書館の本質を忘れなければ、むしろ柔軟で合理的な経営は求められてよいはずである。日本の図書館法をはじめとする関係法制もこのような経営スタイルの実施を阻んではいない。

　日本においては、蔦屋書店が指定管理者を務める武雄市立図書館が公共図書館と書店の兼営を実現しており、これには批判が多い。また、図書館流通センター（TRC）が業務委託を受けている川口市立中央図書館は都市再開発ビル'キュポ・ラ川口'のなかに置かれているが、そこには書店だけでなくシネマコンプレックスも入居している[3]。

2　図書館とネットワーク

2.1　相互協力によってもたらされる利用者への恩恵

　図書館が世の中に存在するありとあらゆる情報資料へのアクセスを利用者に提供しようとすれば、物理的に制約のある自館が所蔵し、提供可能なコレクション等で自足することは難しい。その時代では桁外れに大規模な70万巻の巻子本を擁した古代アレクサンドリア図書館でさえ、小アジア半島にあったペルガモン王国の図書館が所蔵する資料を閲覧・借用し、写本を作成し、利用に供したと伝えられる。このように事実上の図書館相互のネットワークというものは古くから見られ、ある意味で積極的な所蔵資料の整備を図り、自館の支配・

3）福嶋聡「図書館と書店のコラボレーション：淘汰と対立を越えて」『カレントアウェアネス』No. 294, 2007. 12. 20, pp. 6-7.〈http://current.ndl.go.jp/ca1642〉

管理がおよびうる文献情報空間を拡大し、利用者に出来得る限りのサービスをしようとする図書館にはいつの時代にでも見られたものであろう。

　図書館が主体的にみずからのコレクションに欠けている資料を所蔵館に働きかけるというのが一般的であるが、ヨーロッパでは近代に入ると知識を求める図書館利用者が観光をかねて貴重な資料の閲覧利用の便宜を得るために各地の図書館を時間とお金をかけて訪ねてまわるという行動が見られ、それが'図書館旅行記'（bibliothekarische Reisebeschreibung）[4]という形でまとめられるということもあった。

　図書館相互協力のネットワークの形態は、情報通信技術の発達度合いに応じて変化してきた。20世紀の中頃までは図書館資料に関しては物流基盤の整備に依存していたが、その後、電話に加えてファクシミリなども補助的に利用されるようになり、1990年代以降のインターネットの普及は、相互協力の事務的な部分から情報資料の提供にいたるまでオンラインネットワークで可能となった。現在の図書館ネットワークはインターネット抜きでは語れない。

　また、アメリカでは'Library, Archive and Museum Collaboration'という言い方をされることが多いが、日本では'MLA連携'と呼ばれているように、図書館相互のネットワークを超えて、図書館はアーカイブ（公文書館）、美術館を含む博物館との相互交流が当然に要請される時代になっている。

　アメリカにおいては、現在、'ライブラリー・ネットワーク'（Library Networks）、'ライブラリー・コオペラティブ'（Library Cooperatives）、'ライブラリー・コンソーシア'（Library Consortia）など名称はさまざまであるが、ひとつのカウンティや複数のカウンティにまたがって、あるいは州規模、州を超えて、包括的な業務範囲あるいは特定の業務に関して、図書館協力を推進する組織が存在している。この図書館ネットワーク組織の構成メンバーは特定の館種に限定される場合もあるが、複数の館種にまたがる場合もある。日本の場合とは異なり、そのそれぞれが税法上優遇される非営利の法人格を付与され、独自

---

4) 河井弘志『ドイツ図書館学の遺産：古典の世界』改訂版，京都大学図書館情報学研究会，2001, pp.53-80.

の組織を形成している。図書館協力の範囲に入る事務・サービスは、共同分担目録作業やリソース・シェアリング、電子ジャーナルや電子書籍の共同購読、イベントや行事の共同開催、職員研修など多方面におよぶ。なお、日本で'コンソーシアム'という言葉を使う場合には、複数の大学図書館がコストの低減を図って電子ジャーナルやオンライン・データベースを共同して導入しようとするときに用いられることが多い。

2.2　共同保管庫と共同的所蔵資料管理[5)6)]

　北米の大学図書館には、ほぼ10億冊の学術書が所蔵されている。そのうち9億冊以上がキャンパス内の図書館等に置かれ、およそ7,000万冊が保管施設（library storage facilities）に移され、収容されている。北米の大学図書館は、毎年2,500万冊を新たに受け入れている。学術文献の電子化が進行しているが、いまなお印刷物が多くを占め、大学図書館の収容能力（capacity）に大きな余裕は見出せない。最近の大学図書館の整備計画では、学生の要望を受け、IT機器の使える空間や学習のための閲覧席の増設に努めている。

　図書館資料の電子化については、大学図書館が個々にデジタル化を進めているほか、Google Books、Open Content Alliance、JSTOR & other electronic journalsなどが進められている。新規には、紙ではなくeBookを受け入れるという方針をとる大学図書館も多い。

　このような状況の解決方策のひとつが、長期にわたり大量の図書館資料を収容できる保管施設の建設で、2010年までの15年間で68館以上の保管庫が新規に建設されてきた。この大規模保管庫の導入には二つの手法がある。

　ひとつはハーバード大学モデルで、キャンパスから離れた場所に単独もしくは共同で100万冊から200万冊収容の保管図書館を建設する。1冊あたり3ドル、

---

5) Lizanne Payne, "Trends in Shared Library Storage and Shared Collection Management" https://www.arlisna.org/news/conferences/2008/proceedings/ses_09-payne.pdf
6) Lizanne Payne, *Library Storage Facilities and the Future of Print Collections in North America*, OCLC, 2007.〈http://www.oclc.org/content/dam/research/publications/library/2007/2007-01.pdf?urlm =162901〉

300万ドルから600万ドルの建設費用がかかるが、その保管図書館に納めた資料に利用リクエストが寄せられれば、翌日に利用者の手に届けられる。

いまひとつは、カリフォルニア州立大学ノースリッジ校などのやり方で、ロボットを用いた自動化保管・検索システム（Automated Storage and Retrieval System：ASRS）を建設するものである（日本でも国際基督教大学や九州大学伊都キャンパスなどがこの手法をとっている）。キャンパス内に建設され、ただちに利用者は所要の資料を手にできる。100万冊以上収容でき、1冊あたり10ドル、1,000万ドルの建設費用がかかる。

単独もしくは少数の大学が共同して保管庫を建設し、対応するというかたちのみではなく、相当数の大学等が参加する大規模な共同保管システムを建築する動きも見られる。カリフォルニア州の大学群では北部を対象に University of California Northern Regional Library Facility、南部を対象に University of California Southern Regional Library Facility が運営されているし、ワシントン州でも Washington Research Library Consortium（WRLC）が共同して対応している。ニューヨークでは、Princeton, Columbia, NYPL（ReCAP）が館種を超えて共同保管庫（Shared Library Storage）を運営している。

現在、紙の学術雑誌については、半数以上の研究図書館が共同保管事業（Shared Collection Management）を広域的に実施しており、東海岸側に40館が参加する ASERL（Association of Southeastern Research Libraries）、中部に13館が参加する CIC、太平洋側に103館が参加する WEST（Western Regional Storage Trust）が運営されている[7]。

3　書誌ユーティリティ

個々の図書館がその擁している所蔵資料を的確かつ有効に利用してもらうに

---

7) Lizanne Payne, "The Future of Library Print Collections : Offsiting, Downsizing, Cloudsourcing". 〈http://www.crl.edu/sites/default/files/attachments/pages/payne%20Charleston%202011%20overview.pdf〉

は、現在では館内で利用でき、また館外からアクセスできる OPAC（Online Public Access Catalog）が十分に整備されていなければならない。また、そこに機械可読の形で記録された個々の資料の目録情報は正確かつ内容的に豊富であることが求められる。

　ひるがえって、個々の図書館で保有している資料の大半は、古文書や行政文書のように1点限りのものではなく、たいていは数千部、数万部が刊行される図書や雑誌であり、同じ図書や雑誌が数多く所蔵されている。同じ図書や雑誌などについて、それぞれの図書館が別々に目録データをこしらえるのは時間とマンパワーの浪費であり、特定の資料についてはどこかでしっかりとした目録データをつくって、これを同じ資料を受け入れた図書館がその目録データをコピーし、自分の図書館にだけあてはまる情報を書き加えればよいことに気が付くであろう。その国の中心となる図書館、すなわち国立図書館がその役割を担うというやり方もとられてきたし、一方で多くの図書館が共同分担してこのようなオリジナル目録データの作成とコピー利用の仕組みを作ることも考えられる。高度情報通信ネットワーク社会であるからこそ、その仕組みにコンピュータ・ネットワーク・システムを利用すればよいことが分かるであろう。この目録情報の分担共同作業の舞台となるコンピュータ・ネットワーク・システムを分散型システムとするのではなく、一個の責任ある機関にゆだねる仕組みにしたものを'書誌ユーティリティ'という。

　アメリカでは、国内にとどまらず、大規模に書誌ユーティリティの役割を果たしているのが OCLC（Online Computes Library Center）であり、日本では国立情報学研究所（National Institute of Informatics：NII）が国内唯一の書誌ユーティリティの任務を担っている（各国にこのような書誌ユーティリティが存在する）。アメリカでは OCLC の WorldCat が、日本では NII が提供する NACSIS-CAT が、大学図書館の目録実務で活用されている。世界最大の書誌データベース WorldCat は、OCLC に参加する7万1,000件以上の図書館の蔵書を目録化した総合目録で、90ヶ国以上の図書館が目録データベースの維持・拡充を行っている。WorldCat のウェブサイトには、「世界中の20億件をこえる図書館資料」

が検索できる[8]とある。

　それぞれの大学図書館では新規に資料を受け入れるたびにオンラインで既成の目録データをコピーするため、これを'コピー・カタロギング'と呼んでいる。目録データをはじめからこしらえることはほとんどなく、しかもオンライン・コピーの際に書誌ユーティリティの運営している分担協力目録データベースにその資料を自館が保有しているとの情報を書き込むところから、そこに総合目録データベースが出来上がる。そうすると、利用者が求める資料を自館が所蔵していない場合、書誌ユーティリティの運営するデータベースにアクセスすればその資料を所蔵している図書館の存在が明らかになり、ネットワーク上で現物資料の相互貸借のほか、雑誌掲載の記事・論文であれば複写、複製依頼を行うことができることがわかるであろう。今日の書誌ユーティリティは図書館とその利用者にとってなくてはならない存在となっている。

3.1　OCLC

　世界最大規模の書誌ユーティリティであるOCLCについて、言及しておきたい。オハイオ州ダブリンに本拠を置くOCLCは、図書館実務の世界では圧倒的に巨大な存在である。非営利組織であるにもかかわらず世界の図書館関係企業の買収を繰り返し、経営体としてのその独占的な市場支配に関しては、2010年にアメリカにおいて、図書館マーケットに新規参入した企業から、シャーマン独占禁止法（Sherman Antitrust Act）に抵触するとして訴えられた[9]ほどである。

　OCLCは、1967年、オハイオ州内の大学長たちが協定を結び、大学図書館の目録業務の合理化を目指して設置された。当初の名称は、'オハイオ大学図書館センター'（Ohio College Library Center）で、オハイオ州立大学の中央図書館内の一室に事務室を置いた。そのセンター長として、イェール大学医学図書

---

[8] https://www.worldcat.org/
[9] 2013年3月に原告側が訴えを取り下げている。〈http://www.librarytechnology.org/web/breeding/skyriver-vs-oclc/〉

館長であったフレデリック・G・キルガー（Frederick Gridley Kilgour, 1914-2006）が招かれた。

キルガーはハーバード大学で化学を修めた後、ハーバード大学の図書館に職を得た。第2次世界大戦中は海軍予備隊中尉となり、敵国の新聞その他の刊行物の分析にあたり、戦後も国務省の情報部署で働いた。1948年にイェール大学医学図書館長に転じ、図書館業務のかたわら科学技術史の講義をも担当し、科学技術史に関する多数の学術論文を執筆している。本務の図書館についても、図書館利用統計にもとづき実務の改善を図る一方、図書館業務に関する研究をも深め多くの論文を公表するようになった。

そして、1967年に OCLC に移った。オハイオ州内の54の大学図書館の目録情報を収集し、4年間の検討期間を経て、当時市販されたゼロックス社のコンピュータを導入した。1971年にこのコンピュータのネットワークを利用してオハイオ州内の54の大学図書館が参加する共同目録作業を開始した。多数の参加機関が参加し、オンラインによる分担目録作業行うことを目的とする世界で最初の'書誌ユーティリティ'（bibliographic utility）が生まれ、ここでいわゆる'コピー・カタロギング'が可能となったのである。OCLC の参加館は1977年にオハイオ州の外へ広がる。

1970年代はコンピュータが市民社会に普及する時期に当たり、図書館業務全般にわたりコンピュータを導入し合理化しようとする図書館オートメーションの動きが本格化しようとする中での OCLC の登場であった。キルガーは1980年まで OCLC のリーダーとして活躍し、その急速な成長を指揮した。1981年には、OCLC の名称はかつての Ohio College Library Center からオンライン・コンピュータ・ライブラリー・センター（Online Computer Library Center）へと改めている。キルガーは1980年に OCLC の経営からは降りたが、1995年まで理事会メンバーを務めた。彼は1990年にノースキャロライナ大学チャペルヒル校の教授となり、2004年まで在職し、名誉教授の称号を贈られている。2006年、92歳でこの世を去った。

OCLC は2002年に当時最大のデジタルコンテンツ提供企業であったオラン

ダのライデンに本拠をおくネットライブラリー（NetLibrary）を買収し、図書館オートメーションシステム等の販売を業務とする100％子会社 OCLC PICA とし、2007年には商号を OCLC に改めている。2006年には研究図書館グループ（Research Libraries Group：RLG）を OCLC に統合し、その大量の書誌データを獲得している。2008年、図書館向けにリモートアクセス認証ソフトウェアを提供している大手ベンダー EZproxy を買収した。旺盛な M&A は図書館界の世界企業の観がある。

　キルガーが構築した当初54の大学図書館の総合目録データベースは今日世界最大規模のオンライン総合目録 WorldCat に成長し、世界規模の ILL（Inter-Library Loan：図書館間相互貸借）もそのシステムの上で展開されている。現在、170ヶ国、7万2,000機関が共同して書誌データを作成し、データベースが維持されている地球規模の図書館ネットワークを運営する OCLC は7ヶ国にオフィスをおき、1,200人の職員が働いている。

　この OCLC は1988年にフォレスト・プレス（Forest Press）を買収したときに、デューイ十進分類法に関連する商標とすべての著作権を取得している。権利者である OCLC は、2003年にニューヨーク公共図書館の近くの部屋番号をデューイ十進分類法の分類記号になぞらえて関係図書を備え付けたライブラリー・ホテル（Library Hotel）を商標権侵害で訴えている[10]（OCLC との交渉の結果、ホテルはでデューイ分類法の使用の継続が認められた）。ちなみに、現在、デューイ十進分類法を利用している図書館からは少なくとも年間500ドルの使用料を徴収しているとされる。

3.2　国立情報学研究所[11]

　アメリカでは、1967年に OCLC が発足し、その後研究開発や高等教育に必要な文献の探索の基盤を提供する書誌ユーティリティとして急速な成長をみせ

10）『情報管理』Vol.46 No.8, 2003.11, p.564.〈https://www.jstage.jst.go.jp/article/johokanri/46/8/46_8_562/_pdf〉
11）http://www.nii.ac.jp/

ていた。一方、日本の大学の研究教育を支える学術文献の探索は、1970年代になっても、内外の科学技術文献のオンライン検索も緒についたばかりで、日本はデータベースも立ち遅れ、国内の大学図書館の蔵書については、どこにどのような文献が所蔵されているのかをただちに検索できる状況にはなかった。日本の研究者の間には図書館情報の整備がなければ、世界を舞台とするまともな学術競争はできないとの危機感があった。ここで紹介する日本の唯一にして最大の書誌ユーティリティとしての機能をひとつの核とする現在の国立情報学研究所（文部科学省所管）の出発点は、OCLCをひとつのモデルとしていたといえる。

　1976（昭和51）年に東京大学に学内施設として発足した情報図書館学研究センターが1983（昭和58）年に改組され、学内共同利用施設東京大学文献情報センターが設置された。書誌ユーティリティの基礎となる目録システムの開発・運用が目指し、翌1984（昭和59）年、この文献情報センターは全国共同利用施設に改組される。また、1986（昭和61）年に東京大学文献情報センターは改組され、学術情報センター（NACSIS）が設置され、インターネットにつながる通信基盤SINETの運用が業務に加わる。2000（平成12）年には、学術情報センターが廃止され、国立情報学研究所が設置される。2001年には中央省庁改革で文部省と科学技術庁が統合され文部科学省となり、科学技術振興機構との情報関係事業の重複を整理することとされた。2004（平成16）年、国立大学の独立法人化とともに、大学共同利用機関法人情報・システム研究機構の一部となり、今日にいたる。

　現在の事業部門と研究部門の二つを併せ持つ国立情報学研究所は、もともとの学術情報プロバイダの役割、インターネット接続の学術ネットワーク運営の役割、さらには高等教育機関としての三つの役割を担っている。

　学術情報プロバイダとしては、書誌ユーティリティとして長年目録情報を蓄積し付加価値を高めてきたNACSIS-CATには1992年にILLが加わった。1995年には、日本国内の学協会が発行する学術雑誌の全文コンテンツのデジタル化に取り組む電子図書館（NACSIS-ELS）が始まった。現在では、論文や図

書・雑誌などの学術情報で検索できる CiNii（Citation Information by NII：NII 論文情報ナビゲータ）や JAIRO（Japanese Institutional Repositories Oulire：学術機関リポジトリポータル）などを提供している。

日本全国の国公私立大学、研究機関等を結ぶ学術情報ネットワークは SI-NET 4、（Science Information NETwork 4）に更新され、クラウドサービスへと展開している。高等教育機関としては大学共同利用機関と独立行政法人を束ねた総合研究大学院大学複合科学研究科情報学専攻博士課程をおくほか、東京大学、東京工業大学および早稲田大学との連携大学院の協定を結び、図書館情報学に連なる大学院教育を実施している。国立情報研究所の2012年度の年間予算規模は107億円で、そこでは600人が働き、学んでいる。

■□コラム□■

本を売る図書館

滋賀県多賀町で'図書館が本を売る'という事件があり、一定の波紋を呼んだようである[1]。具体的には、図書館と博物館が併設されているところで、複合的施設の開設15周年記念行事の一環として、図書館で地元出版社発行の郷土関係出版物を図書館で展示し、イベント期間中に展示された郷土出版物をミュージアム・ショップで販売することにしたということのようである。'本を無料で貸す'図書館が'本を売る'ということがよほど珍しく感じられたのか、地元のテレビと新聞が報道したという。

このなんでもない事件が県立図書館を含む地元の図書館界に引き起こした反応があまりにも日本的である。'まずいことをしてくれた'という公共図書館関係者の認識はどこからくるのであろうか。社会教育施設である図書館は無償で図書館資料を提供し、地元地域社会の書店等の関係業者を育成すべき役割を担っていることからすれば、自ら図書販売という営利事業に手を染めるのは間違っているというのであろうか。

少なくない地方公共団体で市町村史やその他の地方行政資料、郷土史料等が販売されている。

また、地方自治体直営の公立図書館が地元の特定の出版社が発行する図書を販売することが、本書の第10章でとりあげる'知的自由'（日本の図書館界では'図書館の自由'という）の理念に抵触するとの的外れな批判もあったようである[2]。社会主義や自由

主義の思想を眼の仇にした日本の戦前の公立図書館が天皇制ファシズム体制という'国体'を鼓吹し、刷り込もうとする偏頗な所蔵図書を'良書'として利用者国民に対して押し付けた事実と同列に論じたとされる。当時とは学校教育で教えられる内容もそれなりに異なり、バランスの良い資料コレクションと離れて、特定の図書を販売用においたからといって、現在の一般的な日本国民がそれを手に取ることを強いられ、その内容を批判・評価できず、一定の偏向が刷り込まれるとは思い難い。大阪府内の指定管理者経営の公共図書館では、地元の観光案内書を販売しているところもあるが、これまで'図書館の自由'の侵害と言い募るのであろうか。多賀町立図書館が関与しているかに見えた地元出版社の郷土資料の販売も地元観光案内書の販売とそうは変わるところはないように思える。

註
1）西河内靖泰「わたくし図書館で、こんなことをやってます：多賀町立図書館で「図書館で郷土の本、買えます」のサービス始めました」『（桃山学院大学）司書課程年報』（第9号, 2014, pp. 5 -17).
2）西河内靖泰「こんなことでいいのかな：ある図書館関係本への反論と疑問」『（桃山学院大学）司書課程年報』（第10号, 2015, pp. 9 -15).

第8章　変化する出版産業とその流通

1　日本の出版流通

1.1　産業としての出版流通の歴史

　人間の社会は、個々の人と団体が必要とするさまざまな物品や取り扱いを自分自身で生産・調達できなければ、第三者や他の団体からそれを商品やサービスとして購入せざるを得ない。記録や文献情報についても同様で、古代ギリシャ、ローマの昔から写本の製作や販売を業とする者がいた。ハンドメイドの一品生産の時代にはマーケットは限られていたが、西洋では15世紀にはじめられた活版印刷術が普及し、日本では近世の版木を使って、印刷が広く行われるようになり、多数の出版物が生産され、識字層の拡大ともあいまって、出版物の市場が形成されていった。ヨーロッパではギルド、日本では株仲間が出版業者の相互扶助と出版産業の保護に努めた。

　資本主義の発達とともに、印刷技術の革新に支えられた、図書と雑誌の生産を主体とする近代的な出版産業が拡大していった。教育制度の整備もまた出版市場の拡大を支援した。日本においては、明治期以降、今日の出版流通の仕組みが出来上がっていく。ビジネスとしてうまみの大きな雑誌の出版流通を中心としながら、出版流通分野の卸業者である出版取次を核とした日本特有の業界が出現した。第二次世界大戦ではファシズム体制下の物資統制によって国策取次機関である日本出版配給株式会社（略称は'日配'）が出版流通を支配し、当時の政府は日配を通じ言論統制を行った。戦後、日配は占領軍により活動停止を命じられたが、その関係者が現在の大手取次会社を創業し、現在につながっている。

一般的な日本の出版流通の仕組みとしては、市場動向を熟知する出版取次の見解をも参酌しながら、出版物を企画・発行する出版社は著者から原稿を得て書籍にし、一定の方針のもとに編集した雑誌とともに出版取次に卸す。取次は出版社ごとに決められた割合でいったんこれらを決済する（アドバンス）一方、書籍小売商（書店）に一定のやり方で配本する。書店は買い切りを求められる特定の出版社をのぞき、原則4ヶ月限度の出版社が取次との間で定めた定価での店頭での委託販売を行う。売れた部分についてマージンを取り、取次に代金を納入し、売れ残った部分を返本する。一般的に返本率は3割を超えるといわれる。取次に返本されたものについて、原則的に6ヶ月の販売委託期間で取次に卸していた出版社は返本分につきいったん受け取っていた代金から返戻することになる。この返戻分は結果的に新たに取次に卸される新刊本のアドバンスと相殺できることになる。1年間に8万点、毎日280点もの新刊本が刊行される自転車操業的な構造的理由がここにある。書籍の著者には原則、初版部数と本体定価を掛け算したものの1割にあたる金額が印税という著作権利用の見返りとして支払われる。

　うえには日本の出版流通の大半を占める'出版取次経由ルート'を示したが、相対的には小さなものであるが、これ以外にも直販や訪問販売のほか、コンビニルート、キヨスクルート、生協ルート、教科書販売ルートなどの出版流通形態が存在し、最近ではインターネットを利用しての注文が広く行われるようになっている。

1.2　厳しい市場状況

　図8.1をみてほしい。戦後から今日までの日本の出版物の売上の推移をあらわしたグラフである。1996（平成8）年までは書籍と雑誌とをあわせた出版物の総売上は一貫して伸びていることが分かる。ところが、1996年を分水嶺として最近20年間は一転して減少に転じている。2012年現在の出版社は3,676社とされ、出版社数も漸減している。集英社、講談社、小学館、文藝春秋、角川書店の大手5社で売上げの2割を占める寡占業界となっており、特に上位三社は

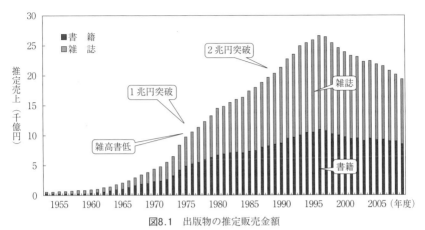

図8.1 出版物の推定販売金額

(出所) 下村昭夫「2011年「出版産業の現状」」〈http://www.shuppan.jp/attachments/article/455/2012%E7%94%A3%E6%A5%AD%E7%8A%B6%E6%B3%811-4.pdf〉

桁外れに大きな売上を誇っている。小売書店についても、大手書店の大規模小売店舗が注目されるが、盛時には全国に2万2,000店を超えていたのが、2012年現在では1万4,000店にまで減少している。

　日本の出版流通業界を総体としてながめたとき、かなり厳しい状況に置かれていることが分かる。消費人口の減少に比して出版物の売上の減少が大きいということは、家計において出版物に振り向け得る支出の余裕がなくなった、支出のプライオリティが低下したということになる。このことは、デジタル・ネットワーク環境のもとにおいても、電子書籍、電子雑誌の売上の伸びが一般に出版取次を経由する従来通りの出版物全体の売上を押し上げるまでには至っていないことをもあらわしている。従来の紙媒体の図書や雑誌については、私的独占の禁止及び公正取引の確保に関する法律（独占禁止法）23条にもとづき再販売価格維持制度（再販制度）が認められているが、電子書籍、電子雑誌には再販売価格維持制度の適用はなく、市場の自由競争にゆだねられる[1]。

---

1) 一般社団法人日本出版者協議会は2014年8月、公正取引委員会に再販売価格維持制度を電子書籍にも適用するようにとの要望書を提出している。

2　アメリカの出版流通

2.1　出版産業の現状と図書館の動き

　アメリカの出版界もまた寡占状況にある。'ビッグ・シックス'（The Big Six）と呼ばれる6大出版社が企業合併や企業買収の経緯をうかがわせる老舗の商標をインプリント（imprints）として残しつつ、アメリカの出版流通の世界に君臨している。具体的には、ハチェット（Hachette Book Group）、ハーパーコリンズ（HarperCollins Publishers）、マクミラン（Macmillan）、ペンギン（Penguin Group）、ランダムハウス（Random House）、サイモン＆シュスター（Simon & Schuster Inc.）がそれである。アメリカの6大出版社といいながらも、アメリカ以外のフランス、ドイツ、イギリス等が創業の地であるものが4社を占め、出版流通もまた国際市場で競争をしていることが分かる。

　アメリカ出版社協会（Association of American Publishers：AAP）の発表によれば、2012年第一四半期において、国内約1,200社の成人向けの売上高の総計で電子書籍（eBook）（2億8,230万ドル）が紙媒体のハードカバー（2億2,960万ドル）を上回ったとされる（ペーパーバックは2億9,980万ドル）。このようにアメリカの出版界ではすでに一般書においても電子化が進行している。

　このような状況を背景にアメリカの多くの公共図書館では電子書籍を利用者に提供しているが、ビッグ・シックスをはじめとして公共図書館の電子書籍導入に対しては協力的な態度は見られず、むしろ大きな反発が存在する。一般図書については、図書館が受け入れる価格は市販価格と同じかむしろいくらか安価というのが普通である。ところが、公共図書館が電子書籍を導入する場合にはベストセラー等については出版社が提供を拒否するものが多く、提供しても市販価格の2倍から5倍という価格を強制されている。電子書籍を出版しているビッグ・シックスの幹部は、公共図書館で市民に対して電子書籍が広く無償で貸し出されると、電子書籍には汚損破損など利用による劣化がなく、無料で利用できる市民としては別途電子書籍を購入する気になるはずがない、と言い

放っている。これからの成長が期待される電子書籍市場を図書館利用によって阻害されたくないということなのであろう。

　このようなビッグ・シックスの態度に対して、敢然と挑む公共図書館があるところがアメリカらしい。2014年の春に退いたが、それまでコロラド州のダグラス・カウンティ・ライブラリーズの館長を務めていたジェミー・ラルー（Jamie LaRue）は、ビッグ・シックス等の電子書籍出版業者との関係改善を待たずに新しいステップに進もうとしたのである。

　アメリカの出版界はうえに述べたように見事な寡占市場であるが地方の中小出版社も数多く存在する。当時のラルー館長はセルフパブリッシュのデジタルブック（self-published books）と地元を中心とする900の中小出版社と交渉し、それらの出版社が刊行している本を電子書籍として利用者に提供したのである。同館の提供可能な電子書籍3万5,000タイトルのうち、それらが2万1,000タイトルを占めた。当時の利用実態をみても大手出版社提供の全国的にヒットした作品群の貸出が65％を占めていたが、次第に独自に提供している作品群の利用が高まる傾向にあったと伝えられる。大手電子書籍出版社に依存せず、自費電子出版を推進・支援することは地域の文化活動を高めることになり、また地元中小出版社の育成を図ることは図書館が地域振興に貢献することにもなる。この公共図書館自体が電子書籍出版社になるという'ダグラス方式'の理解者は図書館界に少なくなく、アメリカでも注目されている。

2.2　電子書籍をめぐっての問題
　　　──ホールセール・モデルとエージェンシーセール・モデル

　アメリカでは、書店だけでなく、スーパーマーケットやファーマシー（薬局・コンビニエンスストア）でも図書やペーパーバック、雑誌が安く販売されている。しかも、大学のブックストアなどに比べると格段に安い。それは日本とは異なり、アメリカでは再販売価格維持制度が独占禁止法に抵触するものとして採用できず、出版社との間で買い切りが行われ、それに小売業者それぞれの適正利潤を上乗せにして販売するホールセール（wholesale）、卸売りが行われ

るからである。それに対して、出版社が小売での販売価格を一律に決めて書籍や雑誌を委託販売する、小売書店を出版社の代理店（agency）であるかのように拘束するのがエージェンシーセール（agencies for sale）である。日本の再販売価格維持制度はエージェンシーセール・モデルに該当する。

　ところが、アメリカでも最近になって、再販売価格維持制度にあたるエージェンシーセール契約で小売書店を拘束しようとする例が出てきた。それは電子書籍の販売においてである。'ビッグ・シックス'のうち、ランダムハウスだけを除く大手5社とアップルが'談合'して、エージェンシーセール契約を結び、連邦司法省に訴えられたのである。大手出版社がアップルと組み、市場での優越的地位を利してエージェンシーセール契約を盾に価格カルテルを形成したことは、ホールセール契約で電子書籍マーケットの90％のシェアを誇っていたアマゾンを蹴落とし、そのシェアを60％にまで低下させた。連邦司法省だけでなく33州が原告に名を連ねており、33州は大手出版社とアップルが行った電子書籍の価格操作によって消費者が被った損害の回復をめざしている。連邦裁判所は、電子書籍の流通販売について再販売価格維持制度にあたるエージェンシーセール契約を独占禁止法に違反するものと判断したのである[2]。

③　公共図書館と書店の関係

3.1　ベストセラーをめぐって

　これまで、公共図書館がベストセラーを貸し出すことについては、著作者や出版社、書店のビジネスチャンスを損ねるということでしばしば問題とされてきた。出版物が好調に売上を伸ばしていれば問題とはされない。しかし、高度なデジタル・ネットワークに支えられた豊かな社会において、一定の所得のなかで多様な消費生活を送る市民が文化教養を身につける消費財として、書籍や雑誌に振り向ける割合は相対的に低下せざるを得ない状況にある。

---

[2]「電子書籍価格操作をめぐる訴訟に裁判所命令」『情報管理』Vol. 56, No. 7, 2013, pp. 485-488.〈https://www.jstage.jst.go.jp/article/johokanri/56/7/56_485/_pdf〉

また、公共図書館の側でも、先進諸国においては、税収が伸びず、多様化する行政需要を背景に教育行政や図書館行政に振り向けられる予算規模の維持・拡大はなかなかに困難である。アメリカの公共図書館では個人や企業の寄付、財団等からの補助金獲得を一層志向することになる。

　図書や雑誌の寄贈も図書館に対する支援のひとつである。日本でも最近では新刊雑誌の購読の経費を地元の企業や個人に働きかけるところがあるが、アメリカでは市民から図書や雑誌の寄贈は珍しいことではない。寄贈されたもののうち図書館資料として活用できるものは所蔵コレクションに編入し、そうでないものは図書館友の会が館内のコーナー等で販売する。

　2013年現在、日本には１万4,241の書店が存在し、アメリカには１万2,703の書店が存在する。人口は日本が１億2,700万人でアメリカが３億1,600万人、国土面積は日本が38万平方キロでアメリカは963万平方キロだが、これだけの数字を見て分かることは、一般に広大な国土のアメリカには書店がぱらぱらっと散在しているということである。このような状況がオンライン書店アマゾンを育て、今日では世界最大の通販業者を産み出した背景だと思われる。学生数３万人の大学町であるトゥーソンでは、バーンズ＆ノーブルという大型書店はあっても大学から近くはなく、商業が集積しているところにはない。再販売価格維持制度がとられず、原則として買い切り商品なので、図書や雑誌はディスカウント販売が行われている。一般市民や児童生徒を購買層に想定した品揃えで、大学生や専門職が必要とする学術書や専門書はほとんど売られていない。アリゾナ大学の近くには、ブックマンズという中古書籍を主体に小説や人文系の書物が販売している人気書店がある。

　一般に街中の書店では大学図書館のコレクションと競合する学術書や専門書は売られていない。トゥーソン市内には各種書店が50店ほど存在するが、ピマカウンティパブリックライブラリーが本館・分館あわせて27館あり、規模も考えれば多くの市民にとっては市内全域に配置される公共図書館が身近に感じられる。

図8.2 第6回トゥーソン・ブック・フェスティバル

3.2 トゥーソン・ブック・フェスティバル

　2014年3月15日（土）～16日（日）の週末好天気の2日間、アリゾナ大学のキャンパス内のモールで第6回目のトゥーソン・ブック・フェスティバルが実施された[3]（図8.2）。このアリゾナ大学と地元新聞社アリゾナ・デイリー・スター（Arizona Daily Star）、アリゾナ大学医学センター（Arizona Medical Center）が後援するブック・フェスティバル（Tucson Festival of Books）は、ロサンゼルスやワシントンD.C.で連邦議会図書館が行うブックフェアなどに次ぐ全米第4位の規模といわれている。地元の出版社等300の企業や団体が出展し、2日間で12万人の人出が見込まれた。450人の作家が来場し、読者市民に話しかける講演会や来場者との討議、ワークショップなどが実施された。理工系出版社のブロックでは、子どもたち相手の実験も行われた。ブック・フェスティバルで販売される図書については、児童書や料理の本、フィクション等の一般書が大半を占める。

　このイベントに参加する作家のなかにはオハイオ州に住む、『わたしの100の手』を書いた7歳のローリン・マリー・バークス（Lauryn Marie Burks）も含ま

---

[3] http://www.tucsonnewsnow.com/story/24990334/tucson-festival-of-books-comes-to-an-end

れている。また、ニューヨーク・タイムズやワシントン・ポストに勤める、アリゾナ大学出身の第一線のジャーナリストもやってくる。このイベントを仕切るのは、関係者のほか、3時間交代で来場者に接する1,500人のボランティアである。

　この一大イベントには企業や団体、個人からおよそ100万ドルの寄付が寄せられ、図書の販売や会場周辺のレストランなどの売上なども含め、400万ドルの経済効果があるとされる。このイベント自体で得られる収益は、非営利組織であるトゥーソン・ブック・フェスティバル財団を通じてアリゾナ州南部の識字教育の振興に充てられる。その背景には、歴史的にアリゾナ州では全国的にみても学校教育を中途でドロップアウトする人たちの割合が高く、そのことがピマ郡の成人5人のうちの1人が文字が読めないという状況につながっているという事実がある。

── ■□コラム□■ ──

電子ジャーナルの利用を萎縮させるものはなにか

　ある図書館情報学のテキストに、「電子ジャーナルと相互利用」というコラムがある。学生や院生、研究者にとって、研究テーマに関わるキーワードを入力すれば、一挙に関係文献が検索できる電子ジャーナルのこれまでにはなかった便利さを指摘しつつ、文献そのものへのアクセス、利用のしにくさを指摘している。

　伝統的な紙媒体の学術雑誌の場合には、総合目録やデータベースを用いて、所蔵館をつきとめ（てもらって）、直接所蔵館に出向き複写をする。あるいは、図書館間相互協力（Inter-Library Loan：ILL）を通じ、複写依頼をかければ、文献コピーが利用館に送られてきて、所定の会計処理をし、円満に利用できた。ところが、電子ジャーナルになると、当該電子ジャーナルの契約館以外の利用者にとっては、利用できるものかどうか、必ずしも明確ではないうえに、従来の紙媒体の学術雑誌のときに保障されていた利用ができるとは限らず、ほんとうに無体な電子ジャーナルとの研究者としての素直な不満が、そこのコラムには書かれたのである。

　このコラムに対して、日本の国立大学の附属図書館で長く働き、電子ジャーナルの実務に精通した親しい人物がていねいにクレームをつけてこられた。まず、「日本

（の著作権法）には（非営利無償、教育的な著作物の利用に対して寛容な）フェアユースの考え方がない。そのため、（日本の図書館における）著作物の学術的利用、教育的利用に(は乗り越えられない)制約がある。（電子ジャーナル掲載の論文ファイルを図書館相互、図書館と利用者の間でインターネットを利用して送信しようとしても、）著作権法の公衆送信権[1]に関する規定により、著作物（＝求められた論文）をファックスや電子ファイルとしてインターネット経由で送付することができない」との認識が示される。そして、このような法的に強固な障壁があるにもかかわらず、（複数の大学図書館から構成されている）「コンソーシアムが（電子ジャーナルを発行・販売している）出版社との交渉によって、図書館における電子ジャーナル論文の授業での利用、来館者の図書館での利用、ILLでの利用が認められている。ただし、ILLの利用は紙ベースであり、図書館間の送信には電子ファイルを使ってよいが、紙に出力した後は電子ファイルを削除することが契約書（アグリーメント）に記載されている（ので、その点は理解してほしい）」という大学図書館の現状がそれなりに利用に配慮されたものであるとの指摘をいただいた。日本の研究大学を中心として、大学図書館の関係者が紙媒体の学術雑誌のときに利用者が享受しえた便益の確保にがんばられており、「大学図書館の現場と研究者の間には深い溝がある」といわれる気持ちも理解できないわけではない。

　しかし、問題とされたコラムにあるように、大学図書館によっては、電子ジャーナルを利用しようとすれば、当該大学の学生や教員でパスワードを認められたものに限られ、外部の特定の電子ジャーナル掲載の論文を利用しようとする者に対しては、ILLによりプリントアウトも提供できないとする偏狭な図書館があることもまた事実である。

　大学の授業や演習で必要な一定の範囲で、教材として電子ジャーナルをプリントアウトし、学生に配布できるのは、著作権法35条1項の趣旨からすれば当然だと思われる。紙の学術情報のときには、大学設置基準38条2項に定められた通り、大学図書館は「資料の提供に関し、他の大学の図書館等との協力に努めるもの」として、外部の研究者の来館利用を求め、ILLによる複写物の提供を当然のごとく行ってきた。学術著作物が便利なはずの電子ジャーナルになって利用の範囲が減少するというのは本末転倒というべきであろう。

　その後のやりとりのなかで、この内部の利用者に限らず、まじめにそのデジタル文献を必要とする外部の研究者の利用に対しても一定の配慮を続けてこられた現場の図書館員の方からは、「（電子ジャーナルを発行する）出版社等との契約（アグリーメント）で契約（の内容と）条件が非開示とされているため、利用者、特に学外者に電子ジャーナルの利用の範囲がうまく伝わっていない嫌いがあります（電子ジャーナルの利用に関しての関係業者との契約の存在と内容は、利用者に公開し、情報共有する必要があると思います）。出版社の要求に唯々諾々とせずに常に闘う姿勢が改めて大学図書館に求め

第8章 変化する出版産業とその流通

られているのでしょう」との言葉をいただいた(カッコ内はすべて引用者註)。

註
1) 著作権法35条2項は、一定の範囲で公表された著作物をインターネットを利用した遠隔教育で利用することを認めており、公衆送信権が難攻不落の絶対的権利とされているわけではない。公正な利用の意義を認識する目的規定の著作権法1条、学問の自由を定めた憲法23条、学習権を認めた憲法26条、および条理などから論理構成をすれば、フェアユースという看板はなくとも、その保護しようとする法益の実質は抗弁可能の余地があるようにも思われる。ちなみに、アメリカでは、連邦著作権法110条に組み込まれたTEACH Actが一定の範囲で著作権を制限し、インターネット利用の遠隔教育での著作物利用を可能としている。

| 第9章 | デジタル環境における情報知識の公開と共有 |

1 オープンアクセスへの動き

　サイバースペースで1冊の本を開けば、あるいはひとつの論文をそこにおけば、老いも若きも、金持ちも貧乏人も、世界中のみんながそれにアクセスでき、それを読んで楽しみ、それを理解し賢くなれる。そのようなことはソーシャル・メディアを利用している人たちにとっては自明のことだろう。このようにインターネット上に本文を含む文献情報を広く公開する動きについて考えてみたい。小説は誰もが読んで楽しめるエンタテインメント商品であるが、学術論文は一定の専門的知識がなければ十分には理解できない特殊な商品である。

1.1　電子ジャーナルをとりまく状況

　学術文献、それも優れた研究者たちが実験や吟味を重ねてうみだす最先端の研究成果は、厳しい査読を経て、『ネイチャー』や『サイエンス』などの評価の高い学術雑誌に掲載される。しかし、最近のマスコミ報道では、特定の研究成果がこれらの学術雑誌の'電子版'に掲載されたと報じられることが多い。すでに、学術雑誌の多くは'電子ジャーナル'の姿をとっているのである。学術雑誌の電子化がはじまった1990年代に'シリアルズ・クライシス'（serials crisis）ということが問題とされた（serials は定期刊行物のことで、この場合には学術雑誌を指している）。学術雑誌は多くは主として大学図書館に受け入れられ、学生や研究者たちがそれを利用する。しかし、十分な資料費が得られなくなれば、大学図書館は、紙であれデジタルであれ、学術雑誌の購入タイトル数を減らさざるを得ない。また、電子ジャーナルへのアクセスも伸びない。そうする

第9章　デジタル環境における情報知識の公開と共有

ともともと大学図書館を主要なマーケットにしている学術雑誌を商品として販売している出版社は学術雑誌の価格を引き上げざるを得ない。価格が高騰すれば、大学図書館の購読タイトル数がさらに減少するという負のスパイラルが現象としてあらわれる。

このような困った状況に対して、アメリカでは、1998年に主要な大学図書館を構成メンバーとする研究図書館協会（Association of Research Libraries：ARL）が中心となり、SPARC（Scholarly Publishing and Academic Resources Coalition：学術出版と学術資源に関する協力運動）が設立された。学術雑誌は大手商業出版社の寡占市場であるため、合理的なコストで出版される学術雑誌を育てようとした。しかし、うまくいかなかった。

ひるがえって、1991年にはアメリカの国立ロスアラモス研究所のポール・ギンスパーグ（Paul Ginsparg, 1956- ）が物理学分野の研究者が書いた最新の研究論文草稿を無償でインターネット上に公開できるプレプリントサーバを開設し、それがよく利用されるようになった（現在、ギンスパーグとともにコーネル大学に移り、arXivとして有名である）。

研究者が学術論文をうまく利用することができない状況を背景として、2002年、ブダペスト・オープンアクセス運動（Budapest Open Access Initiative：BOAI）は、'ブダペスト宣言'[1]を公表した。その宣言は、'査読済み論文に対する障壁なきアクセス'を意味する'オープンアクセス'を目指していた。高価な学術雑誌を購入できないでいた発展途上国の大学図書館や研究者にとっても無償で、かつ適法に学術文献にアクセスできるようにしようというオープンアクセスはまさに福音であった。このブダペスト宣言から10年後の2012年にオープンアクセスのさらなる発展を期す声明をブダペスト・オープンアクセス運動は公表している[2]。

'オープンアクセス'という理念が21世紀に入り、ひとつの戦略的理念とし

---

1) http://www.budapestopenaccessinitiative.org/read
2) BOAI10〈http://www.budapestopenaccessinitiative.org/boai-10-recommendations〉邦訳は、以下のウェブページに掲載されている。〈http://www.budapestopenaccessinitiative.org/boai-10-translations/japanese-translation-1〉

て機能しはじめた。インターネット上で学術文献のオープンアクセスを実現する手法としては、学術文献を執筆する側で公開するというやり方と学術文献を公刊する側で公開するという二つのやり方がある。著作者である研究者の文献ファイルをアップロードするスペースをリポジトリと呼び、多くは大学図書館がそのサーバと便宜を提供するものを'(学術)機関リポジトリ'(institutional repository)と呼び、いまや世界中に広がっている。いまひとつの出版者が利用者に一定の範囲で公開する電子ジャーナルを'オープンアクセス雑誌'(OA journals)という。このオープンアクセス雑誌の経費は購読者ではなく、論文投稿者の側が負担する。なかには本文まで無償のものもあれば、書誌データと抄録は無償アクセスを認めるが本文は有料というものもある。

1.2 アメリカと日本の動向

　アメリカでは、国立衛生研究所から補助金を得て研究成果をまとめた医学生物学関係の論文については、2008年から統合歳入予算法（Consolidated Appropriations Act of 2007）の定めに従って公表されてから1年以内にアメリカ国立医学図書館が運営する PubMed Central に電子版を提供することが義務付けられ、世界中の人たちが無償で高度な学術情報に接することができるようになっている。統合歳入予算法に定められたこの制度の確立の根底には、すべての納税者の資金で行われた研究（taxpayer-funded research）の成果である研究刊行物（research publications）は'パブリックアクセス'が認められて当然だという考え方がある。2014年に成立した統合歳入予算法（Consolidated Appropriations Act of 2014）は、この考え方を国立衛生研究所を超えて、無償のパブリックアクセスを連邦教育省、労働省、健康・人的サービス省に属する年間研究予算が1億ドルを超える機関にまで拡大することを定めた。この法的措置により、アメリカ連邦政府において研究開発に投入される税金のうち半額以上がパブリックアクセスの対象とされた[3]。

　日本におけるオープンアクセスに対する動きは、国立大学図書館協会が2008（平成21）年に「オープンアクセスに関する声明：新しい学術情報流通を目指し

第9章　デジタル環境における情報知識の公開と共有

て」を文部科学省のサイトに公表している[4]。2010（平成23）年度から2014（平成27）年度までの5年間を対象期間とする「第4期科学技術基本計画」（平成23年8月19日閣議決定）[5]においても、機関リポジトリの構築を推進しオープンアクセスを促進することが確認されている（p.39）。具体的には、国立情報学研究所と大学図書館が中心となって、国公私立大学の機関リポジトリが整備されており、国立情報学研究所は国内の機関リポジトリを横断的に検索できるポータルサイト、JAIRO（Japanese Institutional Repositories Online）[6]を運用している。また、科学技術振興機構（Japan Science and Technology Ageray：JST）はJ-STAGE[7]と呼ばれるサイト上で、国内の学協会がオープンアクセス雑誌を発行することを支援している。

② 善意の電子図書館の普及

2.1　プロジェクト・グーテンベルク

'プロジェクト・グーテンベルク'[8]のトップページの冒頭には、'無料で利用できる電子書籍'（Free ebooks）、'最初の電子書籍の出版社'（first producer of free ebooks）と書かれている。この世界最古の電子図書館は、1971年、当時イリノイ大学の学生だったマイケル・ハート（Michael S. Hart, 1947-2011）がはじめたものである。彼はまだほんの少数の人たちしかコンピュータを利用できなかったその時期に、学内の材料研究所に設置されていた大型汎用コンピュータを利用することが認められた。そして偶然そのときに持っていた「アメリカ独

3）「米国で新たなパブリックアクセス方針成立　研究に費やされる税金のうち半額以上分がパブリックアクセスの対象に」カレントアウェアネス（posted 2014.1.21）。〈http://current.ndl.go.jp/node/25291〉
4）http://www.mext.go.jp/b_menu/shingi/gijyutu/gijyutu4/toushin/attach/1283016.htm
5）http://www.mext.go.jp/component/a_menu/science/detail/__icsFiles/afieldfile/2011/08/19/1293746_02.pdf
6）http://ju.nii.ac.jp/
7）https://www.jstage.jst.go.jp/browse/-char/ja
8）http://www.gutenberg.org/

立宣言」（United States Declaration of Independence）を入力した。これが、2014年3月現在、4万5,000点を超える電子書籍を擁する電子図書館が最初に電子書籍を受け入れた瞬間だった。'プロジェクト・グーテンベルク'という名称は、活版印刷技術を創始したヨハネス・グーテンベルクからとったもので、その事業の意義と電子書籍、デジタルコンテンツのその後の普及を的確に認識していたことが分かる。

　プロジェクト・グーテンベルクは、アメリカの連邦著作権法のもとで著作権が消滅した主として英語で書かれた文学作品をデジタル化しようとしたのである（著作権紛争の懸念からプロジェクト・グーテンベルクでは入念な著作権消滅確認の記録が保管される）。1988年に俗に'ミッキーマウス保護法'（Mickey Mouse Protection Act）とも呼ばれた著作権存続期間延長法（Copyright Term Extension Act）が可決成立したことにより、著作者の死後50年から死後70年まで著作権が20年間余計に保護されることになり、プロジェクト・グーテンベルクは20年分の鮮度を失うことになった。

　1990年代の半ばまでハートが中心となり運営され、ボランティアを加えて手作業で入力が行われていた。スキャナーやOCRソフトの導入が作業の合理化を進め、カーネギー・メロン大学も支援に加わった。オンライン目録の整備は、この電子図書館を利用しやすいものとし、広く世界中に知られるものとなった。2000年、ミシシッピ州にNPO法人プロジェクト・グーテンベルク文学作品アーカイブ財団（Project Gutenberg Literary Archive Foundation, Inc.）を設立し、運営主体とした。このことにより、税法上の優遇措置を享受できるようになった。現在、保存・利用のためにミラーサーバは世界各地に備えているが、プロジェクト・グーテンベルクのサーバは、ノースカロライナ大学チャペルヒル校に置かれている。

　マイケル・ハートがはじめたプロジェクト・グーテンベルクは、EUやオーストラリア、カナダ、フィンランドなど、アメリカ以外の地域にも同様にその地域の言語で書かれた著作権の消滅した文学作品等を電子化とそのインターネット上での利用を進める'プロジェクト・グーテンベルク'を名称の一部に

含む連携機関を産み出している。これらの連携機関を含めた無償で利用できる電子書籍は10万点を超えるとされる。

後にとりあげる日本の'青空文庫'もプロジェクト・グーテンベルクと同様の発想から生まれたものである。

プロジェクト・グーテンベルクのサイトには、'自分自身で出版ポータル' (Self-Publishing Portal) にリンクが張られ、そこには'プロジェクト・グーテンベルク自己出版プレス'（Project Gutenberg Self-Publishing Press）という看板が掲げられている[9]。本家のプロジェクト・グーテンベルクは著作権が消滅した古色蒼然とした名作であるが、ここは現在のすべての分野の書き手に開かれている。年会費8.95ドルを支払えば、1996年に組織されたアメリカの内国歳入法典501条（c）項（4）号の規定に従い公益法人である'世界公共図書館協会' (World Public Library Association) と称する団体から百科事典から古典的文学作品、定期刊行物、録音図書にいたるまで300万点以上のものをオンライン閲覧とダウンロードの提供を受けることができるとされる。

2.2　ハーティトラスト

研究機関協力委員会（Committee on Institutional Cooperation）加盟の大学とカリフォルニア大学システムは、2008年にハーティトラスト（Hathi Trust）[10]というデジタルコレクションの保存と共有、共同利用の仕組みを構築した。GLP (Google Books Library Project) やインターネットアーカイブ（Internet Archive）ですでにデジタル化されているコンテンツにそれぞれの参加機関が独自にデジタル化したコンテンツを加えて構築された大規模なリポジトリである。世界中で公刊された学術文献情報を包括的に保存し、利用に供しようとしたもので、共同実施機関（partners）はすでに90を超え、その会員（membership）は世界中に開かれている。その利用は、基本的には参加館の教職員、学生、院生ということであるが、パブリックドメインにあるものはもちろんのこと、法が許容し

9）http://self.gutenberg.org/
10）http://www.hathitrust.org/

契約で認められている範囲については、インターネットでアクセスする世界中のすべての人びとが利用できる。2013年1月現在、約1,060万冊のデジタルコンテンツを収録し、そのうちパブリックドメインは約330万冊を数える。レポジトリはインディアナ大学とミシガン大学が運営しており、所要経費は参加機関の共同負担とされている。

　2011年9月、アメリカ作家同盟（Authors Guild）を中心とする著作権団体等は、このハーティトラストを構成する主要な5大学（ミシガン大学、カリフォルニア大学、ウィスコンシン大学、インディアナ大学、コーネル大学）を相手取って、「大量の書籍のデジタル化は著作権を侵害するものである」として訴訟を提起した。翌10月、ニューヨーク連邦地裁は、ハーティトラストの大規模書籍デジタル化事業が連邦著作権法のもとでの公正使用にあたるとの棄却判決を下した[11]。連邦地裁判決を不服とした作家同盟は上訴していたが、2014年6月、第2巡回控訴裁判所は地裁判決の大方を支持し、構築された巨大な共同保存学術文献情報データベースの利用や広く開かれている情報検索とアクセスはやはりフェアユースに該当すると判示した。

2.3　青空文庫

　'青空文庫'[12]は、主として著者が死亡して50年が経過し、著作権が消滅し、文化的公共財として誰もが自由に利用できる'パブリックドメイン'におかれた著作物、そのなかでもかつては広く読まれた日本の文学作品を中心として、ボランティアの手で電子化され、インターネット上に無償公開されているコレクション、まさに善意の電子公共図書館である。この青空文庫は1997（平成9年）年に公開された。2014年現在の収録作品数は1万2,000を超えている。この青空文庫の管理・運営主体については、'ゆるゆるとした集団'という言葉が使われているが、いまも法人格のない任意団体だと思われる[13]。

---

11) 山本順一「時代に見合った図書館サービスの充実とフェアユースの法理」『専門図書館』Vol. 257, 2013.1, pp.16-23.
12) http://www.aozora.gr.jp/

アイデア自体は先に取り上げた1971年にはじめられた'プロジェクト・グーテンベルク'と同様であるが、日本の出版事情に通じた少数の人たちの発意と熱意、それに応えた多くの人たちが、大災害のときをのぞき、ボランティアとドネーション（donation：寄付）の文化が希薄な、またそれを育てる仕組みに乏しい日本の社会において、よくもこれだけの成果をあげえたものだと驚嘆を禁じ得ない。

青空文庫は国立国会図書館の活動をも支えている。国会図書館のデジタル化は基本的に画像としてである（テキストとして電子化するGoogleと大きく異なる）。国立国会図書館が構築するデジタルアーカイブの一部は、青空文庫が営々として入力してきたテキスト情報を媒介にして検索が可能となっている。スキャンすればできる画像ファイルではなく、手入力のテキストファイルであることにより、これまでもディスプレイ表示やプリントアウトで大活字で利用されてきたが、読み上げソフトを用いて音声としても利用されてきた。情報アクセス・バリアフリーをも実現してきたのである。

最近では、まだ数は少ないが、日本の公共図書館にも電子書籍を導入するところがあらわれた。しかし、そこで提供される電子書籍の少なくない部分が青空文庫の健気な努力にただ乗りするものに近いことは、社会的な力学が働いてか、図書館職員でさえ口にする人が少ない。

電子書籍の商品化で青空文庫を平然と利用している出版業界などの著作権ビジネス関係者は、アメリカをはじめとする欧米諸国が著作権の存続期間を著者の死後70年へと延長する事情を背景に、日本でも2000年代のはじめ、著作権の保護期間の延長を唱え、業界寄りの政府ではその議論が行われた。そのとき青空文庫の活動の中心をになってきた富田倫生は「あるタイミングで保護を打ち切れば、作品提供のコストを下げる余地が生まれる。縛りをはずせば、過去の作品を下敷にして、新しい作品を作ることも容易になる。個人の"資産"か

13）青空文庫の沿革については、野口英司・宮川典子『青空文庫ものがたり：インターネット図書館の開設から今日まで』に詳しい。〈http://www.aozora.gr.jp/cards/001739/card55745.html〉

ら社会のそれへと位置づけを変えることで、作品を、さまざまに活用する道が開ける」と考え、著作権の存続期間の延長に反対した[14]とされる。その富田は、2013年（平成25年）8月に亡くなった。彼の死後、彼の著書[15]のタイトルを冠した「本の未来基金」が創設され、そこに寄せられる寄付は青空文庫の蔵書拡大を進めるための有償校正に充てられるとされる。

■□コラム□■

政府情報を市民と共有する仕組み

　2008年現在で1,252館の連邦政府刊行物保管図書館があり、そこに出向けばスキルと知識のある政府情報担当のライブラリアンの支援を受けることができる。この連邦政府刊行物保管図書館は2種類あり、ひとつは地域保管図書館（Regional depository library）である。各州には最大2つの地域保管図書館が存在するが、たいていは州にひとつ。地域保管図書館はすべての政府刊行物を受入れ所蔵し、連邦政府刊行物につき、選択的保管図書館に対して図書館間相互貸借（Inter-Library Loan：ILL）とレファレンスサービスを行う。地域保管図書館の多くは大学図書館で、2008年現在52の地域保管図書館が存在する。6つの州には地域保管図書館がなく、他の州の地域保管図書館の支援を受ける。ワイオミング州には地域図書館の支援がない。

　いまひとつは、選択的保管図書館（Selective depository library）である。現在発行されている政府刊行物は膨大な量に達するので、「連邦政府刊行物分野一覧」「選定資料総合目録」を用いて、受け入れる連邦政府刊行物の範囲をみずからで限定するのである。ひとたび受け入れた資料については最低限5年は保有しなければならず、地域保管図書館の同意がなければ処分できない。現行法では、連邦議会下院議員選挙区（Congressional district）ごとに2つの選択的保管図書館が指定できる。準州については、知事が指定するものとされる。地域保管図書館は現在もなお多様な形態で政府文書を集め続けているが、最近では圧倒的にオンラインで利用されている。

　法に基づき、連邦政府刊行物保管図書館とされるものがある。南北戦争中の1862年に制定されたモリル・ランドグラント法（Morrill Land-Grant Colleges Act）の適用を

---

14)〈http://www.aozora.gr.jp/soramoyou/soramoyou2013.html〉〈http://www.aozora.gr.jp/soramoyou/soramoyou2005.html#000144〉
15)　富田倫生『本の未来』（アスキー出版，1997）は青空文庫のサイトで読むことができる。〈http://www.aozora.gr.jp/cards/000055/card56499.html〉

受ける大学で、一般に'土地付与大学'とも訳されるランドグラント大学(land-grant university) の図書館がそうである。それから、連邦政府機関の図書館、各州の最高裁判所等の図書館、認定を受けたロースクールの図書館は、連邦政府刊行物保管図書館の指定を受ける法的要件が整っている。

連邦政府刊行物保管図書館は、一般市民に対して他の利用者と分け隔てなく連邦政府情報を無償で提供する義務がある。インターネットが日常的に利用される今日、政府刊行物の定義に含まれる医学生物学論文へのアクセスが阻害されないように、市民が利用するワークステーションのインターネット検索の結果についてはフィルターをかけることができないとされる。所蔵コレクションについては、保管図書館は政府文書以外に少なくとも1万冊の図書がなければならないとされる。保管図書館の指定は当該図書館の判断で任意に返上できるし、政府刊行物管理官がふさわしくないと判断したときも廃止できる。

ちなみに、茨城県の牛久市情報公開条例（平成16年9月17日条例第34号）で、'著作権の取扱い'という条文見出しをもつ26条の2は、原則として、条例など著作権法上著作権が認められないものを超えて、著作権法15条にもとづき職務著作として著作権が認められる、牛久市の職員が職務上作成した公的情報についても著作権を主張せず、インターネットを含めて、市民の自由な利用を認めている。この牛久市の職務著作の著作権開放はアメリカの連邦政府の職務著作物に著作権を認めないという制度に学んだものである。

| 第10章 | 図書館の社会的責任と知的自由の保障 |

1 図書館の社会的責任

1.1 アメリカでの取り組み

　'社会的責任'(social responsibility)という言葉は、'企業の社会的責任'(corporate social responsibility)という使い方で、経営学の分野ではしばしば用いられ、最近では大手企業が毎年社会的責任を果たしていることを示す年報を投資家や市民に向けて発行するまでになっている。しかし、'企業の社会的責任'という言葉は、必ずしも明確な定義と範囲をもつ概念とはされていない[1]。もっとも、'企業の社会的責任'といえば、一般的には、市場に商品とサービスを継続的に販売している個々の企業に対して、一定の社会関係のなかで、直接・間接に利害関係を有するステークホルダーとの相互作用のなかで、環境問題や安全性の問題、労使間の問題など企業市民として、表面的に法規範を遵守するだけでなく、より広範で本質的な社会的責任を果たすことを要請するものと理解してよかろう。とはいっても、特定の企業が時代と社会、コミュニティと価値、正義感を共有することによって、信頼と好印象を獲得し、ブランド価値を高めるということは、市民や消費者の支持を得て、究極的には長期にわたる利潤と安定的持続的経営を確保することにつながる。

　利潤の獲得と存続を至上命題とする企業と異なり、非営利無償で教育的、公共的機能を期待される図書館の世界でも、'社会的責任'という同じ言葉が使われる。国際図書館連盟に'情報へのアクセスの自由と表現の自由に関する委

---

1) David Crowther and Güler Aras, Corporate Social Responsibility, Ventus Publishing ApS, 2008, p.10. 〈http://www.mdos.si/Files/defining-corporate-social-responsibility.pdf〉

員会'(Committee on Freedom of Access to Information and Freedom of Expression：FAIFE)という内部組織がある。そこが2005年に発行している報告書にアルフレッド・ケーガン(Alfred Kagan)の「国際図書館連盟と社会的責任：図書館専門職の中核的価値」(IFLA and Social Responsibility: A Core Value of Librarianship)[2]という論稿が掲載されている。

　IFLAの報告書で'図書館の社会的責任'を論じたケーガンは、アメリカ図書館協会における動きを紹介している。アメリカ図書館協会(American Library Association：ALA)のなかに'社会的責任に関するラウンドテーブル'(Social Responsibilities Round Table：SRRT)が設置されたのは1969年のことであった。この時期、1960～70年代のアメリカは、ベトナム反戦運動や黒人差別の撤廃を目指した公民権運動、女性の地位の向上、マイノリティや障害者の人権への配慮、環境保護運動などが展開し、1972年にはウォーター・ゲート事件が発生する。社会派弁護士ラルフ・ネーダー(Ralph Nader, 1934-)の活躍もこの時期で、GMを含む自動車産業をはじめとする企業の社会的責任が喧伝されたことも、アメリカ図書館界で図書館の'社会的責任'が大きく意識されることになったものと思われる。

　SRRTは、社会的な諸問題、そこに存在する現実的不平等を認識し、解決をめざし、アメリカ図書館協会と図書館専門職、図書館の世界をより民主主義的なものへと改善・強化することを目的としているという[3]。ニューズレターの発行などを通じて、様々な見方を提示し、図書館とその役割について、SRRT内外での議論を喚起し、アメリカ図書館協会の年次総会や冬期集会での決議に結びつけ、アメリカ図書館界の総意を表出し、社会的影響を期待するというやり方である。

　SRRTが具体的に取り組んできた問題を眺めると、ホームレス、貧困や格差、

---

2) Al Kagan, "IFLA and Social Responsibility: A Core Value of Librarianship." In *Libraries, National Security, Freedom of Information Laws and Social Responsibilities : IFLA/FAIFE World Report.* ed. by Susanne Seidelin and Stuart Hamilton. pp. 33-43. Copenhagen : IFLA/FAIFE, 2005. 〈http://www.indiana.edu/~libsalc/african/IFLA.pdf〉
3) http://www.ala.org/srrt/about-srrt

環境問題、エイズ、ジェンダー、インターネットへの接続、メディア環境の変化、生涯学習、生涯にわたってのリテラシー能力、癒着や汚職と戦うための政治の透明性、愛国者法への反対など、アメリカの政治と経済社会が抱える大きな諸問題についての積極的発言である。エイズの感染が拡大しないように、図書館がコンドームを配布するのも、図書館の社会的責任といえなくもない。現在、同性婚の問題がアメリカ社会をゆさぶっているが、アメリカの公共図書館では、ホモやゲイ、レスビアンなどの資料コレクションを構築するのは当たり前であるし、特別コーナーを設置しているところも少なくない。そこには、社会的矛盾と弱者に眼を向けた進歩的な価値観（progressive priorities）が存在する。

1.2 よりよい民主主義社会の実現にむけて

次に、国際図書館連盟の図書館の社会的責任を論ずる場である'情報へのアクセスの自由と表現の自由に関する委員会'の使命（FAIFE Mission）[4]をみることにし、それを手掛かりにさらに考えてみたい。

図書館は、情報や思惟、想像力の産物へのアクセスを提供するところで、知識や思想、文化へのゲートウェイの役割を果たすといわれる。また、図書館は生涯学習のほか、個人と組織の主体的な意思決定、地域社会の文化的発展に対して、かけがえのない支援を与えている。

ひるがえって、'図書館は何のために多くの文献を集めるのか'という問いを起点に考えてみよう。形成された図書館コレクションと利用可能な文献群は、ひとつの価値観に彩られたものではなく、さまざまなテーマにつき、相対立する見解を含む多様なものの見方がそこには含まれる。その古今東西、右から左まで全方位のあらゆる表現物を利用者に提供するということは、それを利用した人たちによる民主主義的対話を刺激し、図書館の内外から、その対話の輪が世界中に広がることを期待している。図書館の存在意義は、その利用者を通じ、活発で、生産的な民主主義的対話の実現とその維持・拡大にある。

---

4) http://www.ifla.org/faife/mission

第 10 章　図書館の社会的責任と知的自由の保障

　主権者である図書館利用者は、国家意思の形成に参加する権利を持つ。よりよい政治や統治を目指すには、図書館は利用者の政府情報へのアクセスを推進し、情報公開制度の活用を促進する義務がある（アメリカの公共図書館や大学図書館では、政府情報担当の専門ライブラリアンが配置されている）。一定の価値観を体現し、それを押しつけざるを得ない刹那的な政府や公権力の関与は、対話を進める図書館活動からは原則として排除されなければならない。そこに崇高な‘表現の自由’の法理のひとつの棲み処がある。図書館から発した対話の過程で、そのインキュベーターである図書館、サポーターであるライブラリアン個人が一定の客観的で合理的な見解、政治信条を持つことはあり得る。しかし、図書館サービスの提供においては、図書館とライブラリアンは情報と知識、思想の媒介者で、宗教家、（価値を刷り込む）教育者たりえず、利用者の主体性を尊重しなければならず、またコミュニティの自律性や自立性をサポートすべき任務に拘束される。

　図書館利用を通じて、すべての人びとが自由な表現に出会うことができ、そこで考えた結果を表現の自由を行使し第三者に伝えることができる。‘自由な表現’に出会うには‘情報への制限のないアクセス’が認められなければならず、「図書館の権利憲章」にうたわれた‘知的自由’や「図書館の自由に関する宣言」に書かれた‘図書館の自由’が保障される必要がある。図書館という公共的な対話の場の安全性を確保するには、その対話の場に参加する図書館利用者の身の安全、プライバシーが保護されなければならない。

　図書館には表現の自由を保障し、それを促進する‘社会的責任’が課されている。その社会的責任を果たすために、図書館は多元的で多様な社会を反映する最大限の情報資料コレクションを形成し、保存し、利用に供しなければならない。図書館とライブラリアンたちは、利用者と話し合い、情報資料コレクションを豊かなものへと整備・拡充しなければならない。そのコレクション形成は、政治的検閲を免れ、道徳的、宗教的見解により制限されてはならない。

　究極において、図書館は利用者の知的自由を保護し、より良い民主主義社会の実現とそれを可能とする社会の構造革新に貢献する、基礎的な民主主義的価

値と普遍的な市民的権利の保護に仕える公共的装置にほかならず、公的部門の一角を占めつつも、公権力や私的権力との緊張関係が不可避となる。

　企業の社会的責任とは、株主や従業員、取引先、投資家、消費者など、そして市民社会のあらゆるステークホルダーに対して適切に配慮し、妥当な意思決定をなし、具体的に社会的活動を展開し、アカウンタビリティ（説明責任）を果たすことをいう。それに対して、'図書館の社会的責任'という理念の中核をなすものは、利用者の安全確保のためのプライバシーに留意しつつ、知的自由、図書館の自由という業界倫理が内包する、図書館から発する対話を導く'表現の自由'を、抵抗勢力と対峙しつつ、図書館とライブラリアンが主体的、能動的に擁護しているという説明責任（アカウンタビリティ）である。

　敷衍して、一点だけ確認しておこう。図書館の情報資料コレクションの形成にあたっては、「多様な、対立する意見のある問題については、それぞれの観点に立つ資料を幅広く収集する」、「著者の思想的、宗教的、党派的立場にとらわれて、その著作を排除することはしない」、また「（図書館）資料は，その創造にかかわった人たちの出身，経歴あるいはその見解を理由として排除されてはならない」、「図書館は，今日および歴史上の諸問題について，さまざまの観点にたつ，すべての資料および情報を提供すべきである。資料は，党派あるいは主義の上から賛成できないという理由で，締め出され，または取り除かれることがあってはならない」という文言は、'図書館の価値中立性'を確認していると理解されることが多いように思われる。この'価値中立性'という言葉は、多様性確保を目的とする図書館（内部）の資料選択の基本理念をあらわす内部（志向）的規範をあらわしている。図書館が社会的に責任を持ってかかわるところでは、たとえばどちらが現状維持的、保守的で、どちらが変革的（transformational）といった場合、図書館とライブラリアンの説明責任を果たす態度として、必ずしも'足して2で割る'中立（どっちつかず）のあいまいな態度をとることを意味しているわけではない。このような場合、図書館の態度と行動を問う'図書館の社会的責任'の理念は、価値中立ではありえず、進歩的価値観（progressive priorities）の採用を迫ることになる。その本来的任務か

らして、戦争反対は当然であるし、情報公開に背馳する政府が保持する秘密の拡大を容認しないのも、民主主義図書館としては当然の態度である。テロの脅威が社会を支配し、過剰な緊張を余儀なくされている現在、図書館としては、安全保障やセキュリティの強調の波をかぶって、日常的な図書館利用を萎縮させることがあってはならない。

2 '知的自由' の成り立ち

2.1 図書館の権利宣言

　'知的自由'（intellectual freedom）という言葉を聞くと、なにか世の中で広く用いられており、一般的に了解可能で、内容的にも成熟した基本的自由に関する法的概念だと思いがちであるが、実はそうではない。この耳触りの良い響きがする理念はアメリカの図書館実務の世界で育てられたもので、それが日本に輸入されたときには '図書館の自由' という言葉に置き換えられたのである。現在では、どの程度の内包を共有しているかは定かではないが、教育の世界やマスコミなどでもときに用いられ、フリー・ソフト運動などの情報の世界でも言及され、さらには政治行政の分野でもこの言葉を耳にし、目にすることがある。狭い実務の部分社会で鍛えられた業界倫理のような観念が次第に広い範囲で口にされるようになった背景には、社会的規範と目される普遍性を備えるだけではなく、知的自由という理念が国際条約や各国の憲法の基本的人権規定、各種法令に定められた法的価値と密接に関連し、それが損なわれるときには公法的な紛争事件として立ち現われ、法規範とともに成長する部分をもつからだろうと思われる。

　'知的自由' が明確な姿をとって登場したのは、1930年代のアメリカの公共図書館においてである。世界的に大きな経済不況に見舞われた1930年代は、ヨーロッパではドイツにヒットラー（Adolf Hitler, 1889-1945）率いるナチスが台頭し、ナチズムにとって好ましくない多数の文献に国家主義に酔う学生たちが火をつける事件もあった。また、イタリアはファシスト党のリーダー、ムッソ

リーニ（Benito Amilcare Andrea Mussolini, 1883-1945）が支配し、アジアでは日本が中国を侵略していた。ソビエト連邦はスターリン（Joseph Stalin, 1878-1953）の独裁下に置かれていた。このような不安定な国際情勢を背景として、アメリカ国内の言論にも偏狭な空気が支配し、親ドイツ的な文献については不寛容な傾向が見られた。アイオワ州の州都にあるデモイン（Des Moines）公共図書館長を務めていた、ジャーナリストの経験があるフォレスト・スポルディング（Forrest Brisbin Spaulding, 1892-1965）[5]は、1938年に検閲に反対する「図書館の権利宣言」（Library's Bill of Rights）を起草した。この「図書館の権利宣言」はデモイン公共図書館で公式文書として採択されただけでなく、翌1939年に刊行されたアメリカの暗部を克明に描いたジョン・スタインベック（John Ernst Steinbeck, 1902-1968）の長編小説『怒りの葡萄』（*The Grapes of Wrath*）が物議をかもし、アメリカの図書館の姿勢が問われることになり、アメリカ図書館協会は1939年6月、評議会において検閲に反対するデモイン公共図書館の「図書館の権利憲章」と同様の内容を持つ「図書館の権利宣言」を採択した。

　この1939年に採択された「図書館の権利憲章」（当初はLibrary's Bill of Rights）の目的は検閲に屈することなく、一方に偏らない資料を選択・入手し、バランスのとれたコレクション形成をめざすということにあった。図書館内部の資料選択の基準としての性格が濃厚なものであった。市民に公平に開かれた集会室の利用もそこに定められていた。

2.2　基本的人権の保障としてのコレクション形成

　共産主義への恐怖（Red Scare）に駆られたマッカーシー旋風の高まりを背景に1948年に「図書館宣言」が改正され（このとき以降 'Library Bill of Rights' となる）、同宣言はコレクション形成上の資料選択基準としての性格に加え、その偏りのないコレクションを利用する市民の基本的人権の保障としての性格が意

---

5) スポールディングの略歴については、「フォレスト・スポールディング：図書館の権利宣言」（*Forrest Spaulding : Author Library's Bill of Rights*）という簡単な資料がインターネット上に公開されている。〈http://publications.iowa.gov/9347/1/Spaulding.pdf〉

識されるようになった。図書館は、利用者市民に対して、連邦憲法修正1条が保障する表現の自由を行使する前提としての森羅万象あらゆる事柄、古今東西の多様な思想家の様々な思潮にふれることができる知る権利を保障する公的機関として再構成されることになったのである。

　1961年には「図書館の権利宣言」が改正され、図書館の利用に関する人種や宗教、政治的見解による差別を否定する文言が加えられ、1967年には、図書館は年齢や社会的見解を理由に利用者を差別しないことを「図書館の権利宣言」の改正で明らかにした。1996年には、情報資料へのアクセスに関し、年齢による差別をしないことを再度確認している。1971年には、アメリカ図書館協会は「図書館の権利宣言」が利用者に対してあらゆる情報へのアクセスを保障していることは、どの情報資料を選び取り利用したかという利用者の利用事実の秘密性の確保が不可欠であることを認識し、「図書館の利用記録の秘密性に関する宣言」(Policy on Confidentiality of Library Records) を公表している。その後の社会秩序の維持のための刑事公安活動の高揚は「図書館の権利宣言」が含意している図書館利用者のプライバシーや秘密の保護を強く要請するようになり、2001年の同時多発テロ事件を契機として制定された愛国者法と「図書館の権利宣言」の中核理念である知的自由との相克が問題とされる状況になっている。

　図書館の人事管理においても、知的自由は採用や研修の大きなポイントと認識されている。また、日本では、*Statement on Intellectual Freedom in Libraries*[6]と英訳される「図書館の自由に関する宣言」が'知的自由'に関する基本的職業規範である。国際図書館連盟は、2002年に「図書館、情報サービスおよび知的自由に関するグラスゴー宣言」(The Glasgow Declaration on Libraries, Information Services and Intellectual Freedom)[7]を公表し、知的自由は国際連合世界人権宣言に規範的根拠を持つもので、その擁護が「世界中の図書館情報専門職の中核的な責務」であることを確認している。

---

6) https://www.jla.or.jp/portals/0/html/jiyu/english.html
7) http://www.ifla.org/publications/the-glasgow-declaration-on-libraries-information-services-and-intellectual-freedom

3 '知的自由'概念の構造

'知的自由'という概念は、1930年代のアメリカ図書館界で生まれたものであるが、一般の百科事典や法学辞典などの項目に取り上げられるほどには一般化してはいない。しかし、教育分野やマスコミ、およびフリー・ソフトウェア運動など情報の世界、さらには政治行政分野でときに言及されることがある。ここでは、アメリカ図書館協会がインターネット上に公開している「知的自由と検閲 Q&A」[8]をも手掛かりとして、図書館界を中心に発達してきた知的自由概念の構造について考えてみたい。

'知的自由'は「なんら制限されることなく、あらゆる観点にもとづく情報を探索し、受け取ることができる、すべての個人がもつ権利」と定義される。「その権利によって、それを通じて、ひとつの問題、因果関係、あるいは運動のあらゆるかつすべての側面を探究することができる、あらゆる思想の表現への自由なアクセスが得られる」[9]のである。

3.1 知る権利の享受と表現の自由

図10.1を用いて説明しよう。知的自由とは個人が合理的人間として成熟し、身の回りの環境からそれに接続する社会に向けて、その成果を発揮する能力を獲得するために、個々人対してなかば自然権的に保障されなければならないものである。そのためには、真空状態では思考が深まるはずはなく、あらゆる情報、多種多様な見解、すべての思想に対して、なんらの制約もなくアクセスできなければならない。それらに接し、自分の抱える諸問題について考え抜き、因果関係等を明らかにし、適切な対応策を見出し、解決に向けて行動を起こす

---

[8] 原文は、American Library Association (ALA), "Intellectual Freedom and Censorship Q&A"〈URL: http://www.ala.org/ala/oif/basics/intellectual.htm〉邦訳は在日アメリカ大使館のウェブサイトに掲載されている。〈http://aboutusa.japan.usembassy.gov/j/jusaj-japanese-intellectualfreedom.html〉

[9] http://www.ala.org/advocacy/intfreedom/censorshipfirstamendmentissues/ifcensorshipqanda

第10章　図書館の社会的責任と知的自由の保障

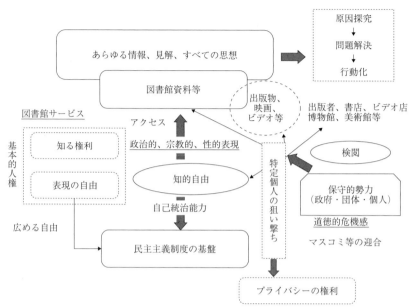

図10.1　知的自由概念の構造

ことができる。経済的に恵まれた者、社会的に高位なポジションを占める者などは、それら必要な情報やデータ、所説を容易に入手できる。しかし、ふつうの庶民、社会的下層から這い上がろうとする人たちにとっては、無償で利用に開かれている公共図書館を利用するほかはなく、図書館サービスを通じて、ようやく'知る権利'を享受できる。図書館はまさにそのための施設である。

　そのような知的自由をわがものとすることによって、人びとはみずからにふさわしい幸福を実現しようとする自己統治能力を身に着ける。しかし、人間社会においては、自分の安定的幸福を得るには、自分だけではなく、社会をも変革しなければならない。図書館等において知る権利を通じて得た知識とスキルを身近な社会に広めなければならず、近代憲法はそれを'表現の自由'として保障している。知る権利と表現の自由という表裏一体の法的権利を定めたものがアメリカでは連邦憲法修正１条であり、日本国憲法21条である。まさしくこれらの覚醒した人たちが民主主義社会の基盤を構成する。

しかし、このような実質的に最大多数の最大幸福を担う人々をはぐくむ知的自由という理念が切り拓く過程を快く思わない、思えない人たちがいつの時代にも、どこの社会にも一定の数を占める。しかも、多くの場合にはその多数派は不合理に満ちた現状を快適だと感じ、安住しようとする。保守的勢力胚胎の基盤である。そうした保守的勢力を構成する企業や各種団体、そしてそれらを秩序付ける政府は、自分たちにとって都合の悪い事実や情報、思想、学説等を知的自由の対象から排除しようとする。その内容のほとんどは、反体制的・非体制的政治的情報、宗教的信条、過激そうに見える性的表現である。現行体制変革の懸念、道徳的危機感が公権力の行使を要請し、一方で政府秘密を拡充するとともに、'検閲'が行われる。ここでいう検閲には事前検閲だけでなく、事後の検閲、すなわち禁書、自己規制の押し付け等が含まれる。保守勢力の一部をなすか、それと太い紐帯で結ばれているマスコミ等はこのような動きに迎合し、露見しかかった事実、情報、異端の所説の秘匿に協力する。

　この公権力の検閲や取り締まり、および保守的勢力が関係当事者に自主規制を迫るなどの対象はモノとヒトの2方向に発現する。モノとしては図書や雑誌、映画やビデオ、さらには芸術作品も対象とされ、それらを商品として販売・提供している出版社、書店、ビデオ店などが取り締まりの対象とされる。図書館がそれらのものを図書館資料として所蔵、提供している場合にはそれらが官民による禁書処分の強制、除籍・廃棄が求められる。

　一方、検閲や禁書の対象となった資料、現体制批判の内容、保守的道徳観、宗教的異端の傾向、内容をもつ文献、情報等にアクセスした個人は、政府をはじめとする保守的勢力に監視され、狙い撃ちにされる危険性が少なくない。刑罰が科される関係規定が置かれることもある。全体主義国家や狂信的反民主主義国家はそのような多くの人たちを犠牲者としてきた。

　自由闊達な民主主義社会のさらなる発展を期するとき、現在の少数派は守られなければならない。そのためには保守的体制構造のなかでそれらの人びとを温存する必要があり、その人たちの批判的感性、思想傾向、読書趣味等にかかわる事実とデータはプライバシーとして法的に保護されなければならず、匿名

の多数の人たちの知的自由の擁護者である図書館は陣頭に立って、利用事実等を'ライブラリー・プライバシー'として外部勢力に対抗して秘匿する責任を負っている。

　付随する事柄についてもふれておきたい。千差万別の事実やデータ、多種多様な主張、様々な内容を持つ言説が、知的自由という理念のもとに、政府の検閲や民間の禁書等の動きに対して保護されるべきであるが、法的保護の対象とすべきではなく、検閲されて当然と広く考えられているものが存在する。ひとつは、曖昧模糊とした時代と社会の相違によって内実が相当に変化する概念であるが、'猥褻'なるものである。必然的にそこにある自然物は一定の機能を果たし、実益を発揮しているため、そのもの自体を'猥褻物'として現実世界から放逐してしまうわけにはいかない。社会的文脈が'猥褻物'を人為的に作り出し、特定の自然物とその運動にリアルに似せてこしらえられた表現物が'猥褻物'として、多くの人たちから目の敵にされる。社会総体の多数決で決めてもよさそうなものであるが、アメリカでも日本でも裁判過程で個々に決定すべきとされている。アメリカの基準は、①性的に不健全でみだら、②特定の州法で禁止されている特定の性行為を対象、③文学性、芸術性、科学的価値の欠如の3要件をあげている。日本の判例では、'猥褻'は「徒に性欲を興奮又は刺激せしめ、且つ普通人の正常な性的羞恥心を害し、善良な性的道義に反するもの」[10]とされている。図書館では、確定判決で'猥褻'とされたものについては、一般的な利用には供されない。児童ポルノについては、実写のものはそれ自体が児童を性的に搾取するものであるので、許されるはずがない。

　子どもを訓育することは親権の中核であるため、それぞれの家庭において個々の子どもについて、親が望ましいと考える方向で読者やメディア視聴の内容を決定できるとされ、これは知的自由概念の埒外とされる。図書館の任務は、親が行う読書を通じての家庭教育を支援することにあると理解されている。しかし、多くの場合は性的表現にかかわるもので、ハイティーンの青少年、大人と子どもの境界年齢層に対して、このようなドグマが論理的に有効かどうかは

---

[10] 最判昭和26年5月10日刑集5巻6号1026頁。

問われるべきである。

3.2 資料選択行為における図書館の姿勢

　知的自由を侵害する検閲と図書館で業務として行われている資料選択が結果としてはともに特定の情報資料を取り除く、取り除こうとする行為であるところから、検閲類似の外観をもつ図書館の資料選択自体を問題とする議論がなりたち得そうに思われる。政府などが行う検閲行為は政治的傾向、宗教的色彩、過剰な性的表現を明示的に対象として特定の情報資料を性急にかつ強烈に排除しようとするものであるのと異なり、建前としては、図書館が専門的業務の一環として行う資料選択行為は長年の経験に裏打ちされた一定の基準にもとづくもので、多様で幅広い内容の情報資料の確保に努める過程での、重複、類書、高価、コミュニティの関心度等の客観的な要件の該当の有無から合理的な排除である。また、現実に資料選択の過程で受け入れることができなかった情報資料については、利用者のニーズがあれば、図書館協力でその欠を積極的に埋め合わせる手段もとっており、資料選択から漏れたものを積極的に提供している。

　逆に、図書館が資料選択の過程で基準をあてはめ所蔵し、提供している情報資料だからといって、そこで唱えられている主義主張、内容を良しとして図書館が利用者に対して伝えようとするものではない。図書館は、知的自由を享受しなければならない利用者の求めに応じて、情報思想空間の一座標を占めるものを提供しているに過ぎない。

　政府をはじめとする現在の秩序維持を第一と考える保守的勢力と緊張関係をもたざるを得ない検閲・取締りに対抗する'知的自由'という理念をコミュニティのなかに根付かせ、民主主義的諸原理のひとつとして定着させるには、不断の積極的、能動的な政治的・社会的働きかけを必要としており、地域社会のリーダーを巻き込み、首長をはじめとする政治家、議会、関係行政部署に対して運動を続けるとともに、不幸にして関係する紛争が発生したときには知的自由擁護の活動を展開しなければならない。

3.3 知的自由と連邦憲法修正4条
——ライブラリー・プライバシーをめぐって

　知的自由について、少し異なる視点から、検討してみたい。最近読んだ1冊の本[11]が契機となった。図書館における知的自由については、刑事事件や公安事件の捜査との関係で問題とされることが少なくない。図書館の利用者が被疑者とされ、刑事事件や公安事件を解決するうえで、警察当局や裁判所から図書館が保有している利用者の貸出記録やインターネットの利用、接続などの利用者情報の提供・提出を求められることがある。このようなときに、図書館はどのように対応するべきかという問題である。

　なぜ警察当局がこうした図書館が保有する利用者に関する記録やデータを必要とするかといえば、被疑者とされる人物が犯罪ないしは反社会的行為を実行する過程で特定の図書館資料の存在が問題になったり、あるいはその犯罪等を実施するために必須不可欠の情報知識が掲載された資料を捜査員の訪問を受けた図書館が所蔵しており、その利用者を特定することによって犯罪等の解決、もしくは未然防止に役立つ可能性があるからである。

　アメリカでは、2001年9月11日の同時多発テロ事件のあと、ブッシュ（George W. Bush）政権はただちに外国諜報活動監視法（Foreign Intelligence Surveillance Act）の改正を含む愛国者法（PATRIOT Act）を制定し、イスラム原理主義者などによるテロ活動の防止など国家安全保障上の要請に応えようとした。そのような国家安全保障上必要な活動の一環として、FBIなどの捜査員が書店や図書館に対して、誰がどのような書物を購入したか借りたか、あるいは特定の書物を購入したり借りたりしたかなど、そうした市民の個人情報に関する情報資料の提供を迫ることができる権限が与えられたのである。それだけではなく、FBIなどの捜査員に対応した書店員や図書館職員に対しては、捜査員が来訪し一定の捜査協力が求められ、どのような対応をしたのかについては決して第三者にもらしてはならないとの口外禁止命令（gag order）も課されている。この

---

11) Stephen J. Schulhofer, More Essential Than Ever: The Forth Amendment in the Twenty-first Century, Oxford University Press, 2012.

制度については、アメリカ国内でも基本的人権を定めた連邦憲法修正諸条項に抵触するものとして、2001年の制定当初から各地の地方公共団体が反対決議をするなど反対も多く、アメリカの図書館界では一般に'知的自由'をうたった「図書館の権利宣言」に反するものと理解されている。

　1791年に成立したアメリカ連邦憲法修正第4条は、不合理な捜索・押収・抑留を禁止しており、「国民が、不合理な捜索および押収または抑留から身体、家屋、書類および所持品の安全を保障される権利は、これを侵してはならない。いかなる令状も、宣誓または宣誓に代る確約にもとづいて、相当な理由が示され、かつ、捜索する場所および抑留する人または押収する物品が個別に明示されていない限り、これを発給してはならない」[12]とされている。'身体、家屋、書類および所持品の安全'という文言の中核をなすものは'プライバシー'にほかならず、図書館資料の利用、館内からインターネット上の特定のサイトににアクセスした事実、利用したレファレンスサービスの内容等は修正4条の保護の範囲に入り、具体的に'相当な理由'を明示された令状がなければ、愛国者法のもとにおいても、セキュリティがライブラリー・プライバシーに優越するという法的論理は憲法適合的に強行できないもののように思われる。

　ひるがえって、日本国憲法にもアメリカ連邦憲法修正4条と同様の法律構成をもつ35条が定められている。そこには、「何人も、その住居、書類及び所持品について、侵入、捜索及び押収を受けることのない権利は、第33条の場合（現行犯逮捕）を除いては、正当な理由に基いて発せられ、且つ捜索する場所及び押収する物を明示する（権限を有する司法官憲が発する各別の）令状がなければ、侵されない」と定められている。刑事訴訟法279条は公務所照会請求を定め、「裁判所は、検察官、被告人若しくは弁護人の請求により又は職権で、公務所又は公私の団体に照会して必要な事項の報告を求めることができる」と規定し、捜査関係事項照会を定めた刑事訴訟法197条2項には「捜査については、公務所又は公私の団体に照会して必要な事項の報告を求めることができる」とあるが、具体的にセキュリティ（社会的安全）を優越させるべき'相当な理由'が

---

12) http://aboutusa.japan.usembassy.gov/j/jusaj-constitution-amendment.html

明示されていない限り、図書館利用者のもつ憲法35条の保護する人権的価値を図書館は尊重せざるを得ない。

4 情報へのアクセスの自由と未成年者の利用について
――動画（資料）の提供と SSN 利用――

4.1 アメリカ図書館協会の公式見解

　アメリカ図書館協会の「図書館の権利宣言」の5条（Article V）には、「個人の図書館を利用する権利は、出自、年齢、経歴、もしくは見解によって、拒否されたり、縮減されてはならない」と定められている。一見当然の道理を明確にしたものに映るかもしれない。しかし、実は、この条項がアメリカの図書館界では、大いに問題とされているのである。それは、1948年の「権利宣言」の大改正の時に情報へのアクセスの拒否の根拠としてはならないとして具体的に出自、経歴、見解とともに加えられ、1996年にあらためてその文言が再確認された'年齢'という言葉である。

　1989年にアメリカ図書館協会が公表し、2004年に改正を加えた「子どもとヤングアダルトの非印刷資料へのアクセス：図書館の権利宣言の解釈」（Access for Children and Young Adults to Nonprint Materials: An Interpretation of the Library Bill of Rights）[13]という解釈文書は、アメリカのライブラリアンたちに対して'年齢'による利用者差別を戒めている。

　法が直接、しかも明確に禁止していない限り、図書館資料とサービスは、市民のすべてに対して、自由で制限されない利用を保障されるべきだと説き、この原則は未成年に対しても変わるところはないとする。社会には、映画やゲーム等に関して、業界団体が定めた観客層の指定や利用層の指定があるが、これを図書館サービスや利用の基準として用いることは、特定の資料につき図書館がその内容に対して警告を表明することになる。それは、図書館にとって検閲削除（expurgation of library materials）、レッテルを貼っての内容の決めつけ（labeling）を構成し、図書館がみずから検閲行為に加担することにほかならず、

---

13) http://www.ala.org/advocacy/intfreedom/librarybill/interpretations/accesschildren

「図書館の権利宣言」の精神に反するという。

　未成年者に対して、どのようなサービスを利用してもよいか、どのような資料にアクセスしてもよいかを決定しうるのは親だけであるとする。図書館は親の立場にとって代わることはできず、基本的には未成年者といえども成人同様の資料へのアクセスが認められなければならない。非印刷資料の利用につき、親の意向が関与しうる年齢の範囲と未成年者が主体的に単独で判断できる年齢の境界を議論することは、未成年者の図書館利用を縮減することになり許されることではない。未成年者の図書館サービスの利用や資料へのアクセスの提供について積極的に行うべきことは、未成年者が利用することが望ましい資料のリストなどを図書館が積極的に作成し、親や未成年者にアドバイスを行い、未成年者を優れた資料へ誘導することが大切である。この望ましい資料リストの作成・提供は、図書館による検閲にはあたらない。成人同等に未成年者の図書館利用の権利を認める「図書館宣言」に対するアメリカ図書館協会の公式見解は以上の通りである。

4.2　未成年者によるアクセスの自由への疑義

　このようなアメリカ図書館協会の「図書館の権利宣言」を墨守しようとする姿勢に対して、ジュリアン・エイケン（Julian Aiken）は「時代遅れで役立たない？「図書館の権利宣言」再考」（Outdated and Irrelevant? Rethinking the Library Bill of Rights)[14]と題する論稿で、「図書館の権利宣言」が図書館業務において検閲に対抗する合衆国憲法修正１条に定める諸権利を守る大切なものであることは認めつつも、この未成年者に対する「図書館の権利宣言」の取り扱いについて疑義を呈する。

　同宣言５条が'年齢'によって図書館利用の権利の範囲を制限しないということをうたってきたことが、アメリカ図書館界では長年にわたり問題とされ、図書館現場に亀裂を生じさせていることを指摘する。そして、2006年に行った

---

14) Aiken, Julian, "Outdated and Irrelevant? Rethinking the Library Bill of Rights"（2007）. *Librarian Scholarship Series.* Paper 1.〈http://digitalcommons.law.yale.edu/ylss/1〉

公共図書館長を対象とする青少年に対する非印刷資料の提供についてのアンケート調査[15]の結果を紹介する。実務的には、アメリカの多くの公共図書館では、保護者の承諾書があれば、未成年の非印刷資料への自由なアクセスを認めている。回答者の3割程度は非印刷資料への未成年者の自由なアクセスは認めず、4割はソーシャル・ネットワーキング・サイトへのアクセスを認めていない。そして、回答者の半数がこの点に関して「図書館の権利宣言」は守られていないと答えている。また、未成年者に資料への自由なアクセスを認める保護者の承諾書があればとする現在の実務慣行について、労働時間の延長、夜間労働、週末労働の拡大が親子のコミュニケーションの機会を奪っている現実を指摘している。

　エイケンは、「図書館の権利宣言」が定めているあらゆる情報資料への自由なアクセスは、未成年者には認めるべきではないとの主張をしており、アメリカの公共図書館ではこのような考え方をとる人は現実には少なくない。

　彼女の論稿にも言及されている、2000年に制定された'インターネット利用における子どもたちの保護に関する法律'（Children's Internet Protection Act）は、学校と公共図書館を対象としたインターネット利用に関する通信料金の割引制度（E-rate）の適用を受けようとする場合には、猥褻画像や児童ポルノ、または未成年にとって有害なコンテンツへのアクセスを遮断するフィルタリング・ソフトのインストールを義務付けており、また未成年者のオンライン利用行為の監視をはじめ、未成年に適切なオンライン利用行為の教育をすることを促している。ソーシャル・ネットワーキング・サイトやチャットルームでの望ましい振る舞い、サイバーいじめ（cyberbullying）への認識とそれを行わないようなインターネット上での対話の仕方を未成年者が学ぶよう指導すべきこととされている。ここではソーシャル・ネットワーキング・サイト等へのアクセスを禁止すべきだとはいっていない[16]。また、図書館サービス・技術法（Library

---

15）公共図書館長400人を対象とした。回答者は110人で、回収率は27.5％であった。
16）独立行政法人日本貿易振興機構（JETRO）が「米国における青少年保護のためのインターネット規制と運用」（2012年3月）を公表している。〈http://www.jetro.go.jp/jfile/report/07000913/us_youth_internet.pdf〉

Services and Technology Act：LSTA）にもとづく補助を受ける場合にもフィルタリング・ソフトの導入が求められる。

4.3　問われる図書館利用のフィロソフィー

　問題とされているのは、暴力行為や反社会的行為というよりも、エイケンの論稿にもある「'成人向き'の性質（"adult" nature）をもち、未成年には不適切な内容をもつ非印刷資料」という文言からも、セックスにかかわる画像・動画であることが明確に理解できる。

　日本では、「図書館の自由に関する宣言」（1954年採択、1979年改訂）には、国民の知る自由を保障する'図書館の自由'に関する原則のひとつとして、「すべての国民は、図書館利用に公平な権利をもっており、人種、信条、性別、年齢やそのおかれている条件等によっていかなる差別もあってはならない」としており、アメリカの「図書館の権利宣言」と同様の理念をうたっている。そして、原則として'図書館は資料提供の自由を有する'が例外的に「わいせつ出版物であるとの判決が確定したもの」は利用者のアクセスを認めないものとしている。そこには'年齢'は考慮されておらず、裁判所が'わいせつ'と決めつけた資料については大人も子どももすべての利用者のアクセスが拒否される。

　日本の公共図書館での利用者に対するインターネット接続サービスの整備は遅れており、またインターネット接続サービスを提供する公共図書館においても、ウェブサイトに示された情報やコンテンツは利用できるにもかかわらず、それは図書館の支配下にある図書館資料ではないとの理解があるようで、「図書館の自由に関する宣言」が適用されるかどうかはおぼつかない。現実には、利用者の知らないうちに館内設置のコンピュータにはフィルタリング・ソフトがインストールされている。

　ちなみに、日本では、青少年が安全に安心してインターネットを利用できる環境の整備等に関する法律（'青少年インターネット環境整備法'と略称、平成20年６月18日法律第79号）があり、同法は一般的にフィルタリング・ソフトの普及を目的としているもので、公共図書館を直接の対象とするものではない。日本の

図書館界においては、この問題はほとんど議論されないままに公共図書館にはフィルタリング・ソフトが導入され、成人もまたインターネット上のすべての情報にアクセスできない状況が放置されているところがある。

　アメリカの公共図書館で問題とされる未成年者の'性的な情報・コンテンツ'へのアクセスについては、知的自由の領域では周縁に属するテーマのように思えるかもしれない。青少年保護の目的からインターネット規制を法制化している国は少なくなく、エイケンの主張に分があると考える人たちが多数派であろう[17]。

　しかし、図書館が情報と知識の提供を通じて人びとの潜在的能力、感性の開発、成長を支援する使命を帯びていることに気がつけば、もっと成熟したフィロソフィーを鍛えるべきもののように思われる。フィルタリングはひとまずあるものを見せない、遠ざける、隠すというだけのものである。生物としての人間と彼らによって構成される社会が安定的に存続していくためには、法的、社会的には未成年に属しながらも大人に入っていこうとする境界年齢層の子どもたちには正しく身を守り、一定の成熟段階に入れば素晴らしい生（性）が実感できる愛の交歓を肯定的に受け止められる性教育を社会全体で行わなければならず、公共図書館もその一翼を担う責務がある。

　年齢を問わず、利用者が求める、必要とする情報や知識は、図書館が積極的に提供すべきである。基本的人権への正しい理解、他者を思いやり、いたわる気持ち、自分の生物的欲望が必ずしも満たされるわけではないことを広い視野から、適切な時期、発達段階に応じた内容を子どもたちに学ばせることに失敗した社会の対応が未成年者への性的な情報・コンテンツへのアクセス拒否の考えにつながるものと思う。子どもたちにとっての性的に安全な環境の維持・造成への努力と短絡的に情報へのアクセス拒否を混同するところにも問題がある。外形的、表層的な性を忌避するだけの議論に発展性はないと考える。

---

17) 日本貿易振興機構（JETRO）が「諸外国における青少年保護のためのインターネット規制と運用」（2012年2〜3月、2013年3月）を公表している。〈http://www.jetro.go.jp/world/asia/reports/07000913〉

■□コラム□■

白い紙が巻かれた本

　2013（平成25）年12月5日、アーカンソー州の州都、リトルロックにあるセントラル・アーカンソー・ライブラリー・システムの中央館を訪ねた。この図書館のサービス対象圏域は、プラスキ郡（Pulaski County）とペリー郡（Perry County）で、中央館に加え、リトルロック市内に7館、そのほかに4館の分館を擁する。かつては、ユリーカ・スプリングス、フォート・スミス、モリルトンと並んで、アーカンソー州内にあった四つのカーネギー・ライブラリーのひとつであったが、その建物は1964年に取り壊され、現在では5階建ての延床面積が1万2000㎡を超える立派なものとなっている。

　公園に面した1階の入口から入ると、右手のカウンターの奥に、利用者が自動貸出機を使って自分自身の手で資料を借りだせるように練習するところが設けられていた。そのさらに奥に予約棚（Hold Shelf）との表示がなされている書架が置かれている。利用者が借りようとした資料が運悪く貸出中の場合、ぜひともその資料を利用したい利用者は貸出予約をかける。その資料が返却されてきたとき、図書館は貸出予約をかけていた利用者のためにその資料を貸出予約をした本人のために予約棚に氏名のアルファベット順に並べておくことになっている。

　右の写真をみてほしい。貸出予約がかけられ、これからその希望者に貸し出されようとしている資料全体に白い紙が巻かれているのである。なぜ？　そう、その資料の背を隠し（全体が白い紙で巻かれているので、予約棚から引出したときには表紙も見えない）、タイトルが見えないようにしているのである。'図書館は利用者の秘密を守る'というライブラリー・プライバシーを確保する目的が徹底されているのである。

　リトルロックの図書館では、予約棚に置かれた本全体が白い紙にまかれていたが、地元アリゾナのピマ・

タイトルが見えない資料

第 10 章　図書館の社会的責任と知的自由の保障

カウンティ・パブリック・ライブラリーのある分館では予約された本が背を下にしてタイトルを見えない形にして、予約棚に貸し出しを待っている利用者の氏名のアルファベット順に並べられていた。

　日本の公共図書館では、まれに予約棚を設けているところもあるようであるが、一般にはカウンターの後ろの棚にとりおいて、予約者がカウンターにきたときに貸し出す形が一般的である。

第11章　逼迫する財政と図書館経営

　日本では、逼迫する財務環境のなかで、これまで図書館経営の合理化については、'ニューパブリックマネジメント'（New Public Management：NPM）という概念を用いて議論されることが少なくなかったように思われる。
　NPM は、1980年代以降、イギリスやニュージーランドなどの諸国で、血税を冗費として垂れ流さず、極力'小さな政府'を目指そうとするものである。そこでは経済的合理性を備えた民間の経営手法に学び、場合によっては民間企業の手を借り、結果として費用便益にすぐれた効率的で高品質の行政サービスの実現が図られる。この考え方を短絡的に図書館運営に持ち込めば、業務委託や指定管理者制度、市場化テスト、PFI（Private Finance Initiative）ということになる。現実に日本の図書館では、館種を問わず、また程度の差こそあれ、上記にあげたなんらかの手法を用いて、見事なまでにアウトソーシングが進んでいる。
　しかし、アメリカの図書館の世界では、財政的に厳しい環境におかれていることは日本と変わりはないが、NPM で唱えられるような資本主義的な民間企業の競争論理をにわかに肯定して、これをただちに図書館経営に持ち込もうとはしていないように思われる。もっとも、以下で確認するが、アメリカの図書館界も民間経営の論理に学ぼうとする姿勢に変わりはないが、旧態依然のサービスにとどまろうとしてはいないように思われる。

1　変革的リーダーシップとは何か

　アメリカ図書館協会は、「図書館専門職に必要とされる中核的な専門的能力」

(ALA's Core Competences of Librarianship)(2008年10月25日理事会承認、2009年1月27日基本方針として評議会が承認・採択)[1]を公表しており、ここでうたわれている内容が図書館専門職である'ライブラリアン'養成の教育内容を形づくっている。

　この文書の8番目に'経営と管理'(Administration and Management)という項目があり、そのなかに「e 原則的な変革的リーダーシップの背後にある理念、それに関連する諸問題、およびそれを実現するための方法」があげられており、ライブラリー・スクールでは'変革的リーダーシップ'(transformational leadership)について学習することが課されている。この'変革的リーダーシップ'という理念こそ、館種を問わずアメリカの図書館の世界において、望ましい組織管理や経営のあり方と考えられているのである。この'変革的リーダーシップ'理論もまた民間企業の成長を合理的に演出・牽引する理論として生み出されたもので、アメリカの図書館界はこれに学ぼうというのである。

1.1　'変革的リーダーシップ'理論の背景

　'変革的リーダーシップ'理論は、1980年代に本格的に議論されるようになり、現在さまざまな論者によりもっとも活発に論じられている。この理論が生まれてきた背景のひとつは、1980年代になりアメリカ経済が往年の輝きを失い、経済成長著しい国々に追い上げられ、熾烈さが増す一方の国際競争にさらされることになった。このような状況において、どのようにすれば個別企業の成長力を賦活し、アメリカ経済全体としての活力を持続できるかについて真剣に考えざるを得なくなった。各企業にとって、外部の市場環境が時々刻々変動し、複雑さが増すなかで、従来の硬直的な意思決定や先例踏襲的な、あるいは微調整的手続過程によったのでは、状況適合的で効果的な対応が困難だとの認識が広まったのである。激変する外部環境に抗して企業が存続し、さらに発展成長していくためには不連続な'変革'の実施が不可避だと考えられた。では、ど

---

[1] http://www.ala.org/educationcareers/sites/ala.org.educationcareers/files/content/careers/corecomp/corecompetences/finalcorecompstat09.pdf

のようにすれば、民間企業経営が惰性を脱し'変革'を可能とできるか。そこで成功裏に'変革'を遂げてきた企業群を観察するうちに、'変革的リーダーシップ'の理論が見出され、その考え方が大きな流れを形成するに至った。

1.2　核心はビジョンとプロセス

　安定的な外部環境を背景にもち、一定の目的をかかげ継続的に定型的な成果を生み出すことが期待される組織では、十分に定義され細分化された業務を分担し、その業務遂行の過程を権限を与えられた上司が監督する官僚的メカニズムで十分に機能が発揮でき、組織の維持存続が可能である。ところが、激動する外部環境に対応し、臨機応変に成果を極大化しようとすれば、先例に依存し、段階的に組織としての意思を固める稟議や会議を重ね時間を空費するわけにはゆかない。果断に的確な方向を見定め、迅速に行動に転化させ得る'リーダー'の存在が不可欠と意識される。リーダーは、必ずしも象徴的で名目的な経営者である必要はない。

　個人的な魅力ある資質を備えたリーダーがいれば、複雑構造を持つ難局を乗り切れると考える人はすでにいない。多士済々、多くのそれぞれに有能な部下をアメとムチで操る鵜飼いのようなリーダーもまた、それだけでは組織の合力を組織が生き残れる方向に収斂させることができるかどうかおぼつかない。'革新的リーダー'は具体的な諸活動に分解しうる明快な'ビジョン'を掲げ、周りの人たちを説得し、共有されるビジョンに突き動かされる人たちに一定の権限を委譲し、その部署でのサブリーダーとして同僚を率いて協働させる。そして、指揮命令系統が煩瑣な組織構造をとらず水平的コーディネーション型の組織に構築し直し、スピード感を持ってフラットな意思疎通を通じ、組織をあげて能動的に難局に立ち向かってゆく。このようなリーダーは組織の中心にひとり屹立しているのではなく広く連携し、各部署に散在して存在するサブリーダーを育て、次世代のリーダーを継続的に産み出してゆく。この仕組みづくりが大切で、この仕組みが'リーダーシップ・エンジン'と呼ばれる。

　革新的リーダーシップの核心は、ビジョンとプロセスである。主要な制約諸

要因から構成される基本的枠組みのなかで、リーダーによる明確な'ビジョン'の提示と説得が行われる。そのビジョンに共振した組織内の個々人が自身の担当する業務に関連し、具体的な業務革新を思い描くことができ、変革のロードマップが浮かび上がってくる。そして変革のプロセスに点火され、具体的な行動が広範囲に展開される。このとき、失敗から学ぶという試行錯誤の積極的姿勢も必要とされる。

1.3　求められる変革的リーダーシップとは何か

うえに紹介した民間企業組織における大規模な継続的変革を対象とした'変革的リーダーシップ'理論を図書館に適用すればどうなるのか、一緒に考えてみたい。

　一般的に、財政的に逼迫しながら、保守的思考が支配し、安定志向が強い図書館で変革の可能性に大きな希望を持つ人は必ずしも多くないと思われる。にもかかわらず、アメリカの図書館界でこの変革的リーダーが期待されているのは、それだけ危機感が広がっているとみることもできよう。図書館では、管理経営者とリーダーは必ずしも一致しない[2]。公共図書館における図書館委員会、大学図書館における管理機関、学校図書館における学校当局は、日常的に図書館業務にかかわっておらず、変革の支援はできても、実行は現場の役割とならざるを得ない。

　公共図書館がサービスを提供するコミュニティは、ますます都市化が進み、少子高齢化の傾向が深まり、移民やマイノリティ、新規来住者が増加している。大学図書館がサービス対象とする高等教育は大衆化が進み、情報リテラシー教育が不可欠となり、オンライン授業が増加し、遠隔教育の普及も著しい。また、行政や民間企業との共同研究が広く行われるようになった。学校図書館はオンラインで教室や児童生徒の自宅と結ばれ、地元公共図書館との連携も深まっている。また、館種を問わず、電子化が進行し、デジタル資料予算が急伸し、伝

---

2) Michael A. Germano, "Library Leadership that Creates and Sustains Innovation", *Library Leadership & Management*, Vol.25, No.1, 2011, p.3.

統的な図書や雑誌に変わって、電子書籍や電子ジャーナルの利用が広まっている。いまや間違いなく'変革過程に放り込まれた'図書館（"transforming" libraries）の実情を呈している。

　このような図書館が目指すべき方向は、一般的にはある程度合意されているようにみえる。従来持たれてきた伝統的な図書館像は、利用者の来館を待つ図書館であった。ところが、現在では、利用者コミュニティに打って出て、図書館は先を読んで行動（proactive）しなければならない。図書館の建物を飛び出し、コミュニティに飛び込み、地元の議員や地域の人びととともに図書館とアナログ、デジタルの情報資料の活用方策を考え、実行に移さなければならない。電子政府をサポートするべく、政府情報、行政情報を提供し、行政サービスのバックアップも担わされる。地域社会の改革、振興、成人には就職支援、児童生徒には宿題支援などがメニューとしてあがる。地域経済の振興、地元産業構造の革新まで公共図書館に期待されることもあり、中小企業の支援、ビジネス・インキュベーター（business incubator）の役割まで負わされかねない。

　大学図書館では、遠隔教育の管理・運営や、キャンパスではライティングの授業、演習科目などに参画することが期待される。ライブラリアンは、利用者コミュニティに組み込まれたエンベデッド・ライブラリアンとして臨機応変、縦横無尽に活躍することが求められ、あらゆる課題、トピックについての案内係となることが期待される'コンシエルジュ'・モデル（"concierge" model）も唱えられることがある。

　ひるがえって、デジタル環境の普及・拡大は、公共図書館に'メディア演習室'（media labs）を、大学図書館に情報コモンズ（information commons）の設置を迫る。創造（creation）と協働（collaboration）がキーワードとなり、図書館はコンテンツ素材を提供し、利用者とともにコンテンツづくりに取り組むこととなる。また、図書館に対して、FacebookをはじめTwitterやPinterest[3]などのソーシャルメディアを利用してのコミュニティ総体との交流を深めることが

3）写真共有（英語版）のウェブサイト。ピンテレスト日本語版については、以下のウェブページを参照。〈http://blog.pinterest.com/post/66730348514/pinterest-japan-launch〉

要請される。また、生まれたときからインターネットに親しんでいるボーンデジタルの若者たちは、一日24時間一週7日間図書館を利用できて当然との意識を持ち、図書館ポータルの充実とデジタル・ライブラリーの整備を急務と感じさせている。

　外部環境の変化に伴い、的確な図書館サービスを展開するには、図書館にもまた"変革型リーダーシップ"が求められているといっても、うえに述べたように、図書館業務の変革の方向についてはおおむねの合意が得られている。必要とされるのは、資金計画に適合し、合理的に可能な範囲で継続的かつ段階的にこの変革過程をスピーディに協働して実施できる、カリスマ性をもつリーダーを得ることである。館種と規模や、図書館を包含するコミュニティの地域特性に応じて、図書館の変革型リーダーシップの存在態様とリーダーシップの発動のされ方が異なるものと思われる。図書館予算の窮迫、デジタル化などの技術的進歩、サービス対象コミュニティの構造変化等が図書館に対して迫っている変化は、量的な変化（quantitative change）というよりも、質的な変化（qualitative change）である。

　日本の図書館にひきつけていえば、これまでの図書館予算の枠内を超えようとしない図書館事業の計画実施、アナログ時代の図書館業務の手法、類似団体・組織の図書館への横並び思考などを内省的に批判するとともに、閉鎖的な図書館界に固有の独自の論理と集団浅慮（group think）を捨て、外部環境とコミュニケートし、従来の平板な価値観を脱却し、デジタル・ネットワーク時代のある種の利用者コミュニティに寄り添う図書館実践（embedded librarianship）を再構築するには、やはり変革的リーダーシップが求められているように思われる。

② 寄付とアドボカシー

2.1　運営予算として機能する「寄付」の重要性

　人と組織がその生存と存在を維持するには、継続的な資金・収入を必要とす

る。館種を問わず、図書館が存続しそのサービスを提供するのに必要とされる公的資金は多くの場合、その設置する団体組織が主要な部分をまかなう。公立図書館の場合には地元の地方公共団体が、大学図書館の場合には設置大学が、学校図書館は当該学校がその規模とサービスに応じた資金を提供する。図書館が単独で独立している私立図書館の場合には基金等の運用のほか、主体的に収入確保を図る必要がある。

　日本の公立図書館や大学図書館、学校図書館は、設置する地方公共団体や大学の予算によって運営される。アメリカの公立図書館や大学図書館にも同じ事情が支配する。しかし、日本の図書館とアメリカの図書館とで大いに異なるのは、積極的に寄付を募るところである。図書館だけでがんばるのではなく、利用者を巻き込んで寄付を調達するのである。後にふれるが、その総額の図書館予算に占める割合は図書館によって異なるが、決して小さなものではない。

　ここで筆者がよく通ったピマ・カウンティ・パブリック・ライブラリーをとりあげ、図書館予算について論じてみたい。ピマ・カウンティ・パブリック・ライブラリーの予算の大枠は「アリゾナ州ピマ・カウンティ承認済予算2012-2013会計年度」(Pima County Arizona Adopted Budget Fiscal Year 2012/2013)[4]に示されている。この予算文書のタイトルから分かる通り、カウンティは州に属する下部行政組織で州政府や州議会の監督を受ける。この予算文書の'コミュニティ・経済振興'部門（Community & Economic Development）という項目のなかに公共図書館の予算があげられている。この部門の予算によって、教育、文化、社会、経済の発展が確保されるとあるように、公共図書館はなによりも地域振興を目的とする行政機関のひとつと位置付けられている。そして、この予算書には、洪水調節行政区（Flood Control District）、スタジアム行政区（Stadium District）と並んで'カウンティ無料図書館行政区'（County Free Library District）という語がでてくる。この行政区（District）という言葉は特別行政区（special districts）という言葉につながり、特定の行政目的のために設置されたなかば独立の行政組織であることを意味する。このことにより、ピマ・カウン

---

4) http://www.pima.gov/finance/AdptBdgt/2012-2013/Index.html

ティにおいて徴収される固定資産税のうち、法定された一定の割合が自動的にカウンティ無料図書館行政区に配分されることになる。また、ピマ・カウンティ・パブリック・ライブラリーのサービス圏域にはトゥーソン市が含まれ、同市は自立した地方自治体であるため、この広域図書館サービス行政に対して一定の分担金を拠出している。

ちなみに、2014年1月に州議会の下院におけるピマ・カウンティ・パブリック・ライブラリーの予算審議[5]から、ピマ・カウンティ・パブリック・ライブラリーの単年度の財政規模は6,500万ドル程度だと思われる。

この公立の広域圏公共図書館は、2012-2013会計年度において、図書館友の会が集めた24万2,000ドルの寄付を収入に組み入れている[6]。図書館友の会は図書館とは別の法人格を持つ組織で、この財団は、税法上、免税機関（tax-exempt organization）とされており、この図書館友の会、図書館財団に対して資産の譲渡や遺贈・寄付を行った者は、納税申告の際に所定の課税控除ができる。アメリカの公共図書館には必ずこのような寄付調達組織が存在する。

2.2 アドボカシーと図書館の能動的支持者の存在

図書館運営に要する予算や財源について厳しいことは、アメリカにおいても変わるところはない。アメリカ図書館協会の事務局長であるケイス・マイケル・フィールズ（Keith Michael Fiels）が、フロリダ州では2年続けて図書館予算がゼロ査定で、ニューヨーク州などでも図書館予算が激減したと述べている[7]。図書館の意義と効用を確信するアメリカの図書館界が'アドボカシー'（advocacy）、能動的支援を強調する背景には、長年にわたる図書館に投入される公的資金の確保についての危機感がある。

この'アドボカシー'というアメリカ社会でよく用いられる言葉であるが、

---

[5] http://www.library.pima.gov/pdf/HB2379-Impact-on-Pima-County-Public-Libraries-CH-Huckelberry.pdf
[6] http://www.pimafriends.com/index.php/about-pima-friends/donations
[7] Keith Michael Fiels, "A New Vision of Advocacy: Reflecting upstream and downstream", *american libraries*, June 2014, p.6.

ある資料にこのような明快な説明がなされていたので記しておきたい。アドボカシーは PR とロビーイング（lobbying）の組合せだというのである。PR は、最善の図書館サービスを提供しており、図書館について人びとに語りかける日常的なアドボカシーであり、ロビーイングは意思決定を行うひとたちや政治家に向けられたアドボカシーで、議会での公式の図書館に関する施策や事務事業の説明から地元の意思決定にかかわる人たちへの日々の図書館の状況を知らせることまでを含んでいる[8]。

　アメリカにおいては、一定の政策をよりよく実施していこうとするとき、その政策の実行を担当している行政組織自体が必要とされる公的資金の獲得にとどまらず、関係する法律や規則の制定・改廃に向けて、支援者を巻き込んで運動を展開することが少なくない（日本においては、直接関係する法律案や条例案の作成にかかわり、事務事業を担当している部署が与えられた予算が少ないと世論を巻き込んで抗議をすれば、関係者は見事に左遷されるであろう）。このアメリカ流のやりかた（American way）は、アメリカの公共図書館の世界でも日常的に展開されている。

　図書館の新設や増改築、施設設備の新規導入や更新、図書館サービスについては従来から行っているサービスの継続あるいは新たなサービスの導入に関する職員編成や研修など、関係法令の整備と所要の予算獲得が前提とされる。そのために、図書館にとって望ましいと思われる提案についての州民投票（initiative or referendum）[9]の可決成立を推進したり、図書館整備の州法や地方自治体レベルの条例の新設や改正、図書館整備に妨げとなる特定の立法の粉砕に努めたり、また図書館予算の獲得と増額などの運動を展開しなければならない。

　市民のすべてに対して、民主主義社会における無償の自由で平等な情報へのアクセスを保障する図書館の優越的地位について、恒常的に立法過程、行政過

8）ALA Office for Literacy and Outreach Services, *Guide to Building Support for Your Tribal Library,* ALA, 2008, p.2.
9）州議会における通常の立法作用に置き換わるものではないが、直接民主主義の原理にしたがって、特定の政策や方針について州民が賛否の意思を示す投票制度をいう。その多数決の結果は州法としての効力を持つ。

程に圧力をかけ続けるには、図書館を支持する世論の確固たる基盤を日常的に活性化しておく必要がある。多様な人々から構成され、質量ともに豊富な図書館の能動的支持者（library advocates）が不可欠とされるゆえんである。社会的影響力を行使するには、図書館の現実と課題、具体的な対応策のメニューと効果等について、情報の公開と共有、意見の交換と収斂が求められる。図書館の業務統計や年次報告を公開し、図書館の使命や戦略的計画をたんなる内部文書とするのではなく、説得と交渉の道具としなければならない。

2.3 民主主義は図書館を必要とし、図書館は能動的な支持者を必要とする

　図書館の能動的支持者には、図書館友の会の会員のほか、当然に図書館委員会の理事が含まれ、図書館利用者や地元社会の組織、コミュニティのリーダーにも加わってもらわなければならない（大学図書館の場合には有名な卒業生と同窓会が能動的支持者の主要な部分を占める）。ライブラリアンと図書館職員が能動的支持者と運命をともにし、手を携えて図書館世論をかきたててゆくことが期待されている。次の世代を構成する図書館情報学を学ぶ大学生たちにも戦列につらなってもらおう。多種多様な属性をもつ図書館の能動的支持者たち、アドボカシーは、館報、メルマガ、ブログ、eメール、電話など各種情報メディアを通じ、ネットワークとして組織化され、図書館支援が効果的に編成されるようにしなければならない。烏合の衆とならず、無駄な重複的努力を回避するには、アドボカシー運動体内部の責任分配と役割分担が求められる。アドボカシー運動体の活力を低下させないためには、構成メンバーに関する情報の定期的更新とコミュニケーションが必要とされる。

　ライブラリアンや図書館職員とアドボカシー運動体は、コーディネーターを要として、それぞれの問題につき共闘できるパートナーと連携し、マスメディア、行政機関、教育委員会、地方議会議員、州政府と州議会議員、そして連邦議会議員などに、直接面会、電話、手紙（郵送、ファックス）、eメールなどを通じて働きかける。

　市民、そして行政や政治にかかわる人たちに民主主義社会における図書館の

意義と役割をそれとなく知ってもらっておくためには、ターゲットとする政治・行政過程の要に就いている人たちに日常的に各種情報を提供するほか、通常は4月第2週 (the second full week in April) に行われる全米図書館週間 (National Library Week) の各種イベントに招くことが行われる。

　図書館にとって、アドボカシー・ネットワーク組織は、一朝事あるときのためだけに維持される組織ではない。通常の予算編成過程における聴聞については、図書館に関する目玉事業や存続が危ぶまれる事業の予算確保のための証言はアドボカシー組織のなかから適材を選べばよい。また、資金調達の問題はいつものことであるが、検閲、愛国者法 (USA PATRIOT Act)、情報リテラシー、インターネット・フィルタリングなど図書館が関係する時事的な問題について、テレビやラジオ、新聞などのマスメディアの取材があるような場合には、館長やライブラリアン、担当者ばかりでなく、状況に応じて、アドボカシー組織のなかから自分の体験を通じて話せる人をあてることも考えられる。地元の様々なイベントでの図書館からの発言についても同様である。結果として、図書館のイメージが高まり、図書館に対する理解が深化すればよいのである。図書館が主体的にその現状と問題を住民に語りかけようとしてテレビ・ラジオを利用するときには、その料金は非営利組織ということで特別の割引を享受できる。

　アメリカ図書館協会が図書館アドボカシー組織の大切さを説いているパンフレット[10]には、「民主主義は図書館を必要とし、図書館は能動的な支持者を必要とする」[11]と書かれている。

③ 制度化された補助金制度

3.1 博物館・図書館サービス協会

　博物館・図書館サービス協会 (Institute of Museum and Library Services：IMLS)[12]

---

10) Office for Library Advocacy, *Library Advocate's Handbook* 3rd ed., American Library Association, 2010.
11) *Ibid*, p.2.
12) http://www.imls.gov/

は、アメリカ合衆国連邦政府に属する独立機関として1996年にワシントン D. C. に創設された。アメリカ国内の図書館や博物館を連邦レベルで支援することを任務としている。この博物館・図書館サービス協会は、図書館サービス・技術法と博物館サービス法の二つの連邦法をあわせたオムニバス法である1996年博物館・図書館サービス法（Museum and Library Services Act of 1996）によって創設された。組織的には1976年につくられた博物館サービス協会と1956年に制定された図書館サービス法以来、連邦レベルで図書館行政を所管してきた教育省の内部組織である図書館事業課を統合して発足した。博物館・図書館サービス法は2003年に見直す時限立法とされ、2009年に最初の更新がなされている。

博物館・図書館サービス協会の諸活動は、アメリカ国内の1万7,500の博物館と12万3,000の図書館の振興を図るものであり、合衆国法典20編72章（Chapter 72 of Title 20 of the U.S. Code（20 USC CHAPTER 72）.）に法的根拠を持つ。

アメリカでは人口の69％を占める14歳を超える人たちのうち、1億6,900万人が図書館を利用しており、IMLS はその図書館とその実施する各種事業に補助金を提供している。補助金は、公共図書館、大学図書館、研究図書館、専門図書館、部族図書館（tribal libraries）[13]など、館種を超えて配分されている。2014会計年度予算案では、2億2690万ドルが博物館・図書館サービス協会にあてられ、博物館振興に3,010万ドル、図書館振興には図書館サービス・技術法にもとづく1億8,090万ドルが配分されている[14]。

博物館・図書館サービス協会は、全国的視野から博物館、図書館の振興に補助金を配分する役割を担っている。2015会計年度年の補助金支出採択事業につき、図書館に関するものを表11.1にあげておく。

表11.1にあげられた補助事業の選考、日本の行政用語を使えばいわゆる'箇

13）部族図書館（tribal libraries）というのは、アメリカインディアンの部族社会の運営の重要な一部を構成しており、部族として行う諸事業において基礎的な役割を担っている。トゥーソンには、部族図書館のひとつである Dr. Fernando Escalante Community Library & Resources Center がある。
14）http://www.nhalliance.org/advocacy/funding-priorities/institute-of-museum-library-services-fy2013.shtml

表11.1　2015会計年度　図書館振興助成プログラム

プログラム	助成額	説　明
ローラ・ブッシュ21世紀ライブラリアンプログラム	5万ドル～50万ドル	ライブラリースクールの学生の募集と教育、現職者の継続教育、および新しいプログラムとカリキュラムの開発を支援する補助金支給。
図書館に関する全国的水準の先導的試行に対する助成	5万ドル～50万ドル	STEM教育[*]に資する優れた図書館実践の振興、図書館のスペースの革新的利用の支援、および全国的なデジタル化プラットホームの推進に対する補助金支給。
図書館を刺激し、やる気を出させるための補助(Sparks! Ignition Grants for Libraries)	1万ドル～2万5,000ドル	図書館とアーカイブズの専門職にとってのサービス提供と業務の境界を拡大し実証実験する機会を提供する補助金支給。
ネイティブ・アメリカンのための図書館サービス支援：基本的教育/代替策評価の補助	採択案件により助成額は変動	連邦レベルで認知された部族支援のための非競争的補助。図書館資料の購入、職員の給与と研修の資金、およびコンピュータとインターネット接続の提供。
ネイティブ・アメリカンのための図書館サービス支援：整備拡充補助	15万ドル以下	連邦レベルで認知された部族に対する学習、情報へのアクセス、および協働事業を目的とするサービスの拡充に関する助成。
ネイティブ・ハワイアンのための図書館サービス支援	採択案件により助成額は変動	ネイティブ・ハワイアンにサービスをする組織の現行図書館サービスの拡充または新たな図書館サービスに対する補助。
太平洋地域およびアメリカ領ヴァージン諸島に対する図書館サービス・技術法にもとづく助成	採択案件により助成額は変動	太平洋地域の準州、諸島、アメリカ領ヴァージン諸島における図書館サービスを支援する補助金。

（＊）'STEM教育'は、科学（Science）技術（Technology）工学（Engineering）数学（Mathematics）にかかわる教育のことである。
（出典）*Guide to Funding Programs and Opportunities Fiscal Year 2015*, Institute of Museum and Library Services, 2014.

所づけ'ということになるが、その補助事業の選考採択の過程についてふれておきたい。それぞれの補助事業メニューについては応募資格が定められ、対象事業のガイドラインもあらかじめ示されている。そして申請考慮機関の担当者

は申請前にインターネットを利用したウェビナー（webinar）に参加すること
ができ、補助対象事業の内容につき採択側との質疑応答を含め学習すること が
できる。採択側の博物館・図書館サービス協会の担当者は、申請機関である
個々の図書館の担当者からの電話やメール等を歓迎しており、筋の良い補助事
業をともに育てるという仕組みになっている。申請者との濃密なネゴシエー
ションが予定されているということは、採択側の協会の担当者が図書館に通じ
てい（るとの自信が）なければこの仕組みは円滑には動かない。

　博物館・図書館サービス協会の図書館に関する補助事業は表11.1に尽きるの
ではなく、金額的にはるかに大きいのは図書館サービス・技術法にもとづく州
の図書館プログラムに対する年度ごとの補助であり、これは各州の州立図書館
と州の図書館振興部局が方針を定め、カウンティや市町村の図書館、大学図書
館、学校図書館を巻き込んでさまざまなプログラムが実施されている。

　このほかに博物館・図書館サービス協会は、全国レベルで顕著な成果をあげ
た図書館や博物館を顕彰する事業も行っている。

3.2　全米人文科学基金

　全米人文科学基金（The National Endowment for the Humanities：NEH）は、ア
メリカにおける人文科学分野での最大の補助金提供機関である。この人文科学
振興支援機関は、1965年に芸術と人文科学に関する全国基金を設置する法律
（National Foundation on the Arts and the Humanities Act of 1965）にもとづき設置さ
れた、ワシントンD.C.に置かれるアメリカ連邦政府に属する独立の機関であ
る。同機関はまたアメリカ国内の民間の非営利提携組織56の人文科学の学協会
のネットワークに関する基幹的支援機関でもある。

　同基金は、博物館やアーカイブズ、図書館、大学、公共的なテレビやラジオ
の放送局、および個々人の研究者が行う、質の高い人文科学研究プロジェクト
に対して補助金を提供することを任務としている。これらの補助金は国内の学
校や大学における人文科学の教育・学習を強化し、学術研究を促進し、生涯学
習を提供し、文化的および教育的資源の保存とそれに対するアクセスを提供す

るために、また人文科学の制度的基礎を強化するために与えられる[15]とされる。

　この連邦機関が振興の対象とする'人文科学'とは、どのような意味内容を持っているのだろうか。同基金のウェブサイトをのぞくと、「'人文科学'（Humanities）という言葉は、以下にあげるものの研究および解釈を含むが、それに限定されるわけではない。とりあえずは、近代および古典の言語、言語学、文学、歴史、法律学、哲学、考古学、比較宗教学、倫理学、芸術に関する歴史・批評・理論、人間性をあつかった内容を持ち人間を対象とするにふさわしい諸方法をとる社会科学的な解釈、わたしたちの多様な遺産、伝統、および歴史をあらわし、国民生活の現状との関連性を意識した視点での研究と環境への応用は、'人文科学'（Humanities）の概念に含まれる」[16]とあり、固有の歴史性を強く意識した概念のように思える。

　科学技術分野に対抗する学術振興機関のように見える、この全米人文科学基金は委員長により率いられる。委員長は連邦議会上院の承認を得て、大統領が任命し、任期は4年とされる。委員長の諮問機関として、同じく上院の承認を得て、大統領が任命する26名の著名な民間人から構成される全米人文科学評議会（National Council on the Humanities）がある。そのメンバーの任期は6年で順次交替するものとされている。

　同基金は、図書館に対して補助金を提供するケースとしては、大きくは2種に分かれる。ひとつは、人文科学の理念にそう展示や特定のふさわしい内容を持つ図書や映画を中心としたパネル・ディスカッションなど、現代史を体現した人物を囲んでのワークショップ、その他の図書館が行う市民に開かれたイベント開催が対象とされる。いまひとつは中小規模の図書館が所蔵している各種歴史資料、特殊コレクションの保存事業を対象とする。資料種別ごとに保存技術に精通した専門家を指定しての補助対象事業の申請ということになる。

　採択されるには相当の競争率が見込まれ、独立の外部審査委員たちの会議で採択が決定される。また、補助対象事業の大半はチャレンジ補助金（Challenge

---

15) http://www.neh.gov/about
16) http://www.neh.gov/about

Grants）とされ、これはすべてマッチング・グラント（matching grants）であるため基金からの補助金に見合った金額の寄付を確保することが義務付けられる。

4 図書館のガバナンスとマネジメント

　図書館のガバナンス（統治）のあり方は、制度的には関係法令や組織規範によって定められるが、その動態は関係法令と存在意義をふまえ、内外の多くのステークホルダー（利害関係者）の利益調整に配慮しつつ、設置目的や使命の実現を図ることにある。ガバナンスの成否は図書館利用者へのサービスの質・量とその向上および満足度が中核となるが、ステークホルダーを含む社会的評価によっても計られ、コミュニティに対するアカウンタビリティ（説明責任）がはたされなければならない。このガバナンスは直接的には図書館の指揮監督権限を持つ管理機関が担う。ガバナンスは日常的な図書館業務の展開・遂行を確保するマネジメント（運営・管理）によって支えられる。マネジメントはガバナンスにもかかわる図書館長を中心とする管理職層が実施にあたる。

4.1　ガバナンスとマネジメントを担う人々

　アメリカの公共図書館の場合には、図書館の将来計画や戦略構想の策定と運営、財源の調達と監査、幹部職員の人事、組織の監察等のガバナンスは数名の委員から構成される図書館委員会（library board）の職務である。いわゆる独立行政委員会で専門的見識に加え、コミュニティの総意を反映させる合議制行政庁である。委員たちの会議は週末や夕刻に行われ、利用者市民に公開されている。

　公募され、その専門性が評価され任命される図書館長を中心に行われる図書館のマネジメントは、'ライブラリアン'という職位を持つ管理職層が担う。マネジメントの対象となる日常的図書館サービスは、利用者個々人とコミュニティ内の組織団体、さらにはコミュニティ総体に向けられている。

　コミュニティを構成する住民や組織団体は、図書館のガバナンスにもマネジ

メントにもかかわる。マネジメントの対象となる個々具体の図書館サービスへのボランティアとしての参加のほか、各種講座や行事の共催、講師の派遣がある。図書館友の会も日常的図書館活動を支援する住民利用者組織である。長年、図書館友の会のメンバーとして活動していた住民がやがて図書館委員会の委員となり、ガバナンスの一翼を担うことも珍しいことではない。

　日本の公立の公共図書館の場合を考えてみよう。公立図書館のガバナンスの形態は、図書館法、地方教育行政の組織及び運営に関する法律（地方教育行政法と略称）、地方自治法等によって規律され、図書館設置条例によって具体的な設置が定められる。そこでは、後にふれる'図書館法によらない図書館'は別として、公立図書館は、公民館図書室とともに、主として学校教育を所管し、その職員の多くを学校の教諭として採用され、勤務した経験のある人たちが占める教育委員会の内部組織単位のひとつとして置かれる。このとき、公立図書館のガバナンスは、教育委員会によって担われる。教育委員会に限ったことではないが、合議制行政庁の理想の姿のように思われる、異なる背景をもつ委員相互が独自の見識と見解を披瀝し、争論が展開され、説得に努め、妥協に達し、タイムリーな解決策の実施につながるというプロセスが公開されることはなく、事務局原案を承認するだけの教育委員会の形骸化は2014年6月の地方教育行政法の改正につながり、首長に権限が集中する総合教育会議の導入を呼び込んだ。多様なステークホルダーに適切な配慮をしなければならない図書館のガバナンスは機能不全とならざるを得ない。税金の効率的な利用というコストカットだけが眼目となり、業務委託から指定管理者制度へと制度が進化する。

　教育委員会内部の現業機関の長である図書館長は多くの場合課長相当職とされ、また図書館の専門的知識とスキルは持ち合わせない一般行政職員が首長部局から順次異動させられてくることが一般的である。図書館職員を鼓舞し、日常業務の合理的遂行と業務改善、新規サービスの開発を実現する図書館のマネジメントはなかなか期待しにくい。

　公立図書館のサービス対象であるコミュニティと図書館のガバナンス、図書館のマネジメントの関わりも希薄である。「図書館の運営に関し館長の諮問に

応ずるとともに、図書館の行う図書館奉仕につき、館長に対して意見を述べる機関」(図書館法14条)である図書館協議会については、設置されていない図書館も多く、年に1、2度形式的に開催されるに過ぎないところが大半である。一般的に、図書館側(教育委員会)に積極的にガバナンスに反映させようという姿勢と資金、そして余裕がないように思われる。最近は、日本の公立図書館でも図書館友の会が設置されていることが少なくないが、その大半は日常的な定型的図書館業務の無給ないしは謝金で動く下請け部隊となっている。財政に窮する設置自治体が資料費を大幅に減額し、正規職員を減少させ、図書館サービスの低下が顕在化しても、利用者市民が図書館を積極的に支援するアドヴォカシーの動きを見せることもない。

4.2 マッチング・ファンズ

問題をたくさん抱えながらも、アメリカの社会を活力あるものとしているひとつの要素は、いろいろな分野で'マッチング・ファンズ'(matching funds)というやり方が多用されるところにある。19世紀後半から20世紀のはじめにかけて、アンドリュー・カーネギーの寄付によって、アメリカに多数の公共図書館が整備されたが、彼とその財団は決して出来上った図書館の運営に必要とされる資金のすべてを提供したわけではない。図書館建設の用地と竣工後の運営経費は地元コミュニティに工面させた。

現在でも、図書館整備と図書館サービスの維持・強化に関して、図書館は連邦政府や州政府、民間の財団などの補助金の獲得を目指すが、そのとき補助金交付にはマッチング・ファンズ(多くは交付補助金:マッチング・ファンズ=1:1)が求められることが多い。目的とする図書館整備と図書館サービスの充実を実現するには、図書館の使命に加え、当該プロジェクトの意義とその緊切さをコミュニティ全体に理解してもらわなければ所要経費の半分を調達できないのである。めでたく補助金交付を受け、マッチング・ファンドを得たあとも、アドボカシーを行って、ボランティアの理解と協力を得ながらも、当該プロジェクト実施と所期の成果が得られたかどうかの責任は図書館が背負わざるを

得ない。

4.3　図書館の望ましい運営形態

　日本では、とくに公立（公共）図書館において、これまで業務委託や指定管理者による公設民営の図書館運営の是非について議論がなされてきたし、現在もそれを問題とする人たちが少なくない。大学図書館や学校図書館においても、日本ではその運営の一部または全部を民間企業に任せているところは少なくない。一方、アメリカにおいては、公共図書館であれ、大学図書館であれ、低調な学校図書館でさえ、その日常的業務を民間企業に委託しているところを直接見聞することはなかった。

　アメリカでは、財政が窮屈な状況は同じでも、図書館サービスを本質的に公共的なものと認識し、それを設置するコミュニティや組織がみずから直営で運営しているのに対して、日本の図書館の世界はどうしてかくも見事なまでに安い労働力を調達し、これを精一杯活用する民間企業にいとも簡単におまかせすることができるのであろうか。2014年の夏に受け取ったメールにあった、ある県立図書館の現場で働く第一線の30代の公務員正規職員の発言に耳を傾けてみよう。

　「現在の日本の図書館は直営ありきの時代ではなくなっていると思います。民間への部分的な委託、そして指定管理者制度なども導入されておりその中には（逆の事例もありますが）、従来の行政が運営する図書館よりもはるかにサービスがよくなったり、新しいサービスを実践するようになったという図書館もたくさんあるかと思います。人員配置のこととか、雇用体制のことだか、（民間企業の運営には）不安な部分があることも事実だと思います。こちらも行政の直営より、（職員の待遇や職場の士気が）よくなった館もあろうかと思います。

　（図書館運営で）一番大事なのは、住民がいかに質の高い図書館サービスを受けているかだと思います。（日本の民間委託か直営かの議論は）そこにつきると思います。

　わたしが勤務している県立図書館は現在直営ですが、これは、現在行ってい

るビジネス支援サービスや医療健康情報サービス、法律情報サービスをはじめとするサービスや、学校図書館や大学図書館との連携、そしてそのサービスの質が、行政サービスでなければできないからです。それぞれのサービスについて、また新規サービスの開発導入に関して、税金を使ってでも行う価値のあるサービスの質を追求して日々努力しています」。

　アメリカの図書館で、市民のほとんどがコミュニティサービスの主要な部分を占める公共図書館サービスが直営を当然と考え、多くのボランティアがそれを支え、大学図書館が学内の独立した部局のひとつとして大学当局から予算の配分を受け、学部・学科と協働して当然とされる直営の図書館サービスの提供を通じて学生や教員の研究教育を支えている事実の背景には、上記の若手県立図書館の専任職員の言葉が含んでいるものを実践しているからだと思われる。

4.4　図書館法によらない図書館

　おそらく日本の図書館関係者と図書館情報学の研究者くらいしか承知していない事柄のひとつに、'図書館法によらない図書館'という概念がある。この言葉から、'図書館法に準拠する（オーソドックスな）図書館'とそうではない'図書館法によらない図書館'という異端の存在があることが類推できよう。

　オーソドックスな図書館は、教育基本法12条2項、社会教育法9条2項をうけた図書館法を根拠として設置されるもので、地方教育行政の組織及び運営に関する法律に定められた教育委員会という行政組織が設置する'教育機関'のひとつとして、図書館法10条にしたがい施設供給される。もっとも、地方公共団体が設けるものであるから、この図書館は地方自治法244条にいう「住民の福祉を増進する目的をもってその利用に供するための施設」、すなわち'公の施設'であり、いずれにしても設置条例に直接の法的根拠を持つ。

　この法的構図にしたがってうまく設置管理運営ができていれば、'図書館法によらない図書館'など姿を現さないように思われることと思う。以前は、図書館法に設置自治体の人口規模に応じて床面積や職員数、図書館長に求められる資格と経験、年間増加冊数などの基準が定められており、図書館建物を新改

築するときには国庫助成を受けることができた。ところが、このような設置基準や運営基準をわずらわしいと思う地方公共団体が少なくなく、お経のような望ましい基準は定められていても、現在の図書館法には専門的知見にもとづく法的実効性を持つナショナル・スタンダードもミニマム・スタンダードも存在しない。

　一方、'図書館同種施設'という条文見出しをもつ図書館法29条１項は「図書館と同種の施設は、何人もこれを設置することができる」と定め、私人にとどまらず、地方公共団体も図書館法に定められた図書館ではない、図書館同種以上の立派な超'図書館'を設置でき、かつ図書館法にもとづいた図書館しか'図書館'と名乗れないという名称独占の規定を置いていないため、正々堂々と図書館という看板を掲げることができる。たとえば、名古屋市立図書館は図書館法による図書館であるが、愛知県の設置する図書館は図書館法によらない図書館である。

　地方自治法180条の８は教育、学術および文化に関する事務を教育委員会に管理執行させるものとしているが、地方教育行政の組織及び運営に関する法律が2007（平成19）年に改正され、'職務権限の特例'を定めた24条の２が新設され、学校体育をのぞくスポーツ、文化財保護をのぞく文化に関する行政を首長部局に管理執行させることができるようになった。この24条の２にもとづく条例を制定すれば、図書館法にもとづく図書館を首長部局で管理運営できることとなる。もっとも、2007年の法改正以前から、地方自治法180条の７に依拠し、教育委員会は公共図書館の管理運営を首長に事実上委任し、首長部局の職員に補助執行させることができたし、少数ではあるが現在も180条の７にもとづき首長部局の職員に公立図書館業務にあたらせているところがある。

　図書館法によらない図書館であっても、都道府県立図書館（それ自体が図書館法によらない図書館の場合もある）のILLや連絡車による図書館協力や協力レファレンスなど、県立図書館のバックアップは受けられる。また、図書館法によらない図書館でも公立の施設であれば条例設置の読書施設であるため、著作権法施行令１条の３第１項４号に著作権法31条が享受でき、複写サービスなど

の提供に支障はない。

　市民の目からすれば、図書館法による図書館でも、図書館法によらない図書館でも変わりはなく、享受しうる図書館サービスの質と量が優れていればどちらでもよいということになる。学校教育を主体として所管する教育職員が要職を占め、多数を押さえる教育委員会の体質と組織文化がデジタル・ネットワーク社会が要請する図書館の新たな変革に馴染むかどうか、'民衆の大学'として、選挙だけの民主主義ではなく、本格的な民主主義社会の担い手に不可欠なクリティカル・シンキングの育成などの観点からも、図書館のあり方や組織形態を検討する余地があるように思われる。

　2014（平成26）年の地方教育行政の組織及び運営に関する法律の改正によって、首長は当該地方公共団体の教育、学術及び文化の振興に関する総合的な施策の大綱を定めるものとされ（1条の3）、その協議の場として首長と教育委員会を構成メンバーとする'総合教育会議'が置かれることになっている（1条の4）。公立図書館が首長部局に属するものとされていても、従前通り教育委員会に属するものとされていても、首長は公立図書館行政にも予算調製権を超えて発言力を及ぼし得る。コミュニティに寄り添う総合的行政を要請する公共図書館の本質をわきまえた多くの首長の登場が期待される。

■□コラム□■

図書館への寄付

　アリゾナ大学の図書館は、2012年10月に更新されたアメリカ図書館協会公表のデータによると、蔵書冊数を基準とすれば、ほぼ600万冊を擁する全米30位の大規模研究図書館である。その中央図書館の階段には次頁の写真のようなパネルが掲示されている。

　このパネルが何を意味しているか、お分かりになるだろうか？　多くの黄金の葉をつけた木が描かれている。アリゾナ大学の中央図書館は州立大学であるため、当然アリゾナ州民の利用に開かれているわけであるが、連邦政府刊行物寄託図書館（federal repository libraries）のひとつに指定されており、連邦議会下院選挙区住民にとどまらず、アメリカ国民全体の閲覧利用に開かれている部分を持つ。建前としては、学生、教職員にとどまらない人たちがこの図書館を利用することを願っている。ここにやってくる人たちに対して強力な研究センターとしての資源を増強するための寄付をお願いしており、寄付をしてくれた方々を顕彰して、その金額に応じて寄付者の氏名を明記した貼り付ける表示物の種類を変えているのである。1枚の葉は250ドル、ドングリは500ドル、石は1,000ドル、鶉は5,000ドル、小樹は1万0,000ドル以上とされている。この寄付を募るパンフレットには'未来を築こう'（Building the Future）との標題が付けられている。また、隅に「あなたの寄付は、法の認める程度に応じて課税控除が受けられます」と添えられている。

このパネルが各階の階段の踊り場に掲げられていることによって、少なくない人たちがこの大学の図書館の整備に善意を寄せていることが一目瞭然で分かる。

寄付者の名前が明記されたパネル

第12章 ライブラリアン像と図書館ではたらく人たち

1 ライブラリアン・司書・図書館員

1.1 求められる業務と資格

　アメリカでは、図書館を主たる職場として働く専門職がライブラリアンであるとの認識に異を唱える人はまずいないと思われる。図書館ではさまざまな業務が展開されているが、カウンターで図書の貸出や返却に応じたり、資料に関する相談を受けたり、子どもたちに読み聞かせをしたり、レファレンスサービスを提供したり、さらにはバックヤードで本や雑誌、DVDの整理などを行ったりと図書館に固有の業務が存在する。その一方で、庶務や会計、清掃、警備その他図書館以外の組織にもふつうにみられる業務も多い。図書館固有の業務であっても、それらの業務のすべてが専門性を持つものとは考えられていない。

　また、図書館には、たったひとりの人が働く'ワンマン・ライブラリー'から数十人、数百人、数千人が働く大規模図書館までさまざまである。学校図書館や専門図書館に多く見られるワンマン・ライブラリーはひとりで図書館すべての業務を処理せざるを得ないが、多くの人たちが働く図書館ではそれぞれに一定の範囲の職務を分担している。

　アメリカで'ライブラリアン'という言葉を職務に関連させて用いた場合には、図書館固有の業務を担い、しかも一定程度の専門的知識とスキルが要求される職務についている人たちに使われる。目録業務を行うカタロガー、レファレンスサービスを担当するレファレンス・ライブラリアンのほか、それぞれの部署を図書館全体の業務に関連させて考えなければならない資料やサービスを受け持つ管理職、そして図書館長もライブラリアンに該当する。彼らにはアメ

リカ図書館協会認定の専門職大学院である'ライブラリー・スクール'で得た修士の学位が専門資格として求められている。この専門職ライブラリアンをサポートする人たちを'テクニシャン'や'ライブラリー・アシスタント'、'ライブラリー・アソシエーツ'などと呼んでいる。もっとも、彼らのなかには修士の学位を保有しながらも補助的業務につき、経験を積んで本格的な'ライブラリアン'になろうとする人たちも少なくない。

　アメリカの図書館で働く専門職ライブラリアンの年収の中央値は、2012年現在5万5,370ドルであり、専門職ライブラリアンを支援するテクニシャンやアシスタント（Library Technicians and Assistants）と呼ばれる人たちの年収の中央値は2万6,800ドルである。多くの図書館はテクニシャンを採用する場合でも2年制カレッジを卒業すると与えられる準学士（associate's degree）の学位など高等教育修了の資格を求めている。もっとも、小規模な図書館では将来性を見込んでハイスクールの卒業生をテクニシャンで採用することもある。

　ライブラリアンの採用については、2012年から2022年の10年間で7％の増加が見込まれている。職域としては地方政府や大学、企業、そして初等中等教育学校で、ほとんどはフルタイムであるが、パートタイムとしての雇用機会もあり得るとされる[1]。

　日本では資料やサービスに関連する図書館固有の業務に就いている人たちを一般に'図書館員'や'司書'と呼んでおり、職名としての'司書'はあまり聞くことがない。日本語の司書は、アメリカのライブラリアンとテクニシャンをあわせたような言葉である。日本の図書館の世界では'有資格者'という言葉が使われるが、彼らはこの図書館員の仕事をしている人で、図書館法の定める司書資格を保有する人たちを指している。この司書資格は、通信制を含む大学や短期大学の司書課程を修了するか、全国の12大学程度で実施されている司書講習で所定の単位を取得すれば得ることができる。なお、日本では'司書補'という資格も法定されており、これは文字通り司書の補助的業務が想定されている。学歴は高卒程度で全国の5大学で行われている司書補講習を修了す

---

[1] http://www.bls.gov/ooh/education-training-and-library/print/librarians.htm

れば与えられる。

　現代の専門職に共通することであるが、専門職として図書館で働いていても、関係する知識とスキルの陳腐化は早い。一定の時間が経過すれば、継続教育やリカレント教育は不可欠であり、あらためて大学院で最新の知識を学修したり、さまざまな機会をとらえて適切な研修を受けなければならない。最近では、アメリカではウェビナー（Webinars）[2]と呼ばれるインターネットを使って開催されるオンサイトのセミナーや研修が利用されることが多い。

1.2　図書館支援スタッフ資格

　ここで紹介する2009年からはじめられている図書館支援スタッフ資格（Library Support Staff Certification：LSSC）プログラム[3]は、博物館・図書館サービス協会（Institute of Museum and Library Service：IMLS）の補助金を得て、アメリカ図書館協会（American Library Association：ALA）が実施している全国的な資格プログラムである。その運営はアメリカ図書館協会連携職業訓練協会（American Library Association-Allied Professional Association：ALA-APA）があたっている[4]。

　ハイスクールの卒業もしくはそれと同等の学力が認められたもので、少なくとも過去5年のうち1年間の図書館実務経験（無給のボランティアを含む）のあるものを対象にしている。すなわち、すでに公共図書館や大学図書館において、有償無償を問わず、実質的に支援要員として働いている人たちの知識とスキルの底上げを狙った制度である。この全国的資格を得るためには、「図書館サービスの基礎」（Foundations of Library Services）、「コミュニケーションとチームワーク」（Communication and Teamwork）、「図書館テクノロジー」（Technology）の必修3科目に加えて、「接遇サービス」（Access Services）「成人利用者相談

---

2) WebとSeminarを組み合わせた造語。ネット上で行われるウェブセミナーのことを指す。日本ではまだあまり使われていないが、米国や外資系企業ではかなり普及している用語。
3) http://ala-apa.org/lssc/
4) すでに国立国会図書館が『カレントアウェアネス』で「ALA、「図書館サポートスタッフ」の認定プログラムを設立へ」（2009. 7. 24）という記事で紹介している。〈http://current.ndl.go.jp/node/13767〉

サービス」（Adult Readers' Advisory Services）「目録・分類作業」（Cataloging and Classification）「コレクション管理」（Collection Management）「レファレンス・情報提供サービス」（Reference and Information Services）「管理・運営」（Supervision and Management）「青少年サービス」（Youth Services）の選択7科目のうち3科目を選び、4年間のうちに計6科目に合格しなければならない。

　ALAが科目ごとに適切と認めた機関（course providers）がこれらの10科目を提供する。コミュニティカレッジが多くを占めるが、4年制大学のほか、州立図書館や図書館によって構成される組織（Library Collectives）も含まれ、実施される場所や時間もさまざまである。オンラインの遠隔授業も実施されている。

　主として図書館で支援業務を行っている有給無給の現職者を対象とするこの制度であるが、ALAに科目提供が認められたコミュニティカレッジや大学ではこの制度を利用し、現場経験のない学生たちにも所定の科目を履修させ暫定資格（provisional certification）[5]を与えている。現在、ALAとの協定が整っているカレッジや大学は14機関で、審査手続中の機関が6を数える。ちなみに、従来から2年制のコミュニティカレッジなどでは、図書館の支援要員であるライブラリー・テクニシャンの準学士号などを発給しているところがあり、一見、屋上屋を重ねるもののようにみえる。関係する準学士号は各カレッジの裁量で出すものであるのに対し、LSSCは全国的に認められた一定水準の資格とされ、経費を自己支弁する現職研修の性格が強い。

　日本には、高校卒業と同等の学歴を前提とする'司書補'の制度があり、現在、夏期に全国のおよそ5大学で実施される約1ヶ月を要する司書補講習で所定の単位が認められれば、この資格を取得できる。アメリカで近年になりLSSC制度を設けたのとは異なり、日本では司書補制度は現実には衰微の傾向にある。アメリカの図書館専門職とされる'ライブラリアン'は専門職大学院の修士の学位（MA）を基礎資格としており、一方日本の大学・短大の学士・準学士を前提とした司書資格は履修科目数や単位数に差はあるが、ALAと協

5）暫定資格取得から5年の間に1年間の実務経験ができれば、正規の資格として取り扱われる。

定を結んだカレッジ等で発給する（暫定）LSSC 資格に近似する外観を持つ。

1.3　認定公共図書館管理職資格

　ALA が実施している全国的な資格プログラムで、その運営はアメリカ図書館協会連携職業訓練協会が行っているいまひとつの'全国的な資格'がある。それは2007年からはじめられ、2013年現在70人の資格取得者がいる'認定公共図書館管理職資格'（Certified Public Library Administrator）[6]である。対象者は、原則としてアメリカ図書館協会認定のライブラリー・スクールの修士の学位を取得しており、公共図書館で３年以上の管理職的業務に就いているものである。学歴的にいえば、修士取得後資格プログラム（post-MLS certification program）のひとつということになる。

　「予算と財務」（Budget and Finance）、「図書館テクノロジーの管理」（Management of Technology）、「組織と人事の管理」（Organization and Personnel Administration)、「図書館建設の計画と管理」（Planning and Management of Buildings）の４領域が必修とされ、「現在の諸問題」（Current Issues）、「マーケティング」（Marketing）、「資金調達/補助金獲得術」（Fundraising/Grantsmanship）、「政治とネットワークづくり」（Politics and Networking）、「多様な利用者に対するサービス」（Serving Diverse Populations）の選択領域から３領域の履修が求められ、５年間のうちに、各領域に属するとされる１科目ずつを履修し最終審査に合格すれば認定公共図書館管理職資格（Certified Public Library Administrator®[7]）が授与される。しかし、この資格は終身ではなく、５年間の効力しかない。そのため、この資格に執心するのであれば、５年が経過した段階で再度申請し関係諸科目を学習しなおさなければならない。

　ALA と協定を結び、この認定公共図書館管理職資格プログラムに定められた学習コースを実際に提供しているのは、イリノイ大学アーバナ・シャンペー

---

6) http://ala-apa.org/certification/
7) ® のマークに着目してほしい。この資格名称は ALA によって商標登録されており、法的に名称独占が確保されている。

ン校 (University of Illinois-Urbana-Champaign) の図書館情報学大学院 (Graduate School of Library and Information Science) である。授業はすべてオンラインで実施され、大方はオンラインの非同期で時間の拘束なく本務の合間に受講できるが、一部にオンライン・リアルタイムの授業がある。

この資格取得の効果であるが、必ずしも待遇向上を保障するものではなく、実質的には ALA-APA のウェブサイトに該当者の氏名が掲載されたり、資格保有者が商標権によって保護された資格を堂々と名乗ることができるといった権威づけにとどまる。

日本には、ALA の認定公共図書館管理職資格と似た制度として、公益社団法人日本図書館協会が実質的に2011年から運営している'認定司書'制度がある。対象者は、原則として図書館法に定められた司書資格を取得後、正規・非正規を問わず、合計10年間の公共図書館の勤務経験があるものとされ、一定の研修実績と著作があることとされている。所定の経歴や実績を掲げた書類一式を同協会認定司書事業委員会あてに郵送し、審査に合格すれば'認定司書'の証明書と称号が得られ、同協会のウェブサイトに氏名が掲載される。この認定司書の資格の有効期間は10年とされている。日本のこの'認定司書'制度もアメリカ同様に自己満足の域をでるものではない。アメリカの認定公共図書館管理職資格が大学院での学修を前提とするのに対して、日本では図書館協会による経歴と過去の実績評価という相違がある。

1.4 ライブラリアンに必要とされる専門的能力

ALA は、「図書館専門職に必要とされる中核的な専門的能力」(ALA's Core Competences of Librarianship)[8]という文書 (2008年10月25日理事会承認、2009年1月27日評議会基本方針として承認・採択) をインターネット上で公開している。この文書は、図書館情報専門職 (library and information profession) を養成することを任務とする ALA 認定のライブラリースクール修士課程の修了時に、図書館

---

[8] http://www.ala.org/educationcareers/sites/ala.org.educationcareers/files/content/careers/corecomp/corecompetences/finalcorecompstat09.pdf

第12章　ライブラリアン像と図書館ではたらく人たち

や情報センターなど関連の職場に巣立とうとする学生がその時点までに身に着けておかなければならない基礎的な専門的知識とスキルがまとめられている。八つの分野に整理し、列挙されている。下表にまとめておこう。

（1）専門職の基礎
　a 図書館情報専門職の倫理、価値観、および基本的諸原則
　b 民主主義的諸原則と知的自由（表現、思想、および良心の自由を含む）を推進する図書館情報専門職の役割
　c 図書館と図書館実務の歴史
　d 人間のコミュニケーションとその図書館に与えた影響の歴史
　e 現在の図書館の種類（学校、公共、学術、専門等）、および密接に関連する情報提供機関
　f 図書館情報専門職にとって重要な国内的、国際的な社会的、公共的、情報的、経済的、および文化的政策とその動向
　g 図書館と情報提供機関の運営にかかわる法的枠組み。この法的枠組みには、著作権、プライバシー、表現の自由、平等の権利（障害を持つアメリカ人法など）、および知的財産に関する法が含まれる
　h 図書館、ライブラリアン、その他の図書館業務従事者、および図書館サービスにとって利益をもたらす効果的な政治的活動の重要性
　i 複雑な諸問題を分析し、適切な解決策をうみだすために用いられる技法
　j 効果的なコミュニケーション技術（口頭および文書）
　k 図書館情報専門職に関係する専門分野の資格およびまたはライセンスの要件
（2）情報資源
　a 利用から廃棄にいたる多様な諸段階を通じて生み出される記録された知識・情報のライフサイクルに関連する諸概念と諸問題
　b 評価、選択、購入、加工、蓄積、および廃棄を含む、情報資源の受け入れと処分に関連する諸概念、諸問題、および諸方法

213

c 多様なコレクションの管理に関連する諸概念、諸問題、および諸方法
　　d 保存と修復を含む、コレクションの維持に関連する諸概念、諸問題、および諸方法
（３）記録された知識・情報の組織化
　　a 記録された知識・情報の組織化と表示に関係する諸原則
　　b 記録された知識・情報の組織化に必要とされる進歩的、記述的、および数値表現的スキル
　　c 記録された知識・情報の組織化に用いられる目録、メタデータ、索引、および分類の基準と方法に関する仕組み
（４）技術的な知識とスキル
　　a 図書館とその他の情報諸機関の資源、サービス提供手段、および利用に影響を及ぼす、情報、通信、支援的、および関連技術
　　b 情報、通信、支援的、および関連技術の応用、ならびに専門職的倫理と一般的なサービス規範と関連諸ルールに適合する道具
　　c 技術集約の製品とサービスの仕様、効力、および費用便益の事前評価と事後評価の諸方法
　　d 関連する技術的改善諸方策を理解し、導入するために、新規技術や革新的技術を確認し、分析するのに必要とされる諸原則と技術
（５）レファレンスサービスと利用者サービス
　　a すべての年齢層およびあらゆる団体に属する個々人に対して、レファレンスサービスと利用者サービスに関する諸理念、諸原則、および技術
　　b すべての年齢層およびあらゆる団体に属する個々人による利用のために、多様な情報源から情報を検索、評価、および統合する目的で用いられる技術
　　c 記録された知識・情報の利用において、相談、仲介、および案内を提供する目的で、すべての年齢層およびあらゆる団体に属する個々人と上手に交流するために用いられる諸方法
　　d 情報リテラシー・情報活用能力の育成に関する技術と方法、数理的リテ

ラシー、統計リテラシー

e 特定の読者にたどりつき、理念とサービスを推進し説明するために行われる主張が備えるべき諸原則とその方法

f 利用者のニーズ、利用者コミュニティ、および利用者の選好の多様性に対する評価と対応についての諸原則

g 現在の状況およびあらたな環境の適切なサービスの設計と資源整備の実施に対する影響を評価するために用いられる諸原則と諸方法

（6）研究

a 量的および質的調査研究手法の基礎

b 当該分野の中心的な研究上の成果と研究文献

c 新たな調査研究の持つ現実的および潜在的な価値の評価に用いられる諸原則と諸方法

（7）継続教育と生涯学習

a 図書館とその他の情報提供機関の実務家に対する専門職継続開発訓練の必要性

b 高度なサービスの提供を必要とする生涯学習の理解および図書館サービスの推進における生涯学習の活用を含む、利用者の生涯学習における図書館の役割

c 学習理論、教育方法、業績評価：そしてそれらの図書館とその他の情報提供機関への応用

d 記録された知識・情報の探索・評価・活用に用いられる諸概念、手続き、およびスキルに関する教育と学習に関する諸原則

（8）経営と管理

a 図書館およびその他の情報提供機関における計画作成と予算編成に関する諸原則

b 効果的な人事実務と人的資源開発に関する諸原則

c 図書館サービスとその成果の事前評価と事後評価の背後にある理念とその実施のための方法

d あらゆる関係当事者とともに、ならびにサービス対象であるコミュニティの内部において、提携、協力、ネットワーク、およびその他の仕組みの開発の背後にある理念とその実施のための方法
　　e 原則的な変革的リーダーシップの背後にある理念、それに関連する諸問題、およびそれを実現するための方法

② 期待される'エンベデッド・ライブラリアン'

2.1 エンベデッド・ライブラリアンとは何か

　2013年11月にアリゾナ図書館協会年次大会が開催され、勉強と気分転換をかねて参加した。州都フェニックスの近郊の観光地スコッツデールでの最近の図書館を取り巻く話題を検証するには格好の機会となった。そのなかで、embedded librarian（ship）という言葉が演題に含まれる報告が二つあった。アリゾナに限らず、アメリカの図書館界全体がひとつのモデルとして提示し、その実現に向けて努力している図書館（員）像について紹介してみたい。

　同大会の冒頭での報告において、『エンベデッド・ライブラリアン：単発の指導を超えての動き』（Embedded Librarians : Moving Beyond One-Shot Instruction）という1冊の書物[9]が紹介された。日本の図書館界では耳慣れない言葉かもしれないが、日本でも当時アリゾナ大学図書館でライブラリアンとして勤務されていた鎌田均氏（現在は京都ノートルダム女子大学教員）が「エンベディッド・ライブラリアン：図書館サービスモデルの米国における動向」[10]と題する論稿を2011年に公表されている。

　'embedded software'という言葉は、産業用機器や家電製品などに内蔵されている、特定の機能を実現するためのコンピュータシステム（組み込みシス

---

9) Cassandra Kvenild and Kaijsa Calkins eds., *Embedded Librarians : Moving Beyond One-Shot Instruction*, Association of College and Research Association, 2011.
10) 鎌田均「エンベディッド・ライブラリアン：図書館サービスモデルの米国における動向」『カレントアウェアネス』No. 309, 2011. 9. 20, pp.6-9.〈http://current.ndl.go.jp/ca1751〉

テム）で動作するソフトウェアを意味し、一般に'組み込みソフト'と呼ばれている。英語の'embedded'という単語の意味はそれでよいのであるが、'embedded librarians'という一定の職務を帯びた人を指す名詞としては、先にあげた書物にも、鎌田氏の論稿の冒頭にも書かれているように、大量破壊兵器を隠しているとされたフセイン政権に対してアメリカ軍が攻撃をしかけた2003年のイラク戦争の従軍ジャーナリストを'エンベデッド・ジャーナリスト'（embedded journalists）'[11]と呼んだことをなぞって造語されたものである。第一線の戦闘部隊と起居をともにしたエンベデッド・ジャーナリストによって臨場感あふれた生々しく、説得力のある報道が行われたが、その類推が'エンベデッド・ライブラリアン'という概念である。図書館とライブラリアンをサービス対象とするコミュニティのなかに組み込ませ、チームの一員として素晴らしい感性を持つライブラリアンが固有の専門性を発揮し、そのコミュニティが意識、無意識のうちに要求する情報と知識を提供するという姿である。

2.2 エンベデッド・ライブラリアンの登場の背景

なぜこの'エンベデッド・ライブラリアン'という理念が出てこざるをえなかったのか？ なぜもてはやされるのか？ それは当然、図書館の現状に対する危機感が背景にある。公共図書館にせよ、大学図書館にせよ、公財政は逼迫し、大学経営は過剰なまでの競争環境におかれている。安定感のある財政・経営環境から図書館の管理・運営に必要な諸資源が調達しえる状況は期待できない。また、一定の資料選択基準に従い収集し、組織化した年季のはいった優れたコレクションを背後に持ち、閲覧・貸出サービスを提供し、図書館にアクセスしてくる個々の利用者の具体的な情報ニーズに応えるレファレンスサービスを提供していれば、ある程度は安泰の図書館経営が期待しえた時代ではなくなりつつある。1990年代後半から、インターネットが急速に普及し、PCの高機能化、タブレットやスマートフォンといった情報端末が市民生活に深く浸透す

11）本章の註10）および Casandra Kvenild and Kaijsa Calkins（eds）, *Embedded Librarians : Moving beyond One-shot Instruction.* / Association of College and Research Libraries, 2011, p.2.

るなかで、機能拡大を続けるサーチエンジンやポータルサイトを利用すればかなりの程度の情報ニーズを満たすことができるようになった。図書館が提供してきた通り一遍のデータベース等の使い方を解説し、おためごかしのような演習を少ししてみるだけの情報リテラシー教育では効果もあがらない。来館者の数にも陰りが見え、図書館を使いなれた利用者が持ち込んでくる質問に応えるレファレンスサービスは減少し、図書館業務全体の再編がスケジュールにのぼってくる過程で、第一線のライブラリアンにとっては、従来の図書館機能の一部が衰退してゆくような危機感が頭をもたげてくる。そのような時代状況の文脈において、逆にデータベースや情報システムを積極的に活用し、これまでにない有益で効果的な情報を提供することを任務とする、この'エンベデッド・ライブラリアン'という理念がライブラリアンたちの一定の期待を背負って登場したのである。選び取られた情報資料に取り囲まれた図書館に陣取って、図書館にやってくる個々の利用者に対して単発的なサービスを提供するという受動的な図書館のあり方を捨てて、ライブラリアンが利用者コミュニティのなかに積極的に飛び込み、一緒になって考え、それぞれの図書館の設置母体組織の使命を効果的・効率的に果たそうとするライブラリアンを'embedded librarians'とするのである。

2.3 メディカル・ライブラリアンのエンベデッド・ライブラリアンシップ

サービス対象である利用者コミュニティのなかに飛び込んで情報提供に努めるという業務のやり方に注目したとき、アメリカでは、すでに1960年代後半から1970年代前半にかけて、大学医学部や大規模病院等に付設された図書館で働くメディカル・ライブラリアンたちがそのような仕事のあり方に気がつき、取り組みはじめたとされる。患者に医療サービスを提供する医師は、自分と患者にとって説得力のある医療情報を必要としている。しかし、日常の臨床業務に追われる医師はみずからその学術情報を探索する余裕はない。医師たちの働く臨床現場にメディカル・ライブラリアンが寄り添って動くなかで、医師の抱える情報ニーズをリサーチ・サービスとして受け止め、医師と患者の双方にとっ

て有効な学術情報を提供するライブラリアン像が目指された。

　エンベデッド・ライブラリアンと呼ばれる人たちの仕事（embedded librarianship）の仕方は、次のように説明ができる。「ひとつまたはそれ以上の集団に焦点をあわせ、これらの集団との関係を形成し、彼らの業務に対する深い理解を発展させ、そして彼らのニーズを細大漏らさず把握し、高度に個別対応され、標的化された情報サービスを提供することである。その業務内容とするところは、没人格的な業務処理的な仕事振りのモデルから、高度な信頼に結ばれ、密接な協働作業を展開し、そして成果に対する連帯責任を負うという業務モデルへの転換を意味している。エンベデッド・ライブラリアンがこれらの目標を達成するためには、また（一朝一夕にできるものではなく）利用者と（エンベデッド・）ライブラリアンとの間に一定の長期的な計画作成が不可欠となる」[12]。

2.4　遠隔教育とエンベデッド・ライブラリアン

　このように'エンベデッド・ライブラリアン'のプロトタイプは医学図書館分野に求められるが、21世紀的ライブラリアン像として見事に開花させたのは遠隔教育の興隆に負うところが大きい。

　フルタイムの学部生・大学院生として、キャンパスに通学し、自分が必要とする知識と資格、学歴を獲得することは、社会人にはなかなかに難しい。平日の大半を職場で過ごす社会人にとっての学習の仕方は、従来は郵便を使った通信教育であったが、最近ではインターネットを使ったオンラインの遠隔教育が普及している。出生率が下がるなかで、営利大学が参入し、留学生を見込んでも市場が狭まり、大学間競争が熾烈を極める中で、大学側が積極的に遠隔教育に取り組んでいることも、この分野から'エンベデッド・ライブラリアン'の概念が実質化したことには合点がいく。遠隔教育を実施している大学の図書館サービスは、利用者が来館してのブラウジング込みのものではないため、個々の利用者の立場に立ってその現在のレベルと能力を推し量り、当該利用者が持

---

12) http://lis.cua.edu/res/docs/symposium/2010-symposium/ShumakerTalleyModels-of-Embedded-LibrarianshipFinal.pdf

つ情報ニーズを特定し、大学と履修者の限られた接点のなかで、単位認定に必要な成績をあげるために効果的な情報提供をしなければならない。インターネット上のWeb-OPAC・リンク集を含む図書館ポータルの作り込み、オンライン・データベースの利用提供、文献提供システムの整備、そして学習管理システムの運用等の業務の主体を務めるライブラリアンは、図書館という具体的な物理的環境を超えて、仮想空間（virtual space）に躍り出て、オンライン学習の当事者の一員として組み込まれる、まさに'エンベデッド・ライブラリアン'とならざるを得ない。

2.5 大学図書館とエンベデッド・ライブラリアン

アメリカの高等教育におけるライブラリアンの役割は、変わりつつある。いまやかつての単発の図書館オリエンテーション（one-shot library orientation）と書誌類の利用教育（bibliographic instruction）というふるいモデルは乗り越えようとされている。

大学図書館では、次第にレファレンスサービスが減少し、1990年代後半から2000年代にかけてインターネット環境を利して情報リテラシー教育が行われるようになった。そこでは伝統的な紙媒体の書誌類の使い方を教える教育から、オンライン・データベースなどを利用したカリキュラムの展開に組み込まれた図書館利用教育へと変貌した。多くの教育機関において、すべての学生に対して、個人レベルで情報リテラシー教育を指導することは現実にはたやすいことではなく、具体的な学習目標を持つクラス単位の学部授業で具体的な情報探索の方法や関係するデータベースの使い方を教える方が効果的である。

また、この時期から大学図書館のライブラリアンは、学部教員と協力し、リサーチとライティングのアサインメントを設計するようになった。入門的科目が利用されることが多く、たとえば、通常の教室における1年生の作文クラス（freshman composition class）において、情報検索（searching）、レポートの執筆（writing）、推敲（revising）、引用（citing）の学習プロセスを専門性を持つライブラリアンが担当するようになった。そのもっとも重要な貢献は、学生たちに

所属する学部学科の学問分野の専門知識を習得させ、クリティカル・シンキングを涵養したことだとされる。そこではライブラリアンは図書館という場所にこだわられることなく、教室などの移動的情報処理環境（mobile computing environment）に出動していくことになる。

2.6　公共図書館とエンベデッド・ライブラリアン

　先に述べた通り、図書館のなかに割り当てられた自分のデスクから離れ、図書館の建物を飛び出して、サービス対象とするコミュニティや組織のなかに飛び込み、そこで利用者と同じ空気を吸いながら、ともに考え、OPACとデータベースを検索し、必要とされる情報を提供する‘エンベデッド・ライブラリアン’は、一般に大学図書館や専門図書館に馴染むものとされてきた。しかし、図書館の世界でまだ比較的新しく、まだ新鮮さを保っているこの‘エンベデッド・ライブラリアン’という理念と仕事のやり方は、公共図書館にこそもっとも必要とされているとの認識がある[13]。

　その背景のひとつは、公共事業や公共サービスの優先順位と公的資金の配分の考慮を余儀なくする財政危機である。いまひとつはデジタル・ネットワーク環境の整備が進み、大方の情報知識がサーチエンジンなどの利用によって入手可能となり、また電子書籍、電子ジャーナル等にも容易にアクセス可能となり、わざわざ図書館に出向かなくてもよくなったかのような状況が到来したことによる。図書館をとりまく外部環境が大きく変化し、それに応じて公共図書館も変貌しなければならないという危機意識が新たな図書館像とライブラリアンのイメージと職務の変革が期待されているのである。

　コロラド州の中央部にある公共図書館システムのダグラス・カウンティ・ライブラリーズ（Douglas County Libraries）が2006年に取り組んだパーカー・ダウンタウン開発委員会（Douglas County Libraries' first experiment）の事例が公共図書館における‘エンベデッド・ライブラリアン’のモデルとして語られること

---

[13] "A New Kind of Librarian." 〈http://cherylbecker.wordpress.com/2012/07/15/a-new-kind-of-librarian/〉

が多い[14]。地権者や経営者たちが市議会議員を含む官民の関係者を呼んで、ダウンタウンの商店街の再開発を検討することにした。この検討に公共図書館が加わり、地元の図書館の管理者とライブラリアンがプロジェクトチームに事務局長と内部の研究員として加わり、効果的な活躍をし、成果をあげたのである。都市図書館評議会（Urban Libraries Council）はこの嚆矢となる成功事例をも含め、『都市をもっと強力にする：地域の経済発展への公共図書館の貢献』(Making Cities Stronger: Public Library Contributions to Local Economic Development)[15]と題する報告書を刊行し、公共図書館が地域経済の振興に役立ち得る様々な方向性を示している。

また、アメリカの首都にあるワシントンD.C.のD.C.公共図書館には'Youth 202'と名付けられた取り組み[16]があり、これも公共図書館のヤングアダルトを対象とした'エンベデッド・ライブラリアン'の例とされる。Youth202とは地域の若者向けラジオ放送を専門とする非営利団体であるラジオ・ルーツ（Radio Rootz）と図書館が協力し合って、取り組まれるインターネット・ラジオ・プログラムである。これによってリサーチや情報分析、デジタルコンテンツ製作、インタビューの仕方、サイバーマーケティングなど21世紀に求められる多くの情報リテラシーの能力とスキルの開発とともに、協働作業を通じてヤングアダルトの成長を支援するのである。

2.7 コミュニティ・レファレンス

公共図書館の'エンベデッド・ライブラリアンシップ'については、伝統的なレファレンスサービスに基礎をおくものとの考え方がある[17]。公共図書館で試みられる'エンベデッド・ライブラリアン'には、2種類ある。ひとつは、

---

14) 依田紀久「情報が至る所にある時代の公共図書館員の活躍の場所は？」『カレントアウェアネス-E』No.218, 2012.07.12.〈http://current.ndl.go.jp/e1309〉
15) http://www.urban.org/uploadedpdf/1001075_stronger_cities.pdf
16) Rebecca Hope Renard , "Youth202: An Experiment in Teen-driven Knowledge Management at an Urban American Public Library ". Paper presented at the IFLA Conference, Helsinki, 2012. Helsinki: IFLA.〈http://conference.ifla.org/past-wlic/2012/141-renard-en.pdf〉'202'は地域の電話局の番号である。

第 12 章　ライブラリアン像と図書館ではたらく人たち

ダグラス・カウンティ・ライブラリーズの例のように地域社会のプロジェクトを対象とするものである。いまひとつは、地元の学校や商工会議所、市議会、および公共性の高い NGO や NPO などの組織団体と関わり、ライブラリアンがグループ・ワークで積極的な役割を果たし、そこで抱えている問題点と課題を析出し、解決方策を公共図書館が一緒になって考えるというものである。いずれにしても公共図書館は、その地域社会の中心（a central hub of the community）の位置に立ち、個々の問題を通じてその地域社会が直面している体系的諸課題を発見することになる。このような地域内のひとつの組織や団体とともに検討するなかから発生するのがコミュニティ・レファレンス・クエスチョン（community reference questions）で、地域経済振興や地域の高等教育の在り方などを検討するプロジェクトはコミュニティ・レファレンス・クエスチョンが有機的に集積したコミュニティ・レファレンス・プロジェクト（community reference projects）と認識することができる。

　伝統的なレファレンスサービスでは、レファレンス・インタビューを通じ、利用者のレファレンス・クエスチョン（参考質問）の核心を明らかにし、キーワードでそれをあらわし、適切なレファレンスツールを利用し、該当する正確な情報を提示し回答とするというものである。ところが、エンベデッド・ライブラリアンシップが求めているコミュニティ・レファレンス（community reference）は、現場（onsite）でサービス対象とする組織団体と一緒になって考え、議論し、関係するサイトへのアクセスを紹介したり、正確な情報を提示するというよりも、データと情報を解釈し、それに評価を加え、発見された課題を解決する方途をあきらかにするというものである（そういう意味では、エンベデッド・ライブラリアンシップは間違いなく課題解決型サービスの本質を備えている）。そのプロセスでライブラリアン固有の高度な情報探索にかかわる知識とスキルが総動員される。このコミュニティ・レファレンスには、当然、公共図書館の無

---

17) David Shumaker, "Public Libraries, Privatization, Collaboration … and Embedded Librarianship".
〈http://embeddedlibrarian.com/2012/03/17/public-libraries-privatization-collaboration-and-embedded-librarianship/〉

料原則が適用される。

　コミュニティ・レファレンスを日常的に継続して実施する公共図書館は、地域社会のほんとうの意味でのシンクタンクの機能を果たす。精選された図書館資料と信頼性に足るインターネット情報資源を用い、十分なリサーチ能力を発揮するエンベデッド・ライブラリアンだからこそともにコミュニティを建設し、地域社会に貢献できる。もっとも、日常的に地域コミュニティと一体感を醸成し、関係情報を蓄積しておくためには、公共図書館はブログやソーシャルメディアを活用しなければならない。

3　ライブラリアンの倫理

3.1　専門職ゆえに求められる定め

　ロビンソン・クルーソーのようにひとりが独立して生活していくには困難なほど、社会的分業が行き渡った現代の世の中では多種多様な職業や業務が有機的に連携しながら市民の生活を支えている。それらの職業や業務のなかで高度に専門的な部分を含むものについては、彼らが提供する製品やサービスに関し一定の品質を保証する必要があり、その職務に従事・開業するにあたって専門的知識とスキルを公的に確認する資格認証を不可欠のものとしている。

　しかし、それだけでは十分なものにはならず、制度としての専門職性を確保するには当該職務につく職能集団から産出される製品・サービスの市場的正当性や消費者の信頼を勝ち得なければならない。特定の職能集団総体をギルド的組織として社会経済的に構造化するためには倫理綱領の存在は専門職の条件のひとつとして不可欠である。この倫理綱領は、専門職業界団体が自主的に定める自主規制の内容を持つものであるため、法規範に直結している規定でない限り、その個別倫理規定に違反したからといって、ただちにその専門職務から排除されるというものではない。専門職務に就くためには専門業界団体への入会が法的に義務付けられ、倫理綱領違反が会則等で会員資格の剥奪等につながる懲戒手続きを定めている場合以外は、倫理綱領違反は専門職業の辞職等は本人

の自由意思にゆだねられる。

　伝統的な専門職の代表である医師については、アメリカではアメリカ医師会の「医の倫理」(Medical Ethics)[18]が定められ、いまひとつの伝統的専門職である法律家についてもアメリカ法曹協会が「専門職としての業務準則標準」(Model Rules of Professional Conduct)[19]という詳細な専門職倫理綱領を作成し、各州の法曹協会がこれに準拠しつつ州ごとの倫理綱領を作成している。とくに法曹倫理については、ウォーターゲート事件（1972～74年）の後で、ロースクールにおける教育が見直され、法曹倫理教育の必修化が行われ、法曹資格試験の統一科目として「法曹倫理」試験（Multistate Professional Responsibility Examination：MPRE)[20]が実施されるようになった。

　このような専門職業の倫理綱領は、医師や法律家に限らず、近代になって以降の社会経済の高度化、複雑化が生み出す種々様々、多種多様な、専門性をもつほとんどすべての業種・業界がこのような倫理綱領を持つに至っている。さすれば、ライブラリアンなどの図書館情報専門職にもまた'倫理綱領'の存在が望ましく、むしろ専門職として社会的認知を得ようとすればなかば不可欠のものとなる。それでは、次にライブラリアンの倫理綱領について考えてみることにしたい。

3.2　専門職業倫理が課す自覚とその役割

　図12.1は'ライブラリアンの倫理'一般について、図解したものである。'ライブラリアンの倫理'といってみても、それだけが他の専門性を帯びた職業・業務にかかわる倫理と内容が見事に異なり、重なり合うところがないということはありえない。当然、その地域や時代に生きる人々に共通の社会通念や倫理観を反映し、そこに基礎を置くことになる。正直、誠実、公正、衡平、寛

---

18) http://www.ama-assn.org/ama/pub/physician-resources/medical-ethics.page
19) http://www. americanbar. org/groups/professional_responsibility/publications/model_rules_of_professional_conduct/model_rules_of_professional_conduct_table_of_contents.html
20) 村岡啓一「アメリカ合衆国検察官の倫理：Pautler Case」、村岡啓一ほか『刑事弁護人の役割と倫理』一橋大学機関リポジトリ，2009, p.150.〈http://hdl.handle.net/10086/18477〉

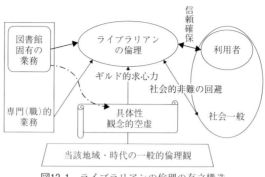

図12.1　ライブラリアンの倫理の存立構造

容、合理性などの市民的倫理の多くが取り込まれる。それから、ライブラリアンに限らず専門（職）的業務の遂行に共通する倫理項目があり得る。それぞれの専門職業にかかわる日常的な科学技術的、理論的研鑽を継続的に行うことであったり、取り扱う事例を通じて専門技術性の高度化を目指すなどが含まれる。

　一方、その専門的職業をなかば独占している‛業界団体’の倫理である以上、潜在的顧客や市場を構成する社会一般の肯定的認知を調達しなければならない。まちがっても社会的非難の対象とならないよう、当該専門職の社会的責任を自覚し、逸脱行為を慎み、権威の維持に努めるとの倫理をもうたわなければならない。

　専門職業倫理一般は、とくに直接の顧客に対するところでの信頼感の確保が大切である。医師では患者の身体精神の内実を、弁護士の場合は依頼人の個人的な事情や個別企業の後ろ暗い事実を、牧師などの宗教者は懺悔や告白により人格的短所を知ったり、センシティブなプライバシーを不可避的に熟知せざるを得ない。専門職には、通常、守秘義務がついて回る。ライブラリアンについても、図書館利用者の利用事実を第三者に秘匿する職業的倫理上の義務が課されている。

　ここまでの内容だけが専門職の倫理綱領の内容だとすれば、ことさらに作成・公表する実質的合理性に欠け、個別具体的な専門職務を明確に標的とする実効的倫理規範としては機能しえない。その専門職業が民間ではなく、公務員

として遂行されるのであれば、公務員法上の規律だけで足りるし、その場合は倫理的責任を超えて法的責任が問われる。

　'図書館固有の業務'に着目し、そこからライブラリアンに固有の倫理項目が立てられているのであれば、それは'ライブラリアンの倫理綱領'として高く掲げる意義はある。このことについては、具体的に現行の「アメリカ図書館協会の倫理綱領」について後述するところで検討する。他の専門職業について、固有の倫理規定としてどのようなものがあり得るか、一瞥しておこう。医師には医療サービス実施にあたってのインフォームド・コンセント（説明と同意）が求められ、弁護士には依頼者の利益ではなく自分自身の利益につながる利益相反行為が倫理上禁止されている。このような当該専門職務固有の倫理規定の存在は、専門職業人として以前に人間として許せないことだという一般的倫理規定（この場合には、違反行為は同時に刑事的、民事的責任が問われる）とともに、倫理違背の本人に対して効果があり、当該専門職業総体の権威失墜に対する信頼回復へのステップとしても機能する。

　専門職務団体の作成・公表する倫理綱領には、いまひとつの役割があり、実は外部の社会や顧客に対してよりも、専門職務団体内部に向けての効果を期待するところが大きい。当該専門職が生産する製品の価格や提供するサービスの料金、関係諸機関との調整・妥協・従属、業界団体内部の秩序維持、新規参入業者の確保と制限、そのような事柄が明確に、あるいはぼやかして定められる。要するに、ギルド的求心力発揮の装置の一つとして、間違いなく期待されており、ライブラリアンの倫理綱領にもまた同じ事情が支配する。もっとも、非営利無償の図書館サービスでは料金設定の調整の必要はなく、内部と外部に向けての時代と状況に見合った図書館サービスの高品質化ということになろう。

3.3　ライブラリアンの倫理綱領

　ここでライブラリアンの倫理綱領の具体例を紹介しておきたい。

　国際的なレベルでは、国際図書館連盟が2012年に「国際図書館連盟のライブラリアンとその他の情報労働者のための倫理綱領」（IFLA Code of Ethics for

Librarians and other Information Workers)[21]を定めている。その前文には、倫理綱領の役割はライブラリアン等に現場における原理原則を考えさせ、専門職としての自覚を高めさせ、図書館利用者と社会に対して業務の透明性を確保するためのものであるとしている。具体的には、情報へのアクセス、個人と社会に対する責任、利用者個人のプライバシーとその秘密保護ならびに政府行政、民間企業の市民・消費者のチェックに開かれた透明性の確保、オープンアクセスの推進と知的財産との調整、偏見を持たず誠実なライブラリアン像と専門的スキル、職場での人間関係の大切さを説いている。

　また、アメリカ図書館協会倫理綱領（Code of Ethics of the American Library Association）[22]は、「図書館の権利宣言」より半年ほど先行して、1939年に採択され、1981年、1995年、および2008年に改訂されている。この倫理綱領は、変貌著しい情報環境のなかで展開される図書館業務の過程で価値の衝突が発生した場合を念頭に置き、現在と将来の世代に対して情報と思想の自由な流通を確保する特別な職責を帯びたライブラリアン等のあるべき職務遂行を促す倫理的諸原則を示したものとされる。

　具体的には、最高水準のサービス提供、知的自由の原則の遵守と検閲への抵抗、知的財産権の尊重と情報利用者と権利者の利益均衡の推進、職場の良好な人間関係の維持・権利保護と福祉を確保する雇用条件、過剰な個人的利益追求の放棄、専門的職責と正当な制度目的の優先、自己研鑽・職場内研修等による専門性の向上について定めている。

　日本には、1980年に日本図書館協会が定めた「図書館員の倫理綱領」[23]がある。この「図書館員の倫理綱領」は「図書館の自由に関する宣言」を前提とする規範的文書とされる。

---

21) http://www.ifla.org/news/ifla-code-of-ethics-for-librarians-and-other-information-workers-full-version
22) http://www.ala.org/advocacy/proethics/codeofethics/codeethics
23) http://www.jla.or.jp/library/gudeline/tabid/233/Default.aspx

■□コラム□■

アメリカの図書館で働くということ

　アメリカの図書館で働くということはどういうことか。1999年から2013年までアリゾナ大学図書館で司書として勤務された鎌田均先生（2014年現在京都ノートルダム女子大学教員）の経験に耳を傾けたい[1]。

　ほとんど週7日、1日24時間開館しているアメリカの大学図書館において、ライブラリアンは「レファレンスカウンターに入ったり、選書の作業をしたり、情報リテラシー教育として、授業でレクチャーを行ったり、（分担して）様々な仕事」をする。特定の学問領域の図書館サービスを専門とする'サブジェクトライブラリアン'は、その分野の資料選択や学生に対する学修上の相談への対応にとどまらず、教員から当該学問分野に関する情報収集をしたり、教員への授業支援を行う。なかには、学部の会議に出席したり、授業やゼミに参加をするライブラリアンもいる（ここまでいけば、エンベデッド・ライブラリアンに該当する）。

　アメリカの大学図書館のライブラリアンは専門職と位置付けられ、多くの大学ではファカルティ・メンバーとして教員同等の待遇を受けている。自分自身に割り当てられている職務の円滑な遂行が求められ、勤務時間も自分の裁量で決められることが少なくない。しかし、十分な成果があげられない場合にはその地位と職務を維持できないという厳しい職場でもある。ライブラリアンが教員同等の待遇を受けるということは、教員同様の教育研究的な活動が期待されており、図書館情報学分野での専門的な研究活動を行い、関係する学協会等での発表が求められるということでもある。この図書館固有の教育研究活動に成果があげられなければ、やはりその職を追われることにもなりかねない。

　このような大学図書館の専門職であるライブラリアンはその養成機関である大学院修士課程レベルのライブラリースクールを修了したからといって楽にその職が得られるわけでなく、まずは夜間の変則的な勤務など一定の経験を積まなければ道は開けない。公共図書館においても、本来、ライブラリースクールの修了、図書館情報学の修士（MLS）は求められないライブラリーアソシエイツ（library associates）やライブラリーアシスタント（library assistants）と呼ばれる人たちのうち、少なくない人がライブラリースクールの修了生で、次のステップを目指して経験を積んでいる。

　日本研究に取り組んでいるアメリカの大学図書館が語学的能力を前提にライブラリアンを採用しようとするとき、日本語能力を求めることは間違いないが、最近では東アジア研究コレクション全体の整備が意識されていることが多い。MLSを保有し、

日本語ができる日本人というだけでなく、韓国語や中国語もあわせてできることが要求される傾向にある。

註
1）鎌田均「アメリカの大学図書館での一日」,「京都ノートルダム女子大学司書・司書教諭課程ニューズレター：本の扉」第9号, 京都ノートルダム女子大学司書・司書教諭課程, 2014.3, p.6.

第13章　図書館情報学教育

　日本で図書館情報学教育を行っているのは、主として4年制大学の学部レベル、2年制の短期大学の学科レベルで、教職課程や学芸員課程と同様、資格課程のひとつとして設置され、図書館法に定める司書資格を与えることを目的とする司書（養成）課程である。そのほかに少数であるが、文学部や教育学部などに図書館情報学の専門学科や専攻等を置き、さらにそのうえに図書館情報学専攻の大学院を設置しているところもある。それ以外にも、総合政策科学研究科や図書館情報学の専攻が設けられているわけではないが経営学研究科、人間科学研究科など、図書館情報学を研究したいという人たちを受け入れている大学院もある。

　図書館法に定められた国家資格のひとつである'司書'資格を与える司書養成科目を開講する大学、短期大学は、2013（平成25）年4月1日現在、全国で216校を数える[1]。4年制大学は158校で、内訳は国立大学が10校、公立大学が4校、私立大学が144校である。短期大学（部）については58校が設置しており、公立短期大学が3校、私立短期大学が55校となっている。それ以外に夏期等に集中して行われる司書・司書補講習を行う大学がある。2013（平成25）年度は司書講習が13の大学・短期大学で実施され、司書補講習は6大学で実施されている。

　司書資格の取得者は非常に多く、年間1万人といわれている。しかし、司書資格は業務独占資格とはされておらず、図書館現場に働く図書館職員の半数は司書資格を保有していない。このような中途半端な制度の仕組みが司書資格を

---

1)「司書養成課程科目開講大学一覧」〈http://www.mext.go.jp/a_menu/shougai/gakugei/shisyo/04040502.htm〉

就職と結びつきにくい資格としており、司書マーケットを不健全なものとしている。司書資格取得者を直接の対象とする求人はすべての館種を合わせても年間数百人にも満たず、数少ない司書採用試験を激烈な競争率としている。

1 アメリカの図書館情報学教育

13.1 カリパー・プロジェクト

現在のアメリカの図書館情報学教育について語るときには、少し古いものとなったが、1998年から2000年にかけて大規模に行われた'カリパー・プロジェクト'（Kellogg-ALISE Information Professionals and Education Reform Project：KALIPER Project）からはじめるのが適切なように思われる。このカリパー・プロジェクトは、ケロッグ財団の資金援助によりアメリカ図書館協会傘下の図書館情報学教育協会（Association for Library and Information Science Education：ALISE）によって行われたもので、1920年代はじめに実施されたウィリアムソン報告以来の意義を持つものとされる。

研究調査の主体である図書館情報学協会は図書館情報学教育の認定業務の実施機関であり、この図書館情報学カリキュラムの包括的研究を内容とする研究調査には、アメリカ、カナダのライブラリースクール認定校が参加している。

この研究調査が実施された時期は、全米教育統計センターの統計（National Center for Education Statistics）によれば[2]、図書館情報学の修士の修了者が年間4000名程度に減少し、底を打っていた時期にあたる。その後、図書館情報学を学ぶ大学院生の数は増加傾向に入る（近年は7000人台で推移している。図書館情報学の博士（Ph.D）は年間60名程度を数える）。しかし、カリパー調査が行われた時期がインターネットの急速な普及と図書館の労働事情の沈滞期にあたっていたことから、図書館情報学教育が社会に提供する人材の供給可能な市場の範囲と図書館情報学そのもののあり方、守備範囲、関連する学問領域とそれらとの関係について検討が加えられることになった。直截的な言い方をすれば、大学の

---

[2] http://nces.ed.gov/programs/digest/d13/tables/dt13_323.10.asp

単位、部局としての名称、看板から'図書館'という言葉が一定程度脱落する傾向が顕著ななかで、図書館情報学の研究対象が図書館に限られるものなのか、すでにライブラリースクールの卒業生の進出する職場が図書館にとどまらない状況において、どのように研究教育の内容を画定し、ファカルティ構成を整えるかということが真剣に考えられた。

　アメリカ図書館協会の下部機関である ALISE が行ったという初発からのバイアスがそのままあらわれざるを得ないこの調査研究の限界でもあるが、'図書館とはつかず離れず'ということが世紀の転換点で確認された。図書館という相対的にも狭小となりゆく制度や存在に全面的に頼るわけにはゆかず、デジタル技術とインターネットによって切り拓かれてゆく'情報'の世界に夢を託さざるを得ない。原始以来文献情報と情報知識を取り扱ってきた図書館を対象としてきた図書館情報学の研究教育の単位としては、それぞれに程度の差はあるとしても、'情報武装'を積極的に進めてゆくというなかば当然の結論がここで確認できたのである。

1.2　既存の学問領域を超えて

　ライブラリースクールを設置する各大学においても、1980年代にコロンビア大学などの老舗を含むライブラリースクールの閉鎖が相次いだ時期とは異なり、キャンパス内の学部学科の学際的取り組み、分野連携などの個別的・具体的な動きのなかで、この図書館情報学から図書館研究を含む情報（科）学への脱皮、あるいは情報（工）学の図書館情報学の吸収はすでにある程度進んでおり、今後も拡大・拡充しうるとの見通しは立てやすかった。また、工業化社会を超えた'（高度）情報化社会'の深まりを背景にして、図書館（情報）学が図書館サービス、とりわけパブリックサービスというマーケットのニーズに応える消費者志向のヒューマンインタフェースを主要な研究テーマとしてきたことから、情報産業や情報経済・経営、情報政策といった周縁的な主題をも含みこみうる余地を持つ。つまり、図書館に近接するアーカイブや記録管理、博物館を対象に取り込むことにあまり抵抗はなかったと思われる。情報システム化が進行す

る図書館対象の理論と実務学習を超えて、データベースやウェブデザインは必ず学び、情報システムやネットワーク等についての知識とスキルを身に着けた新生ライブラリースクールの卒業生は、情報関連専門職（information-related professions）のニューリーダーと嘱望されて企業やNPO、行政組織にも入っていけるという図式を描くことにも抵抗はなかった。

　ひるがえって、大学間の競争環境が激化するなかで、大学経営としては従来の枠を打ち破らざるを得ず、既存の大学院・学部・学科の見直しや合従連衡、再編の過程で、共同学位（joint degree）や複数学位、学部の主専攻・副専攻の設定、学部・学科の横断的な科目の設置等が進められてきた。このことは、政府や州、財団等の学外からの資金獲得のための共同研究の進展ともあいまって、必然的に隣接する、あるいは異なる分野のファカルティメンバーの交流を深め、多様な非常勤教員を呼び込むことになる。このことは新生ライブラリースクールにとっては、研究教育に必須不可欠の情報通信基盤の整備拡充を推進し、多様な分野からの兼任講師の獲得を容易にし、従来の専任教員では不慣れな担当科目におけるチームティーチングをやりやすいものへとした。

1.3　遠隔教育の進展

　カリパー調査が結果的に描いた図書館情報学教育の近未来像は、学問領域のあり方としても、図書館を研究対象とする狭い殻を破らざるを得ず、（学術）情報の生産、流通、蓄積、組織化、加工、頒布　情報のライフサイクル全体、選別、配布、検索、アクセス、利用、評価の知的および社会的側面を扱う学問で、工学的な部分も含む、全体として伝統的図書館教育からより広範な情報（科）学へ移行を強めている。しかし、一方では、ALA（American Library Association：アメリカ図書館協会）認定校対象という内在的バイアスもあり、メディカルライブラリアンやローライブラリアンのような主題専門性を強める動きも一方で見せるなど、図書館との緊張関係を維持してゆきたいとのアンビバレントな状況も見られないわけではなかった。

　２年制のコミュニティ・カレッジ等では、'AAS'と略称される応用科学準

学士（Associate of Applied Science）、学芸準学士（Associate of Arts and Science）の学位を発給しているが、そのなかのひとつに図書館技術に関する図書館技術専攻応用科学準学士（AAS degree in Library Technology）があり、この学位の取得者の進路はライブラリアンの補助業務を行うテクニシャン等が想定されている。このAASの学位はオンラインの学修で取得できる場合も少なくない。

また、今日にも引き続く、これもまたライブラリースクールに限定される問題ではないが、カリパー調査で検討されたもうひとつの点を指摘しておきたい。それはインターネットを利用した非同期、しかしこの段階ではまだ教員と学生とのコミュニケーションが非対称な遠隔教育の進展である。当時のALAライブラリースクールの認定基準（1992年版）がオンキャンパスの場合と異なる基準を遠隔教育に対して採用しなかったことから、ライブラリースクールのなかでは、オンキャンパスの課程とは別にオンライン履修の課程を置いたところがあったほか、オンキャンパスの履修過程でオンライン科目も空き教室などで正規の授業の合間に利用できるとする大学もあらわれた。

すでにこの10年以上前の調査においても対象となった7校中5校がオンライン履修に取り組んでおり、2000年の時点で遠隔教育は図書館情報学教育の重要な一部分を担う様相を見せており、技術的手段の介在する遠隔教育は今後とも図書館情報学教育において重要な役割を果たすと考えられると予想されている。ちなみに、この時点では、大学等の遠隔教育を支援する著作権改正法であるTEACH Actは制定されておらず、それは2002年まで待たねばならない。

2 ライブラリースクールの分布と現状

2.1 分布と現状

プロフェッショナルとして社会的に認知された図書館情報専門職の養成は、アメリカ図書館協会が基準にしたがって認定した図書館情報学専攻の大学院修士課程によって行われるものとされ、これらを一般に'ライブラリースクール'と呼ぶ。そのアメリカ図書館協会認定の図書館情報学修士の学位を発給し

ているライブラリースクールは、2013年10月現在、57校を数える。その内訳は、プエルトリコを含むアメリカ国内に51校、カナダに7校が存在する[3]。アメリカ国内では大西洋に近い東側半分に集中している。

最近のオンラインの遠隔教育の普及は、この分野でも著しい。北米の認定校のうち、従来通りの主として対面授業によって教育課程を編成しているのは半数以下の23校で、主としてオンライン授業によっているのが12校、100%オンラインで履修することとしているライブラリースクールが23校に達する[4]。

ALAの評価によって図書館情報学専攻の学部課程とされるのは17校、学位に関係のない継続教育のプログラムを実施しているのが15校、図書館情報学の修士以外の学位をあわせて取得できる共同学位（dual/joint degree）の制度を採用している大学が37校、博士課程を置いているのは37校、修士取得後の資格を発給しているところが38校存在する。

2.2　アリゾナ大学ライブラリースクールの沿革と現在

57校あるライブラリースクールのひとつであるアリゾナ大学をここで紹介することにしたい。

アリゾナ大学（University of Arizona）の情報資源・図書館専門課程（School of Information Resources and Library Science）は、1956年に教育学部（College of Education）がその学部課程のカリキュラムのなかに学校図書館学コースを置いたのが起源となった。翌57年、学校図書館学専攻の教育学修士（MEd）が誕生するなど、図書館に関する学問的関心が高まり、1969年に図書館学大学院（Graduate Library School）に発展改組され、1974年にアメリカ図書館協会の認定を得て、図書館専門職（librarians）養成の機関として公的にも認められるにいたる。1985年には教育学部から社会・行動科学部（College of Social and Behavioral Sciences）に移管され（このときに修士の学位名称をMLSからMA in Information Resources and Library Scienceに改めている）、1993年に修士に加えて博士課程を

---

[3]) http://www.ala.org/accreditedprograms/directory
[4]) http://www.ala.org/CFApps/lisdir/index.cfm

設置する。1996年には修士の学位名称にあわせて、単位組織の名称を今日の情報資源・図書館専門課程に変更している。21世紀に入り、2001年に地域特性をふまえた叡智の流動コース（Knowledge River program）を、2006年にはデジタル情報管理資格コース（Digital Information Management Certificate Program）を開設し、また2012年には公文書館学資格コース（Graduate Certificate in Archival Studies）を新設し、またジャーナリズム専攻の大学院と共同学位（Joint Master's degree）制度をはじめている。情報資源・図書館専門課程は専門職大学院の単位組織であるが、2013年にはeSociety専攻の学士課程を開いている。ひるがえって、近年のインターネットの普及は、アメリカの大学界に遠隔教育の手法を定着させているが、情報資源・図書館専門課程もまた大学院、学部課程ともに相当の単位をインターネット受講で取得できる。

　また、アリゾナ大学情報資源・図書館学科では、2013年9月から社会・行動科学部、情報・科学・工学・芸術学部の協力を得て、学部横断的で学際的なカリキュラムをもつeSociety専攻の学部課程を新設した。コンピュータ利用とデジタル情報に依存する現代の社会生活、労働の場を直視し、エレクトロニック・サーベイランス、ソーシャルメディア、法的諸問題その他情報にかかわる多様なトピックを取り扱う。eSocietyを専攻（major）したいとする学部学生は、この分野の専門科目36単位を修得し、卒業すれば、B. A. in eSociety[5]という学位が取得できる。副専攻（minor）には半分の18単位の取得が求められている。必要とされる科目のうち、1学期に1科目は非同期のeラーニングで受講できる。eSociety専攻の科目表を表13.1にまとめた。

　本来は専門職大学院であるライブラリースクールが学部課程を置くのには様々な理由があるようであるが、大学本部から各部局に配分される資金がひとつには学部課程に在籍する学生数に依存すると聞かされたことがある。このように本来は専門職大学院で修士課程を核とするライブラリースクールが学部課程をおくのは珍しいことではなく、多くのALA認定のライブラリースクールが情報系の学部課程を置き、相当の学士号（BA or BS）を発給している。

5）日本流の言い方をすれば、学士（情報化社会）とでもいうのであろう。

表13.1 eSociety 専攻の科目表

導入科目（6単位）	情報化時代についての重要な考え方	
	オンライン環境における協働作業*⁾	このうち1科目
	専門的職業が求めるソーシャル・メディア利用戦略*⁾	
	コミュニケーションと技術	
コア科目（9単位）	デジタル環境での対話と認証*⁾	このうち3科目
	ニューメディア論*⁾	
	出版：パピルスから電子読書へ*⁾	
	デジタル的世界における知識*⁾	
研究方法とデータ分析（9単位）	社会科学のための統計学入門	このうち1科目
	インターネット利用の質的調査*⁾	
	オンライン検索*⁾	このうち1科目
	データ処理	
	データマイニングと発見	
	コンピュータ利用の思考と行動（パイソンを用いて）	
積極活動科目（3単位）	上級総合演習*⁾	
補助科目群（9単位）	通信工学理論	このうち3科目
	デジタル・ストーリーテリングと文化*⁾	
	デジタル文化序論*⁾	
	情報の品質*⁾	
	データベース開発と管理運営*⁾	
	政府情報：政策と情報源*⁾	
	ユーザインタフェースとウェブサイト設計*⁾	
	政府機密：恐怖時代の情報アクセス	
	情報技術と社会	
	哲学と人工知能	
	ソーシャル・ネットワーク	

（注）*⁾を付した科目は、情報資源・図書館学科が提供する科目。

3　様々な教育プログラムと就職マーケット

3.1　アイスクールの動き[6]

アメリカの大学キャンパスにおいては、'iSchool'（アイスクール）と総称される独立の学部ないしは大学院研究科、あるいは学科が存在することがある。

---

6) 本項の記述は以下のウェブページに負うところが大きい。〈http://ischools.org/about/history/origins/〉

このアイスクールの起源は1988年にさかのぼる。この時期はアメリカ全国のライブラリースクール（修士）の卒業生がそれ以前の年間7,000人から8,000人台だったものが3,000人から4,000人台に急激に減少した時期にあたる[7]。この年にピッツバーグ大学の当時の図書館情報学部長トニ・カルボ（Toni Carbo）が、シラキュース大学とドレクセル大学のライブラリースクールの学部長にはたらきかけ、3人の学部長が図書館情報学教育に関する情報交換をはじめた。この3人の非公式な会合を'ギャング3'（Gang of Three）と自称した。ほどなくラトガース大学ライブラリースクールの学部長が加わり、'ギャング4'となる。図書館情報学教育委員会（ALISE）の集会を利用して、メンバーたちの間での非公式な話し合いを続けた。メンバーたちはライブラリースクールと情報科学（information science）、電気通信、ジャーナリズム等の学部を含めて他の多様な分野にも仲間に加わるよう声をかけた。彼らの目標は、情報共有を進め、大学内で図書館情報学を含む情報科学をどのように説明し、自分たちのライブラリースクールや大学院研究科、学部学科の振興を図るかというところにあった。この非公式の会合は1990年代半ばまで続けられた。

　2001年にカルボが中心となり、シラキュース、ドレクセルの両大学にワシントン、ミシガンの2大学の学部長が加わり、'ギャング5'（Gang of Five）に再編される。2003年には、さらにイリノイ、ノースキャロライナ、フロリダ・ステート、インディアナ、テキサスの5大学の学部長が加わり、'ギャング10'（Gang of Ten）となったが、この非公式名称が不適切だとされ、'情報学部'（information schools）、そしてその略称である'アイスクール'という名称が浮かび上がってきた。この学部長たちの会合は、原則として年に2度開催され、輪番の開催校の教員も交えて議論がなされ、懇親会も行われた。そこではアイスクールの理念形成に努めるとともに、学部運営や教育内容の検討、研究活動の課題などが深められた。また、初期にはアイスクール横断的な共同研究への

---

7) 以下の文献をもとに筆者が算出した。National Center for Education Statistics. "Advance Release of Selected 2013 Digest Tables". http://nces.ed.gov/programs/digest/2013menu_tables.asp,（accessed 2014-03-10). Table 323.10. Master's degrees conferred by postsecondary institutions, by field of study: Selected years, 1970-71 through 2011-12. を加工、編集。

取り組みも目標とされた。やがてこのアイスクールの会合は公式に'アイスクールズ・コーカス'（iSchools Caucus）もしくは'アイコーカス'（iCaucus）と呼ばれるようになった。広く'情報、人間、技術'の関わりを教育研究のテーマとするアイスクールの組織が公的に設立されたのは2005年のことである。このアイスクールの組織は、中核的なメンバーから構成されるアイコーカスによって主導されている。アイスクールのメンバーも増え、2008年には20校を超えた。

当初はライブラリースクールの危機的状況脱出のための動きだったものが、情報科学という分野名称を掲げたところから、ALA認定の大手ライブラリースクールが依拠する図書館情報学を超えて、多種多様な'情報'にかかわる領域を研究教育の対象とする学部や大学院研究科を擁する大学がメンバーに加わるようになった。主要メンバーのひとりでコンピューティング研究協会（Computing Research Association：CRA）の理事でもあるミシガン大学情報学部長ジョン・キング（John King）は、2000年の同協会の情報技術関係の学部長たちの会合でアイコーカスを紹介したことが契機となり、2008年にはアイスクールの多くの学部長たちはコンピューティング研究協会に加入し、その後同協会加盟大学の学部長たちとも交流を深めてゆくことになる。

アイスクールは、情報専門職（information professionals）、情報主導の世界（information-driven society）にビジョンを掲げリーダーシップをとる情報研究者や学者の教育養成を社会的任務とするとされる。個々のアイスクールで実施される教育内容は一定しているわけではなく、図書館情報学のほか情報にかかわる人文社会科学、理学、工学さまざまな分野を含み、'情報'という概念を中心として学際的（interdisciplinary）、既存学問分野横断的（multidisciplinary）、既存学問融合的（transdisciplinary）なものを目指しているという。アイスクールのカリキュラムに並んでいるキーワードを羅列すると、アーカイブズ、ウェブページの設計、オンライン・コミュニティ、科学計量学、計量書誌学、情報アーキテクチャー、情報アクセス、情報管理、情報経済、情報検索、情報社会、情報政策、情報セキュリティ、情報組織化、情報表現技法、データマイニング、

第13章　図書館情報学教育

デジタル・ライブラリー、データベース、図書館、図書館情報学、博物館など多種多様な語句、概念を眼にすることができる。

現在の'アイスクール'組織のメンバー校は、アメリカ以外の大学も含めて52大学[8]を数える。イギリスやドイツ、中国などのほか、日本では筑波大学大学院図書館情報メディア研究科が加わっている。アメリカのアイスクールのメンバー校についても、ALA認定のライブラリースクールとされる情報系学部に関しては、必ずしもその内部のすべての学科や課程がALAの認定を受けているわけではなく、またアイスクールのメンバー校にはALA認定のライブラリースクールではないものが少なからず存在する。

筆者がお世話になっていたアメリカ南部の数少ないライブラリースクールであるアリゾナ大学情報資源・図書館学科も、ここ数年のうちには、情報科学・技術・芸術学部（School of Information Science, Technology and Art）、デジタル人文学科（Digital Humanities）と統合し、情報学部（仮称）（School of Information）への改組再編をもくろんでいる。

3.2　ワイズ・コンソーシアム

'ワイズ・コンソーシアム'（WISE Consortium）[9]は、そのイニシャルのもとになった名称であるWeb-based Information Science Educationからも分かるように、インターネットを利用した（図書館）情報学の低廉なオンライン授業を実現した遠隔教育プログラムである。現在、アメリカ国内の12大学、カナダの2大学、オーストラリア、ニュージーランド各1大学の計16校がこの共同事業に参加している[10]。アメリカ図書館協会認定の有力ライブラリースクールが

---

[8] http://ischools.org/
[9] http://www.wiseeducation.org/
[10] ロング・アイランド大学、ラトガース大学、サンノゼ州立大学、シモンズ・カレッジ、シラキュース大学、イリノイ大学アーバナ・シャンペーン校、ノース・キャロライナ大学、ノース・テキサス大学、ピッツバーグ大学、テキサス大学オースチン校、ウィスコンシン大学マジソン校、ウィスコンシン大学ミルウォーキー校（以上アメリカ）、ブリティッシュ・コロンビア大学（カナダ）、ウェスタン・オンタリオ大学（カナダ）、チャールズ・スタート大学（オーストラリア）、ヴィクトリア大学ウェリントン（ニュージーランド）。

並んだアメリカ国内の諸大学を見ても認識できるように、当該大学の教室を超えてそれなりの水準の選択科目を参加大学に相互に提供しあうことを目的としている。

　アメリカの大学では、ライブラリースクールに限らず、それぞれの大学全体がキャンパス内外にインターネット利用の教育プログラムを展開しているが、このワイズ・コンソーシアムは、図書館情報学教育における主要言語を英語とする諸国間のグローバルな協働事業として評価できる。

3.3　図書館情報学履修者の就職マーケット

　アメリカのライブラリースクールが、そのカリキュラム内容として情報を中心に据え、その分析・組織化・表現・検索についての知識とスキルの修得から、情報工学を含み情報システムの設計・実装・評価の方向に拡大・展開しているのは、アメリカの産業構造の変化にともなう労働力市場との緊張関係を意識しうる状況にあるからである。図書館専門職を含み、それを超える多様な業種での情報専門職の育成というキャッチフレーズで入学者を集め得る余地がある。アメリカ経済においては、近年、情報産業は成長著しい分野で給与等の待遇もよく、ノース・キャロライナ大学チャペル・ヒル校のウェブページ[11]には、連邦労働省の予測調査が引用されており、2018年には情報産業で働く者は300万人以上に達することが見込まれ、今後4年間に11万8,000人の新規雇用があるとし、ライブラリースクールの卒業生の進路は伝統的な図書館を超えて、企業、政府や行政機関、非営利組織、学術研究機関に広がっているとしている。

　日本でも、図書館情報学を専門とする学部教育や大学院教育を行っているところでは、一定のカリキュラムを整備し、教員を配置してアメリカのライブラリースクール同様の進路を想定しているようである。しかし、図書館情報学教育の大半を担う学部の司書課程においては、情報産業が必要とする人材育成を視野に入れているところもあるが、求人がほとんどない図書館員養成プログラムを定めた図書館法施行規則の遵守と資格課程としての制約を受け、また適切

---

11) http://sils.unc.edu/programs/graduate/msis

な人材配置が困難なことから、専門職大学院であるアメリカのライブラリースクールと同じ方向を目指すことは困難である。もっとも、現実には、不十分な教育内容にかかわらず、司書課程を終えた学生で情報企業に入るものは少なくない。彼らを見ていて気になるのは、アメリカと異なり、一般に日本の情報産業の待遇と労働環境が必ずしも良くないように見えることである。

■□コラム□■

テキストブック販売店

　次頁の写真を見てほしい。看板の文字は'キングダム　テキストブックス'と読めるはずである。そう、アリゾナ大学のキャンパス東側に接続するところにある教科書販売店である。しかし、ちょっとおかしいのは、お店があいてますよと'OPEN'と左側のウィンドウに書かれている下に'BUY SELL TRADE'、右側のウィンドウには'Get More Cash for Your Textbooks'との文字が読める。「(教科書を)売りますよ。買いますよ」「あなたの教科書でもっと現金を手にしましょう」というのである。新学期がはじまり、新しい学問分野、諸科目を勉強しようというときには、たくさんの教科書が必要になる。それを手に入れるためには少なくないお金が必要になる。新品は高いが中古品なら安くて済む。使い古した教科書を仕入れて売ればいい。このお店は中古品の教科書の買い入れと販売をするお店なのである。

　この'Used Textbooks'の販売・取り扱いは、アメリカでは決して珍しいものではない。アリゾナ大学では'スチューデント・ユニオン'のブックストアも、試験が終わると、キャンパスの中庭に'あなたの教科書を売ろう'(Sell Your Textbooks!)という小さな立て看板をいくつも出して、学期初めに販売した教科書の回収（?）作業に入る。

　このような教科書の中古市場はアリゾナ大学にとどまらず、アメリカの大学のキャンパスではふつうにみられるものである。当然、学期末試験やレポートの提出が終わり、教科書を使い終われば、それをあらためて売りに行くわけであるから、書き込みなどをして商品価値を下げるわけにはゆかない。自分の手許にある間でも、ノートにメモをとったり、必要なところはコピーをしたりせざるを得ない。

　しかし、この商売が成り立つためには、大きな前提がある。教科書のリサイクル市場を形成しているわけであるから、今年使った教科書が来年は使われず、新しい教科書に代わるということが頻繁にあれば、この商売は成立しないのである。カリキュラ

ムが比較的しっかりしていて、聞いたこともないような科目が毎年あらわれるというのでは無理であるし、担当する教員の異動がはげしく、同一の科目を研究志向の異なる教員が担当するのであれば同じ教科書は使いづらい。それよりも何よりも、少なくとも中古市場で数年間は安定的に教科書として取り扱われるためには、それなりに優れた内容を持っていなければならないのである。内容も体裁も薄っぺらい教科書ではこのような仕組みはできあがらない。

教科書販売店の入口

第14章　図書館の実務と理論に関わる組織団体

1　国際的機関

　5,000年を超える図書館の歴史と150年近くになる図書館（情報）学の教育・研究は、過去に数多くの関係する組織団体を育ててきた。現在も国内外に多くの関係する組織団体が存在している。

　現在、図書館実務に関連する国際的な機関としては、ユネスコ（United Nations Educational, Scientific and Cultural Organization：UNESCO）や国際図書館連盟（International Federation of Library Associations and Institutions：IFLA）が代表的なものである。かつては国際情報ドキュメンテーション協会（International Federation for Information and Documentation：FID）という組織があった。この組織は、1895年、二人のベルギー人の弁護士、ポール・オトレ（Paul Otlet, 1868-1944）とラ・フォンテーヌ（Henri La Fontaine, 1854-1943）が中心となり、ベルギーの首都ブリュッセルに創設され、当初は'国際書誌協会'（International Institute of Bibliography；Institut International de Bibliographie：IIB）と呼ばれた。創設の目的は、すべての記録された知識への国際的なアクセスを実現しようというところにあった。デューイ十進分類法を改良し、とくに科学技術分野においての書誌分類として広く使われている国際十進分類法（Universal Decimal Classification：UDC）は、この組織によって考案され、維持されてきた。20世紀も終わりに近づくころには、オランダのハーグに本部をおき、65ヶ国以上の国々と300以上の関連団体や個人によって支えられていたが、2002年に解散した。国際十進分類法は、現在、UDC Consortium（UDCC）によって維持されている。

　アメリカにはアメリカ図書館協会（American Library Association：ALA）があ

る。この組織は、館種や図書館サービス分野等に特化した下部組織を入れ子型に擁する巨大な組織で、会員数は6万人におよぶ。アメリカ図書館情報学教育協会(Association for Library & Information Science Education：ALISE)も下部組織のひとつである。アメリカ図書館協会はアメリカ国内の組織であるが、そこから派出した専門図書館協会(Special Libraries Association：SLA)は国際的組織に成長している。また、1935年に創設されたドキュメンテーション協会は、1937年にアメリカ・ドキュメンテーション協会と名称を改め、2000年にはアメリカ情報科学技術協会(American Society for Information Science and Technology：ASIST)と装いを変えている。

図書館情報学の研究者は、うえにあげた諸組織のなかで活躍する一方、それぞれ固有の研究教育の背景にふさわしいさまざまな学会組織で研究成果を発表している。そのなかのひとつに、1989年に創設された国際知識組織化学会(International Society for Knowledge Organization：ISKO)[1]のようなものもある。

日本国内については、実務に関連して、日本図書館協会や情報科学技術協会、そして館種や地域ごとに様々な組織団体が組織され、活動を展開している。図書館情報学の研究者が研究仲間との情報交換や研究成果の発表の場とする国内学会については、日本図書館情報学会や日本図書館研究会のほか、それぞれの研究者の出自に応じた分野の学会で活動している。

以下に、この分野に属する少数の主要な組織団体についてのみ紹介することにする。

1.1 ユネスコ (UNESCO)

'ユネスコ'は、その名の通り、教育、科学、文化の発展と推進を目的とする、国際連合の専門機関のひとつである。ユネスコの設立の基礎となる「国際連合教育科学文化機関憲章」(ユネスコ憲章)[2]の目的および任務を定めた1条の2項(c)号は、'知識を維持し、増進し、かつ普及する'事業として、「世界の遺

---

1) http://www.isko.org/about.html
2) http://www.unesco.or.jp/meguro/unesco/charter-j.html

産である図書、芸術作品ならびに歴史および科学の記念物の保存および保護を確保」すること、「出版物、芸術的および科学的に意義のある物その他の参考資料の交換を含む知的活動のすべての部門における諸国民の間の協力を奨励すること」をあげており、国際的視野から図書館活動の発展充実に取組むことがユネスコの任務であることを示している。

国際図書館連盟とともに「ユネスコ公共図書館宣言 1994」（IFLA/UNESCO Public Library Manifesto 1994）[3]「ユネスコ学校図書館宣言」（IFLA/UNESCO School Library Manifesto 1999）[4]や「ユネスコ多文化図書館宣言」（IFLA/UNESCO Multicultural Library Manifesto）[5]を制定し、国際的な図書館活動の推進に取り組む姿勢を見せている。

また、ユネスコは2005年より、世界の国立図書館など多くの機関が参加する'電子図書館プロジェクト'に取り組み、2009年にはインターネット上に世界史的に貴重な文化的資源を掲載したワールド・デジタル・ライブラリー（World Digital Library：WDL）[6]を公開している。Googleの支援も得て実施されているこの事業は、UNESCOとアメリカ議会図書館が運営する国際的な電子図書館となっている。2014年現在、1万点を超える図書や雑誌、手稿、地図、動画、新聞、写真、録音など多様な資料が公開されている。

1.2　国際図書館連盟

国際図書館連盟（International Federation of Library Associations and Institutions：IFLA）[7]は、国際的舞台において、ユネスコと並んで図書館情報学の研究対象となる活動を展開している団体である。'IFLA'（イフラ）と略称されるこの団体は、1927年にスコットランドのエジンバラで開催された国際会議で設立され、ライ

3）邦訳は以下のウェブページを参照。〈http://archive.ifla.org/VII/s8/unesco/japanese.pdf〉
4）邦訳は以下のウェブページを参照。〈http://www.hyogo-c.ed.jp/~imazu-hs/tosyo/unesco-sengen.htm〉
5）邦訳は以下のウェブページを参照。〈http://www.ifla.org/files/assets/library-services-to-multicultural-populations/publications/multicultural_library_manifesto-ja.pdf〉
6）http://www.wdl.org
7）http://www.ifla.org/

ブラリアンと図書館利用者の利益を確保することを目的としている。2013年現在、世界の約150ヶ国の1,500人を超えるメンバーを擁している。オランダのハーグにある王立図書館内に本部を置く。この国際図書館連盟は、国際文書館評議会（ICA）、国際博物館会議（ICOM）、国際記念物遺跡会議（ICOMOS）と並んで、'武力紛争の際の文化財の保護に関する条約'[8]（1954年ハーグ条約）が対象とした武力紛争だけでなく自然災害をも含めた文化遺産を保護するために設立されたブルーシールド国際委員会（International Committee of the Blue Shield：ICBS）の創設メンバーでもある（2005年に視聴覚アーカイヴ組織調整協議会（CCAAA）が加わっている）。

　国際図書館連盟が信奉する価値の中核は、世界人権宣言（Universal Declaration of Human Rights）19条[9]に定められた'情報、思想、創作的な著作物への自由なアクセスと表現の自由'という原則にあり、尊重すべき価値として、「人びと、地域社会、および組織団体が、その社会的、教育的、文化的、民主主義的、かつ経済的な幸福を得るために、情報、思想、創作的な著作物に対して、普遍的で公平なアクセスを必要としているとの信念」、「質の高い図書館情報サービスの提供がそれらへのアクセスを支援するとの確信」をあげ、「市民権の有無、障害、民族的な出自、性別、地理的位置、言語、政治的信条、人種または宗教のいかんにかかわらず、すべてのこの連盟のメンバーがその活動に従事することができ、そこから利益を得ることができるように責任を果たす」[10]と述べる。

　メンバーの構成は、投票権を持つ個々の国もしくは国際的な図書館情報に関わる学協会や機関、投票権のない実務家個人、および情報関連企業が賛助会員からなっている。最近では3,000人を集めて世界各地で開催される毎年の夏期

---

8)　日本では2007年に国会においてこの条約の締結が承認された（平成19年9月12日条約第10号）。
9)　「すべて人は、意見および表現の自由に対する権利を有する。この権利は、干渉を受けることなく自己の意見をもつ自由並びにあらゆる手段により、また、国境を越えると否とにかかわりなく、情報および思想を求め、受け、および伝える自由を含む」（外務省訳）。〈http://www.mofa.go.jp/mofaj/gaiko/udhr/1b_002.html〉
10)　http://www.ifla.org/about/more

の総会がある。

　具体的な活動としては、書誌情報の蓄積整備に関してはISBDやUNIMARCの制定を、出版物の世界規模での利用可能性の拡大をめざし（Universal Availability of Publications：UAP）、世界規模でのデータ流通と電気通信の整備を図り（Universal Dataflow and Telecommunications：UDT）、図書館資料の保存を推進し（Preservation and Conservation：PAC）、また第三世界における図書館振興を推進している（Advancement of Librarianship in the Third World：ALP）。資料保存に関しては、「災害リスク削減に向けた図書館関連活動及び紛争・危機・自然災害時の図書館関連活動に対するIFLAの関与の原則」(2012)[11]を公表し、関係活動を支援している。

　国際図書館連盟のUNESCOと友好的な関係は「ユネスコ公共図書館宣言」、「ユネスコ学校図書館宣言」、「ユネスコ多文化図書館宣言」の作成・公表過程にもあらわれている通りで、国際連合にもオブザーバーとして参加している。国際学術連合会議と提携したり、世界知的所有権機関、国際標準化機構、世界貿易機構にもオブザーバーとして参加している。国際出版社協会など関係分野の団体にも非政府の専門的団体として出席している。

2　図書館協会と学術団体

2.1　アメリカ図書館協会[12]

　アメリカの図書館実務と図書館にかかわる教育研究を考えようとするとき、アメリカ図書館協会の存在はきわめて大きい。アメリカ独立百周年の1876年に103人のライブラリアンをフィラデルフィアに集め、呱々の声をあげた。初代の会長は当時ボストン公共図書館の館長だったジャスティン・ウィンザー（Justin Winsor, 1831-1896）で、事務局長は十進分類法を創案したメルヴィル・

11）邦訳は以下のウェブページを参照。〈http://www.ndl.go.jp/jp/aboutus/iflapac/pdf/risk_reduction.pdf〉
12）http://www.ala.org/

デューイ（Melvil Dewey, 1851-1931）である。創設時のメンバーのひとりであり、当時のアメリカの出版界で活躍をしていたフレデリック・レイポルド（Frederick Leypoldt, 1835-1884）が図書館の世界の最初の専門誌 Library Journal をこの1876年に創刊している（経営者は変わったが現在も刊行されている）。

　また、ライブラリアンの養成が大学で行われれるべきだとしたウィリアムソン・レポートを契機として、アメリカ図書館協会のなかに専門職養成にふさわしい教育を実施しうるところを認定する部署が設けられることになり、当初は学部レベルであったが、現在では専門職大学院修士課程を対象としているが、このライブラリースクールの認定制度は今日に至るまでアメリカ図書館協会が行っている。

　アメリカ図書館協会は、'知的自由' を守るということでも重要な社会的機能を果たしてきた。図書館権利憲章が制定されたのは1939年であるが、当初は資料の選択・維持という図書館業務につき外部の検閲を排除したいというものであったが、次第に行き過ぎた刑事警察、治安維持活動や特定のバイアスを帯びた社会的圧力から利用者の自由闊達な図書館利用を守るというものに変わってきているように思われる。2001年の同時多発テロ事件のあと拙速に制定された愛国者法（USA PATRIOT Act）がプライバシーを含む利用者の基本的人権に対して十分な配慮がなされたものではないとして、2003年にはこの立法に反対する決議をしている。

　著作権制度に関しても、1998年に制定されたデジタルミレニアム著作権法が電子書籍、電子ジャーナルの導入と利用、資料の電子化について、公共の利益を背景とする図書館にとって必ずしも適切な内容ではないとして公正使用の法理等をふまえ、改正を働きかけている。また、一定の期間が経過し著作権者を突き止めるのが困難な多数にのぼる孤児著作物の取り扱いについては、パブリックドメインにおくべきものとの法改正を支持している。

　連邦政府の政治過程に対して情報収集に努めるとともにアメリカ図書館界の意向を反映させようとしてワシントン D.C. に事務所を置いているが、イリノイ州シカゴに本拠を置くこのアメリカ図書館協会は、現在6万人を優に超える

会員を擁している。その組織は、館種やテーマ、地域別にこしらえられた数多くの下部組織を束ねるものとなっている。

個人会員や学生会員、図書館支援スタッフ会員、施設会員、法人会員、海外会員から構成され、5万8,000人の会員を擁する。施設会員は、館種や規模に応じて年会費（dues）が定められる応能負担とされている。

2.2　日本図書館協会

日本図書館協会は1892（明治25）年に'日本文庫協会'の名称で設立された図書館関係者の団体で、1876年創設のアメリカ図書館協会、翌1877年のイギリスの図書館協会に次ぐ歴史を誇るものである。基本的な組織の構図と活動メニューはアメリカ図書館協会をモデルにしているかに見えるが、6万人を超える会員を擁し、多くの主体的に独自の活発な活動をする数多くの入れ子型の下部組織の連合体であるアメリカ図書館協会とは大いに様相を異にする。政治や行政に対する距離の取り方、図書館で働く職員と図書館利用者のためには訴訟も辞せずというアメリカ図書館協会の姿勢との隔たりはどうしようもない。

館種やテーマに応じて委員会や部会を組織し活動する同協会の現在の会員数は、個人・施設を合わせて約8,000とされる。一方、2013年現在の公共図書館の職員総数は3万8,000人であるが専任職員は3割にとどまり、約7割が非正規職員が占める。大学図書館では1万4,000人程度の図書館で働く人たちが専従職員は34％で56％が非正規の待遇で働く。公共図書館、大学図書館ともに正規職員は高齢化が進行しており、日本図書館協会の会員構成にもこの傾向は反映されているはずである。図書館で働く人たちの声を糾合し、図書館労働の世界を代表する団体としては問題が大きい。

1979年（昭和54年）の株式会社図書館流通センターの設立も日本図書館協会の運営の拙劣さが生み出した事件である。今日では、多くの公共図書館の業務委託や指定管理者となるまでに成長したこの企業を'図書館の敵'であるかのような言い方をする半可通な図書館関係者が少なくないが、ウィキペディアにも出ているこの企業の出自を知る人は意外に少ない。協会の展開する諸事業を

支えるだけの収入をあげられない赤字経営が続き、累積した負債と整理業務を引き継いだこの企業は、出版取次 6 社、出版社11社の協力を得て、誕生したのである。図書館向けの図書販売や目録データの製作・販売などで業績を伸ばし、引き継いだ債務を完済しただけでなく、TRC MARC は公共図書館で一般的に利用されるものに育ち、現在では日本の目録データ提供企業の最右翼にのし上がっている。同社の設立にあたっては、当時の同協会事務局長である栗原均と TRC の創設時に副社長に座った彌吉光長の苦労があったとされる[13]。

2014年に公益社団法人に組織替えがなったが、その際にも財務基盤の脆弱さを主務官庁から指摘されている。

2.3　学会、研究会などの学術団体

日本では、第二次世界大戦後の占領下において、日本社会の民主化の道具として公共図書館が注目された。図書館法の実施にともない司書養成が大学の司書講習や司書課程で行われるようになり、教育内容の充実が期待されるようになった。また、アメリカ型の図書館学教育が導入され、大学のなかでひとつの研究領域としての認知を高めるためにも研究活動の展開が不可欠であった。そのような背景から、1953（昭和28）年に日本図書館学会が設立された。1998年（平成10年）には、名称を日本図書館情報学会に改め、今日にいたっている。

図書館情報学の主要な学術団体としては、ほかに同規模の日本図書館研究会がある。同研究会は1946（昭和21）年に創設されており、従来は会員に学術的志向のある関西の公立図書館の現場で働く人たちが少なくなく、日本の図書館現場を意識した研究活動が行われてきたところに特色がある。

ジャパン・ライブラリー・スクールの系譜に連なる慶応義塾大学の図書館情報学の単位組織を核にする特異な研究団体として、三田図書館・情報学会がある。このほかにも、西日本図書館学会などの地域的な研究団体の活動があり、日本学校図書館学会、日本図書館文化史研究会などの特定分野の研究団体もあ

13）佐藤達生「図書館流通センターとはなにか」．今まど子，高山正也編『現代日本の図書館構想：戦後改革とその展開』勉誠出版，2013, pp.305-316.

第14章　図書館の実務と理論に関わる組織団体

る。館種ごとに、現場で活動する図書館職員が研鑽を深める団体があり、図書館問題研究会（公共図書館）、大学図書館問題研究会、学校図書館研究会などはそれにあたる。

　図書館情報学の研究者はこれらの学会にとどまらず、情報処理学会や情報知識学会、情報メディア学会、日本読書学会、社会教育学会、日本生涯教育学会その他数多くの隣接する学問分野の諸学会で活動している。

■□コラム□■

ライブラリースクールの営業活動

　2013年11月12日から15日、3泊4日のスケジュールで、アリゾナ図書館協会の2013年年次総会が、州都フェニックスの郊外にあるスコッツデールのラディッソン・ホテルで行われた。カジノも付設された同ホテルの本館と別館の会議室を用いて、朝から夕方まで多くの分科会が開催された。そのなかでやや広めの一室が、多くの出版社やIT企業等が宣伝広告、デモンストレーションを行うためにあてられていた。そこに立ち寄る参加者たちに対して、出展企業群が所要の経費を負担し、コーヒーやソフトドリンク、スナックのほか、軽い朝食やランチも提供していた。その図書館関係企業群のブースに混じって、アリゾナ大学のライブラリースクールが店開きをしていた。事務室のボスであるリッキー・サラザール（Ricky Salazar）氏とブルース・フルトン（Bruce Fulton）先生たちが店番をされ、会場を訪れた参加者たちにアリゾナ大学のライブラリースクールについて丁寧な説明をし、ライブラリースクールへの進学を勧誘していた（参加者のなかにはライブラリー・アシスタントやライブラリー・アソシエイトが少なくなく、ライブラリースクールで修士の学位を得れば、晴れて専門職ライブラリアンになれるのである）。このように学協会の会合でアメリカの大学が営業活動をすることは珍しいことではない。このときはアリゾナ大学のほかに、ライブラリースクールを擁するサンノゼ州立大学もブースを開いていたし、ライブラリースクールをもたないアリゾナ州立大学のブースはアレクサンドリア協働ネットワーク（Alexandria Co-working Network）の宣伝・勧誘をしていた。アリゾナ州内で唯一のライブラリースクールであるアリゾナ大学の卒業生たちと教職員は2日目の夕方、ホテルのプールサイドで同窓会を楽しむことになった。

第15章 図書館の将来展望

本章は、公共図書館を念頭に置きつつ、図書館の近未来を展望してみたい。それぞれの図書館の将来は、関係者の見識と努力に負うところが大きいが、館種、規模、立地等の個別的事情にも大きく影響を受けるので、以下に述べるところは一般的な動向と受け止めてほしい。

1 アメリカの公共図書館の未来

1.1 求められるデジタル著作権理解と行動

手許に『2020年の図書館：一流の先見性のある人たちが描く明日の図書館』[1]という本がある。この書物を手掛かりに、多くのアメリカの図書館関係者が抱いている、主として公共図書館の近未来像を紹介する。

アメリカでは、すでに電子書籍の売上が紙媒体の書籍の売上を上回っている。公共図書館においてはまだ紙媒体の書籍の利用のほうが多いが、大学図書館では価格のうえで紙に比較してデジタルが高額でなければ、スペースの問題もあり、紙の書籍は受け入れず、電子書籍のみの受け入れとしているところが少なくない。大方のアメリカの図書館関係者は、近い時期に図書館の新規受入は電子書籍に置き換わるものと予想している。書籍に限らず、音楽資料や映画資料、ビデオゲームなどもCDやDVDなどのパッケージ型資料は販売されることがなくなり、デジタル配信されるようになると考えられている。

'ファーストセールからライセンスへ' (from first-sale to license) という言葉

---

[1] Joseph Janes (ed.), *Library 2020: Today's Leading Visionaries Describe Tomorrow's Library*, Scarecrow Press, 2013.

で語られるが、紙の本や雑誌、CD の音楽資料や DVD の映像作品などは一般に中古市場が成立し、またその可能性があり、図書館がこれらパッケージ型資料を所蔵していればその利用者へのサービス提供にあたっては著作権が障害となることはなかったが、インターネットを流れる業者のサーバに搭載された無体のマルチメディア・デジタルコンテンツは権利者側の使用許諾（ライセンス）に依存し、その利用の条件や価格については業者の意向が大きく反映されるものになる。このような状況を熟知する図書館関係者のなかには図書館を通じたマルチメディア・デジタルコンテンツの利用者への提供については'有料制'やむなしとの印象を持つものもいないわけではない。しかし、公共図書館はその歴史的生成の初発から、自助努力を惜しまず潜在的能力の開化と社会経済的な階層上昇を果たそうとする労働者や無産市民を支援することを存在意義としてきた。今も昔も貧困が生み出す情報格差（デジタル・デバイド）の是正が公共図書館の主要な任務のひとつである。公正使用の法理（連邦著作権法107条）や図書館の持つ公共的権利としての複製（同108条）に潜む社会的妥当性を再確認し、図書館サービスにかかわる21世紀のデジタル著作権理解と行動がアメリカ図書館関係者に求められている。

1.2 多様なライブラリアンの活躍

　一方、インターネットアーカイブ、そしてハーティトラストなどの学術図書館における大規模デジタル複製は継続的に行われ、研究に開かれたデジタルコンテンツは増加し、著作権が消滅した情報資料はパブリックドメインに編入される。かつて紙媒体で発行された資料の多くはデジタル化され、作成の当初から電子化されているボーンデジタル資料についても、オープンアクセス、著作権が開放されたものの増加が著しい。図書館は商用デジタルコンテンツと対峙しつつ、オープンな利用に開かれたコンテンツ利用の増加拡大を支援することになる。

　ひるがえって、タブレットやスマートフォンが普及し、現在多くの人たちはみずからの情報ニーズを満たすべく、Google などのサーチエンジンや Wikipedia、Facebook などのソーシャルメディアにまず飛びつく。そこで一定程度の情報が得られず、不満足な場合に図書館利用につながる。そのとき、利用者が図書館に期待するものは、よく整えられた本や雑誌のコレクション（collection-oriented）というよりも、また一定の主題分野の情報資料へのアクセス（access-oriented）というよりも、自分の抱えるニーズにぴったり（customized or personalized）の情報の提供というサービス重視（service-oriented）の図書館ということになる。カスタマイズ、パーソナライズされた情報志向、サービス重視の活動をするためには、日常的にコミュニティとそれを構成するメンバーとフェイス・トゥ・ファイスのコミュニケーションがなされているエンベデッド・ライブラリアン（embedded librarians）の存在が不可欠である。

　インターネットの普及は、見事なまでに時間と距離を克服しつつある。距離が問題にならないとなりつつあるなかで、公共図書館はますます地元コミュニティとの緊張関係を深めなければ社会的な役割期待が果たすことができない。コミュニティに組み込まれたエンベデッド・ライブラリアンとして機能発揮できるということは、積極的、能動的に図書館を飛び出し、コミュニティのなかに飛び込み、各種の行事やイベントにコミュニティ・ライブラリアンとして主体的に参加し、コミュニティの人たちとコミュニケーションをとる必要がある（館外サービス、アウトリーチ・サービス）し、図書館の集会室その他をコミュニティの問題検討の場に開放する必要がある。コミュニティのニーズに見合った多様な講座・学級・イベントの開催が求められる。ヘリコプター・ペアレンツ（helicopter parents）が自分たちの子どもに執着しそのまわりから離れられず監視、愛護を続けるように、エンベデッド・ライブラリアンはコミュニティとその構成メンバーのまわりから離れないヘリコプター・ライブラリアン（helicopter librarians）でもある。ヘリコプター・ライブラリアンとして必要な時間は、図書館という労働の場に IT 機器、ロボットの導入による労働の合理化によっても生み出される。

　アメリカの公共図書館では、伝統的な紙媒体資料のほかに契約に従って利用者に提供されるデータベースのほか、インターネット上で無償公開されたデー

タベースをコミュニティの構成メンバーである利用者は利用できる。公共図書館の中央館では、大学図書館と比較すれば貧弱であるとしても、数十台、100台を超えるコンピュータを備えたコンピュータ・ラボが設置され、分館でも10台、20台を超えるコンピュータとプリンタやスキャナー、周辺機器が備えられている。コンピュータ・リテラシー教育は公共図書館の必須のサービスメニューであるし、今後もライブラリアンはハードウェアやソフトウェア、ネットワークに関する知識とスキルは身に着けておかなければならないし、常に情報通信技術の進歩にキャッチアップすることが求められている。

1.3 「場」としての図書館という希望

　コンピュータ・ラボという側面を持つ図書館は、決して冷たい、非人間的な空間ではない。ソーシャルメディアが利用できるコミュニケーションの場は、一方で労働の余暇に学習教材を提供する民衆の大学、コミュニティ・カレッジという市民の能動的学修を支援する教育機関であるとともに、他方では絵画等の美術作品の製作、木工作業、金属細工、編み物、園芸、児童生徒の創作の場でもある。生涯学習、草の根の芸術・文化活動のコミュニティ・センターとして機能する。子どもたちにとっては放課後の安全な場所（safe place）であるし、不運にもホームレスとなった人たちには憩いの場、復活を支援する場所、日々の不愉快な諸事件に気分が沈んだ人たちには癒しの場所となる。

　また、財政の逼迫は、個々の図書館の自助努力だけで解決できる部分は限られていて、同一館種、地域を同じくする図書館の相互協力の分野とその範囲の拡大が求められる。現実にアメリカの図書館では、蔵書の拡大がスペースの余裕を奪い、各地に共同保管庫が整備されており、この動きは今後も強まるものと思われる。稀用図書や雑誌のバックナンバーなどの保管庫への移管にともない生み出される新たなスペースは創造的な文化・芸術・交流の場として活用される。

　うえに述べたような近未来の図書館像を着実に現実のものとしてゆくためには、トレンドに甘んじることのない、変革を掲げる個性的なリーダーシップの

存在が求められる。コミュニティにはふさわしい図書館のリーダーを発見し、押し上げる活力も備わっていなければならない。

2 豊かな近未来を実現するために

2.1 求められる人材育成と公共図書館行政の重要さ

　未来というものはなりゆきによって出来上がるものともいえようが、理想を共有する関係者たちの並外れた努力によって作り出されるものともいうる。図書館に限らず、世界中同様の状況にあるが、公的サービスは十分な資金が調達できず四苦八苦の状態に悩んでいる。人の生命や健康に直接かかわる行政需要、主権者国民の監視のもとに効果的に社会の安全を確保する行政作用に対して、公的資金が優先的に振り向けられることには合理性がある。現在社会の基盤を確かなものとして、豊かな近未来を実現するにはそれを支える優れた人材を育成しなければならない。公財政の安定的運営のためには、物的余剰の整備は後回しにされるべきである。正規の学校教育との連携の有無にかかわらず、主体的な学習者を育成すること、次の人間社会の活動を豊かなものとする文化的、科学的創造者を育成すること、および現在のコミュニティを活力あるものとするためにがんばる草の根のリーダーたちを発見しその成長を支援することは、すぐれて大切な事業である。このような現在社会に必須不可欠な公共図書館行政については、異論を唱える人はまずいないが、とくに日本においては、積極的に相応の公的資金が投入されることは少ない。アメリカでは、資産課税から得られる図書館の公的財源のほかに、民間と地元コミュニティに訴え、個人や組織団体から補助金や寄付が積極的に集められる。

2.2 日本の公共図書館をめぐる状況

　日本の公共図書館は、現状では、良くも悪くも公設無料貸本屋の域をでるものにはなっていない。学術情報を提供する外国の業者はまったく事情を異にするが、日本の出版業界は、いまだ電子書籍や電子雑誌を販売・提供するビジネ

スモデルを確立できずにいる。日本の公共図書館で電子書籍を提供するところはまだほんの少数で、既刊・新刊著作物のデジタル化、書誌データベース等の構築など、著作権法上特異の位置を享受しながら、いささか立ち止まっているとの観を呈している国立国会図書館の状況に徴すれば、にわかにアメリカの図書館関係者の多数が予想しているアメリカの（公共）図書館の近未来像に追いつくとは思われない。しかし、マルチメディア・デジタル・コンテンツ提供図書館は長期的には不可避だと確信する。

　図書館を飛び出しコミュニティに溶け込もうとする、エンベデッド・ライブラリアンが地元コミュニティに寄り添うサービス重視の図書館、地域の文化・芸術・生涯学習の拠点となるコミュニティ・センター、コミュニティ・アンカーとしての図書館像も、政府行政に公共図書館に対する投資意欲に欠け、図書館職員の自覚も不十分な、また現状に甘んじることを快いとする利用者が多数の日本の社会では成熟することを期待するのもなかなか難しい。もっとも人と資金にいくらか恵まれた図書館においては、アメリカや北欧の図書館の動き等に学び、それなりに素晴らしい取り組みが行われており、そこに期待をつなぐことにしたい。

───■□コラム□■───

変革を目指す図書館と現状適応の図書館の将来

　日本の図書館業界のコミュニケーション誌である『図書館雑誌』の2015年2月号の巻頭に「大学図書館と電子書籍」という荘司雅之氏（早稲田大学図書館）のコラム記事が掲載された。その冒頭でアメリカの大学図書館の2012年の年間受入資料において、電子書籍が紙の図書の2倍に達するという事実をあげて、吃驚仰天されている。かたや日本の大学図書館はといえば、総資料費に占める電子書籍の割合はわずか1.4％で、しかもそのほとんどは海外出版社のものだそうである。

　筆者がアリゾナ大学に滞在中、多くの人たちに聞かされたのは、最近5年間に刊行された図書については、価格に大きな差がなければ紙ではなく電子書籍版を受け入れているということである。学術雑誌のバックファイルが電子ジャーナルとして手頃な

価格で提供されれば、これも電子ジャーナルに置換え、紙の古い学術雑誌は廃棄するか、保管庫に移管する。そのようにして図書館にスペースの余裕が生まれれば、学生たちの希望に応えて閲覧席等の拡充に振り向けている。

　アメリカの公共図書館も、電子書籍の提供に努めている。一方、日本の公共図書館については、政令指定市20市に設置されている図書館のインターネット接続端末は1館あたり驚いたことに平均1.5台しかおかれていないと筆者の研究室のドクターコース院生の家禰淳一氏（堺市立中央図書館）が教えてくださった。

　大方の欧米の図書館関係の本には、近い将来間違いなく紙の図書は減少し、図書館で提供する文献のほとんどがデジタルに移行すると説いている。ごく近未来の図書館像についてアメリカの図書館界のリーダーたちの予想を編集した『2020年の図書館：先見の明のあるリーダーたちが明日の図書館を予想する』[1]という2013年に刊行された書物ではもうまもなくそのような状況になるということを誰も疑ってはいない。デジタル・ネットワーク社会の進化に対応しつつ、指定管理者のような公設民営の公共図書館はほとんどなく、コミュニティに寄り添った新しい図書館サービスをプロフェッショナルのライブラリアンたちが常に新規に工夫しようとしているアメリカの変革的図書館に対して、いまだ紙の文献に安住するこの国の多くの図書館は相変わらず国内の図書館動向に横並びすることしか考えようとしない現状対応型の図書館にとどまっているように思われる。

註
1）Joseph Janes ed., *Library 2020: Today's Leading Visionaries Describe Tomorrow's Library*, Scarecrow, 2013.

資料　アメリカの図書館界の基本的な事実[1]

アメリカ図書館協会がそのウェブサイトに示しているアメリカ図書館界の基本的で、かつ紹介の価値ある事実を以下に掲げておきたい。

ご存知ですか？
- アメリカの成人の58％が公共図書館のライブラリーカードを持っている。
- アメリカ人が学校図書館、公共図書館、大学図書館に行く回数は、映画を観に行く回数の3倍以上である。
- アメリカの公共図書館、大学図書館に勤めるレファレンス・ライブラリアンは、毎週660万件近くの質問に答えている。質問者に一列に並んでもらうと、メリーランド州オーシャンシティからアラスカ州ジュノーにまで連なる。
- アメリカ図書館協会が2012年に行った世論調査のひとつによれば、回答者の94％は、公共図書館が無償で資料と資源を提供していることから、すべての人びとに成功のチャンスを与え得るという点で、公共図書館が重要な役割を果たしていることを認めている。

技術進歩の動向
- 2010年現在、アメリカの大学図書館はほぼ1億5,870万冊の電子書籍を保有し、公共図書館は1,850万冊以上の電子書籍を保有していた。
- 2011年に実施されたピュー研究所[2]の調査によれば、（アメリカの公共図書館の）ライブラリーカードの保有者の約24％が前年に電子書籍を読んでいる。そのうちで、57％が電子書籍の貸出を選び、約33％がそれらの購入を選んでいる。
- 2011～2012年に行われたアメリカ図書館協会による'図書館がコミュニティをつな

---

1) http://www.ala.org/offices/ola/quotablefacts/quotablefacts
2) アメリカ合衆国のワシントンD.C.を拠点として、アメリカ合衆国や世界における人々の問題意識や意見、傾向に関する情報を調査するシンクタンクである。〈http://www.pewresearch.org/〉

ぐ"調査では、回答を寄せた図書館の76.3％が電子書籍を提供していると報告し、2011〜2012年の調査から電子書籍の提供が9％増加した。

公共図書館
- アメリカには、マクドナルドよりも多くの公共図書館が存在する。分館も含めた合計では、1万6,766館に達する。
- アメリカ人は、公共図書館で過ごす時間のほぼ3倍の時間、キャンディをなめている。
- アメリカ人は、平均して、1年間に8冊以上の本を公共図書館から借りている。彼らは公共図書館利用のために1年間に35.81ドルを使っている。それはおおむねハードカバー1冊の購入費用にあたる。
- いまや公共図書館施設の約89％が無線のインターネットへのアクセスを提供している。
- 公共図書館の92％以上が仕事を探している人たちに対してサービスを提供している。

大学図書館
- 大学図書館は、毎年4,400万人以上の学生たちに役立つ情報を提供している。それは、大学対抗のバスケットボールの試合を観戦する人たちの数をほぼ1,200万人上回っている。
- 大学図書館は、高等教育に支払われる経費1ドルずつにつき、わずか3セントにも達しないお金を受け取っているに過ぎない。
- 1990年以降雑誌『People』[3]の費用が大学図書館の保有する学術雑誌の値段と同じくらいの速さで値上がりしていたとすれば、その1年間の購読費用は約182ドルに達したことになる。
- アメリカにおける2010年の2年制のカレッジと4年制の大学においては、それぞれの教員がひとりあたり14人の学生を担当していたのに対し、そこに働くすべてのライブラリアンはひとりあたり584人の登録学生を受け持っていたことになる。

---

[3]『ピープル』（*People Weekly*）は、1974年に創刊されたアメリカの娯楽雑誌。主にセレブリティなどの報道を取り扱う。タイム・ワーナー傘下のタイム社（Time Inc.）より発刊されている。2011年現在、発行部数は約357万部。〈http://www.stateofthemedia.org/2012/magazines-are-hopes-for-tablets-overdone/magazines-by-the-numbers/〉

資料　アメリカの図書館界の基本的な事実

学校図書館

- 研究調査の示すところによれば、もっとも成績が優秀な児童生徒たちは、職員に恵まれ、資金も豊富な図書室を備えた学校に通っていることが分かる。
- アメリカの学校図書館に保有されている保健・医学に関する文献の発行年を平均すると1996年になる。これらの資料を利用する児童生徒は、クローン技術で生まれた羊のドリー（1997年）についても、またイギリスが香港の主権を中国に引き渡した（1997年）ことを学び取ることはない。
- アメリカの児童生徒は1学年の間に13億回学校図書館に行く。これは児童生徒が2011年に映画館に行った回数と同じで、児童生徒が国立公園に出かけた回数の3倍にあたる。
- アメリカ人は、自分の子どもたちのために学校図書館の資料購入に支払う金額（10億ドル）の18倍（186億ドル）以上のお金を家庭用ビデオゲーム購入のために費やしている。
- アメリカの学校図書館は、その図書館の情報メディアに関して、児童生徒ひとりあたり平均12.06ドルを支出している。これは、わずかフィクション1冊分の購入経費（17.63ドル）の約3分の2、またはノンフィクション1冊分の購入経費（27.04ドル）の約3分の1に過ぎない。

索　引

欧　文

arXiv 153
GED 対策講座 73
HighWire 114
ILL サービス 98
JAIRO 155
J-STAGE 155
JSTOR 114
OCLC 135
PubMed Central 154
RDA 88
SPARC 114,153
TEACH Act 116,118,119,151
USB メモリ 99,101
WorldCat 137

あ　行

愛国者法 175,194,250
アイスクール 239
青空文庫 157,158
足利学校 56
アッシュールバニパル王 40
アドボカシー 191,192
アメリカ出版社協会 144
アメリカ情報科学技術協会 246
アメリカ図書館協会 249
　　──倫理綱領 228
アメリカ連邦憲法修正第4条 176
アリゾナ州立図書館 15
アリゾナ大学サイエンス・ライブラリー 124
アレクサンドロス大王 40
アンダーソン，ジェームズ 54
アントニウス，マルクス 41
『怒りの葡萄』 168
石狩市民図書館 129
石上宅嗣 56
インガルス，フランク・S 36

インガルス，マドラ 36
インキュナブラ 43
インターネットアーカイブ 157
引用処理 123
ウィリアムソン，チャールズ・C 55
ウィンザー，ジャスティン 249
上杉憲実 56
ウォルフ，エドウィン 49
牛久市情報公開条例 161
芸亭 56
エイケン，ジュリアン 178,179
英語講座 73
エヴァレット，エドワード 51,52
エージェンシーセール 146
遠隔教育の興隆 219
エンベデッド・ジャーナリスト 217
エンベデッド・ライブラリアン 188,216,
　217,256
大野屋惣八 56
オープンアクセス雑誌 154
オクタビアヌス 41
オトレ，ポール 245

か　行

カーネギー，アンドリュー 52-57,60
カーネギー図書館 54
外国諜報活動監視法 175
価値中立的 166
学校区図書館 51
学校図書館 20
　　──法 20,82
カッター，チャールズ・エイミィ 12
金沢文庫 56
鎌田均 216,217,229
カリパー・プロジェクト 232
カリマコス 40
カルポ，トニ 239
川口市立中央図書館 130

265

環太平洋経済連携協定（TPP）　105
議会図書館分類法　18
機関リポジトリ　154
キケロ，マルクス・トゥッリウス　44
キッド，J. R.　ii
基本的図書館サービス　61
共同保管事業　133
キルガー，フレデリック・G　136
キング，ジョン　240
近代公共図書館の3原則　53
クゥインシー，ジョシア2世　51
グーテンベルク，ヨハネス　23,25,42,43,156
クォリッチ，バーナード　25
鎖付き図書　42
栗原均　252
クリントン，ビル　29,30
クリントン大統領図書館　29
クルーソー，ロビンソン　224
クレオパトラ7世　41
刑事訴訟法197条2項　176
刑事訴訟法279条　176
ゲイツ，ビル　53
ケイト，C・M　26
ケイペン，エドワード　51
ケーガン，アルフレッド　163
ゲスナー，コンラート　45
ケナリー，ミッシェル　25
ケネディ，ジョン・F　29
ゴア，アル　29
公共図書館　11
　——法　52
公設無料貸本屋　13,258
紅梅殿　56
コール，ジョージ・ワトソン　26
国際十進分類法　245
国際情報ドキュメンテーション協会　245
国際図書館連盟　162,247
　——・ユネスコ　学校図書館宣言　19
国立情報学研究所　138
国立図書館　10
古代アレクサンドリア図書館　40
国会図書館　83
コピー・カタロギング　135

コミュニティ・レファレンス　223

さ　行

サイバー・カスケード　93
蔡倫　43
ザビエル，フランシスコ　56
サラザール，リッキー　253
ジェームズ，トマス　45
シェッファー，ペーター　42
司書　208
　——補　208
私的独占の禁止及び公正取引の確保に関する法
　律（独占禁止法）　143
児童サービス　62,64,65
シャート，R・O　27
社会的責任　162,163
　図書館の——　166
ジューエット，チャールズ・C　48
就職支援サービス　74
修道院図書館　41
州民投票　192
宿題支援サービス　71
出版取次経由ルート　142
障害者サービス　67
荘司雅之　259
称徳天皇　55
情報公開制度　165
ジョージア州立大学事件　121
書誌コントロール　45
書誌ユーティリティ　134,136
シリアルズ・クライシス　152
菅原道真　56
図書寮　55
スターリン，ヨシフ　168
スタインベック，ジョン　168
スポールディング，フォレスト　168
スミス，ジョージ・D　25
スミス，ロイド・P　48
青少年インターネット環境整備法　180
税務支援サービス　78
世界人権宣言　248
セスラー，チャールズ　25
セドナ公共図書館　78

索引

全国書誌　11
セントラル・アーカンソー・ライブラリー・システム　182
全米人文科学基金　197
専門図書館　23
　──協会　246
総合教育会議　205
ソーシャル・ライブラリー　50
尊経閣文庫　56

た　行

大学設置基準　82
大学図書館　16
大規模デジタル複製　255
大統領記録法　32
大統領図書館制度　31
大統領図書館法　31
大統領録音記録および資料保存法　32
多賀町立図書館　129
ダグラス・カウンティ・ライブラリーズ　145,221
武雄市立図書館　129,130
ダン，ウィリアム・E　27
知的自由　167,170
地方教育行政法　200
地方自治法　200
著作権制度　95
著作権法　102,112,118,119,151
　──施行令　113,204
ティーンズ・サービス　66
ディキンソン，ドナルド・C　24
ティクナ，ジョージ　51,52
テクニカル・サービス　58
テクニシャン　208
デューイ，メルヴィル　11,250
電子書籍元年　93
トゥーソン・ブック・フェスティバル　148
トゥーソン統合学校区　21
徳川家康　56
独立研究図書館協会　49
図書館委員会　199
図書館員　208
図書館協議会　201

図書館サービス・技術法　179,195
図書館支援企業　91
図書館支援スタッフ資格　209
図書館情報学　7
図書館情報資料　81
図書館同種施設　204
図書館等における複製等　112
図書館友の会　191,200
図書館の権利宣言　168
図書館分類法　85
図書館法　82,84,200
　──施行規則　6
　──によらない図書館　203
図書館流通センター　251
図書館旅行記　131
図書館を利用する権利に関する宣言　2,3
富田倫夫　159
豊臣秀吉　56

な　行

ニクソン，リチャード　32
日本出版配給株式会社　141
日本図書館協会　251
日本図書館研究会　252
日本図書館情報学会　252
日本目録規則　89
ニューパブリックマネジメント　184
認定公共図書館管理職資格　211
認定司書　212
ネーダー，ラルフ　163
ノーデ，ガブリエル　45

は　行

パークス，ローリン・マリー　148
ハーティトラスト　114,157
ハート，マイケル　155,156
バーンズ，ジョデル　127
バーンズ，ボビー　69,127
ハイブリッドライブラリー　1
博物館・図書館サービス協会　67,194,195,209
パットン，ジョージ・S　28
場としての図書館　2
パブリック・サービス　58

267

ハンチントン，アーチャー・M 28
ハンチントン，コリス・C 24
ハンチントン，ヘンリー・E 24,27
ハンチントン・ライブラリー 23
ピアポント・モーガン図書館 26
ピーターバラ 50
ビジネス支援 75
ビッグ・シックス 93,144
ヒットラー，アドルフ 167
ピナケス 40
ピマ・カウンティ・パブリック・ライブラリー 13,60,190
百万塔陀羅尼 55
表現の自由 165
ファーストセールからライセンスへ 254
ファーランド，マックス 28
フィールズ，ケイス・マイケル 191
フィラデルフィア図書館会社 46,47
フィラデルフィア無料図書館 49
フィルタリング・ソフト 179
フーバー戦争・革命・平和研究所 31
フェアユース 119,120,150,158
フォルジャー，ヘンリー 26,28
フォルジャー・シェイクスピア図書館 26
複写サービス 113
富士見亭文庫 56
フスト，ヨハン 42
フセイン，サッダーム 217
部族図書館 33
ブタペスト・オープンアクセス運動 153
ブックバイク 79
ブッシュ，ジョージ・W 175
プトレマイオス1世 40
フランクリン，ベンジャミン 46,52
フランクリン・D・ルーズベルト大統領図書館 31
フランソワ1世 45
ブリス，L・E 26
フルトン，ブルース 253
プロジェクト・グーテンベルク 155
ヘール，ジョージ・エラリー 27
ペルガモン図書館 41
ベルヌ条約 118

変革的リーダーシップ 185
変形的な利用 120
ホウ，ロバート 25
北条実時 56
ホームレス 68
　──の自立の支援等に関する特別措置法 70
　──問題 126
ホールセール 145
保管図書館 132
ボストン公共図書館 51,53
ボドリアン・ライブラリー 45
ボドレイ，トマス 45

ま 行

前田利家 56
マクレーン，ジョン 127
マザラン，ジュール 45
マッケンジー，ウィリアム 47
マッチング・ファンズ 201
マン，ホーレス 51
三田図書館・情報学会 252
ミッキーマウス保護法 156
民主主義的対話 164
ムッソリーニ，ベニト 167
メディカル・ライブラリアン 218
モーガン，J・ピアポント 26
目録規則 87
目録情報 86
紅葉山文庫 56
モリル・ランドグラント法 16,160
モンペリエの勅令 45

や 行

安上がりの警察 53
家禰淳一 260
彌吉光長 252
ヤングアダルト・サービス 62,66
ユネスコ 246
ユマ準州刑務所 36
『42行聖書』 42
4大館種 9

ら 行

ラ・フォンテーヌ，ヘンリ 245
ライブラリアン 207
　──の倫理綱領 225,227
ライブラリー・ショップ 128
ライブラリー・プライバシー 173
ライブラリー・ホテル 137
ラザフォード・B・ヘイズ記念図書館 31
ラッシュ，ジェームズ 48
ラムセス2世 40
リーダーシップ・エンジン 186
リンカーン，エイブラハム 23,29
倫理綱領 224
ルゥインスキー，モニカ 30
ルーズベルト，フランクリン 31
ルター，マルティン 43,44
レイボルト，フレデリック 250
レーガン，ロナルド 32

連合国及び連合国民の著作権の特例に関する法律 105
連邦憲法 104
連邦政府刊行物寄託図書館 205
連邦政府刊行物保管図書館 160
連邦著作権法 107,115,116,119,124,151
ローガン，ウィリアム 47
ローゼンバック，A・S・W 25
ロックフェラー，ジョン・デイヴィソン1世 53

わ 行

ワールド・デジタル・ライブラリー 247
ワイズ・コンソーシアム 241
ワイドナー，エレナー・エルキンズ 26
ワイドナー，ハリー・エルキンズ 26
ワイドナー図書館 26
ワシントン，ジョージ 23,29,199

《著者紹介》
山本順一（やまもと・じゅんいち）
　1949年　生まれ。
　1981年　早稲田大学大学院政治学研究科博士課程単位取得満期退学。
　1986年　図書館情報大学大学院図書館情報学研究科修士課程修了。
　　　　　筑波大学大学院図書館情報メディア研究科教授を経て、
現　　在　桃山学院大学経営学部・経営学研究科教授。
著　　書　『図書館と著作権』（共著、日本図書館協会、2005年）、『学校教育と図書館——司書教諭科目のねらい・内容とその解説』（共編著、第一法規、2007年）、『シビックスペース・サイバースペース——情報化社会を活性化するアメリカ公共図書館』（翻訳、勉誠出版、2013年）、『新しい時代の図書館情報学』（編者、有斐閣、2013年）など多数。

講座・図書館情報学②
図書館概論
——デジタル・ネットワーク社会に生きる市民の基礎知識——

2015年5月11日　初版第1刷発行　　　　　　　　〈検印省略〉
2017年6月30日　初版第2刷発行

価格はカバーに表示しています

著　者　山　本　順　一
発行者　杉　田　啓　三
印刷者　藤　森　英　夫

発行所　株式会社　ミネルヴァ書房
607-8494　京都市山科区日ノ岡堤谷町1
電話代表　(075)581-5191
振替口座　01020-0-8076

© 山本順一, 2015　　　　　　　　　　　　　　亜細亜印刷

ISBN978-4-623-07313-9
Printed in Japan

山本順一 監修

講座・図書館情報学

全12巻
A 5 判・上製カバー

＊①生涯学習概論　　　　　　　　　　　　　　前平泰志 監修／渡邊陽子 編著

＊②図書館概論　　　　　　　　　　　　　　　　　　　　　　山本順一 著

＊③図書館制度・経営論　　　　　　　　　　　　　　　　　安藤友張 編著

＊④図書館情報技術論　　　　　　　　　　　　　　　　　　河島茂生 編著

　⑤図書館サービス概論　　　　　　　　　　　　　　　　　小黒浩司 編著

　⑥情報サービス論　　　　　　　山口真也・千　錫烈・望月道浩 編著

　⑦児童サービス論　　　　　　　　　　　　　　　　　　　　塚原　博 著

＊⑧情報サービス演習　　　　　　　　　　　　　　　　　　中山愛理 編著

　⑨図書館情報資源概論　　　　　　　　　　　　　　　　　藤原是明 編著

＊⑩情報資源組織論　　　　　　　　　　　　　　　　　　　志保田務 編著

＊⑪情報資源組織演習　　　竹之内禎・長谷川昭子・西田洋平・田嶋知宏 編著

　⑫図書・図書館史　　　　　　　　　　　　　　　　　　　三浦太郎 著

（＊は既刊）

― ミネルヴァ書房 ―

http://www.minervashobo.co.jp/